經濟學基礎

主編　駱俊、汪飆

崧燁文化

前言

目前，有關經濟學的教材版本非常多，特別是近年來，一批專門為技職學生編寫的經濟學教材也應運而生。但是這些技職經濟學類教材有一些共同的不足：第一，不太符合技職教育特色。技職經濟學教材的體系大多沿用了傳統大學教材《西方經濟學》的體系，新編教材基本上是大學教材的壓縮版，理論偏深，實踐性內容嚴重不足。第二，教材編寫體例陳舊。技職經濟學教材大多數沿用傳統的章節編排方式，實操類練習題或案例分析題很少。第三，實踐性不強。技職經濟學教材在編寫過程中沒有真正做到校企合編、產學研相結合，與技職院校專業設置緊密聯繫生產、建設、服務、管理一線的實際要求不相適應。

為此，本書的編寫嚴格按照教材編寫要求，大膽創新編寫模式，理論緊密聯繫實際。我們充分考慮了學生的認知特點，採用任務驅動和案例導入的方式編寫本書，滿足了技職院校教材建設的需求。

經濟學基礎是技職院校經濟管理類專業的基礎課程，重在培養學生在實踐中對經濟學原理的理解和運用能力，而「以項目為導向，以任務為驅動」的編寫體系正好可以解決「目前經濟學教材難以提高學生對所學知識的實踐運用能力」的問題，讓教師們能在教學實施過程中，使理論和實踐很好地相結合，利用具體任務在「教」「學」「練」中使學生達到教學目標，讓學生通過對經濟學基礎課程的學習掌握經濟學的基本思維方式，達到高職高專應用型人才的培養要求。

本書共11個項目，有34個任務。項目1~項目8為微觀經濟學的內容，主要有「走進經濟學」「無形的手」「花錢的訣竅」「盈利的秘密」「付出的成本」「競爭和壟斷」「收入分配的奧秘」「市場失靈」；項目9~項目11為宏觀經濟學的內容，主要有「推開宏觀經濟之窗」「認識失業與通貨膨脹」「逆向行事的宏觀調控」。本書由湖北財稅職業學院的骨幹教師參與討論和編寫，其中項目1~項目5由駱俊編寫，項目6~項目7由汪颺編寫，項目8由魯豔編寫，項目9~項目10由程小玲編寫，項目11由姚滿紅編寫。

本書的特色與創新之處主要如下：

1. 精選教學內容，重構編排體系，契合高職高專學生認知特點

首先，精選內容，化解難點，降低難度。本書刪除了以往同類教材中一些較難且與現實聯繫不緊密的經濟學知識和一些繁瑣的經濟學理論推導，用了大量的圖形和表格來直觀闡述，編寫過程中力求做到通俗易懂，降低難度，適應學生的認知水準和特點。

其次，重構編排體系，變「章」和「節」為「項目」和「任務」。本書在每個項目上採用案例導入，每個項目有多個任務；在每個任務上採用「任務描述」提出問題，然後通過「任務精講」來講述每個任務對應的經濟學知識點，最後通過課堂提問和與學生討論任務來解決「任務描述」中提到的問題。這樣的體系更契合學生的認知規律，具有很強的實用性。

2. 設置多個環節，強化思維能力，提高學習興趣

為培養思維能力，增強學習興趣，擴大知識面，本書加入了大量的「小案例」「小知識」等環節。本書正是本著「提高學生學習興趣，讓學生學到實用且必要的經濟學理論」的宗旨來編寫的。

3. 案例導入，融理論於實際，內容更有實用性和針對性

每個項目通過案例導入到任務，每個任務穿插大量經典案例，案例均來自歷史上重要的經濟學事件或我們身邊普通的經濟學現象，或者是企業中的經濟學問題，有很強的針對性和現實意義。對這些案例的學習，有助於加深學生對經濟學理論的認識和理解，提高學生的學習興趣。

本書在編寫的過程中借鑑了目前已出版的國內外西方經濟學優秀教材、專著等相關資料，引用了一些有關的內容和研究成果，在此我們一併表示感謝。由於編者水準有限，加上時間倉促，書中難免有很多不足甚至錯誤，敬請批評指正。

編者

目錄

項目一　走進經濟學 ………………………………………………………………（1）

　　任務一　瞭解經濟學的研究對象 ……………………………………………（2）

　　任務二　熟悉經濟學的主要內容及其發展 …………………………………（7）

　　任務三　掌握經濟學的研究方法 ……………………………………………（13）

項目二　無形的手 …………………………………………………………………（19）

　　任務四　需求理論分析 ………………………………………………………（20）

　　任務五　供給理論分析 ………………………………………………………（25）

　　任務六　均衡價格分析 ………………………………………………………（30）

　　任務七　彈性理論分析 ………………………………………………………（34）

項目三　花錢的訣竅 ………………………………………………………………（42）

　　任務八　認識效用與效用理論 ………………………………………………（43）

　　任務九　學習基數效用論——邊際效用分析 ………………………………（45）

　　任務十　學習序數效用論——無差異曲線分析 ……………………………（50）

項目四　盈利的秘密 ………………………………………………………………（63）

　　任務十一　熟悉廠商類型及生產目標 ………………………………………（64）

　　任務十二　生產理論分析 ……………………………………………………（70）

項目五　付出的成本 ·· (78)

　　任務十三　成本理論分析 ·· (79)

　　任務十四　廠商收益分析 ·· (83)

項目六　競爭和壟斷 ·· (88)

　　任務十五　熟悉市場結構及其特點 ······································ (89)

　　任務十六　熟悉完全競爭市場 ··· (91)

　　任務十七　熟悉完全壟斷市場 ··· (96)

　　任務十八　熟悉壟斷競爭市場 ··· (100)

　　任務十九　熟悉寡頭壟斷市場 ··· (102)

項目七　收入分配的奧秘 ·· (107)

　　任務二十　理解生產要素的需求曲線 ··································· (108)

　　任務二十一　熟悉勞動市場和工資的決定 ··························· (112)

　　任務二十二　熟悉資本市場和利息的決定 ··························· (118)

　　任務二十三　熟悉土地與地租的決定 ··································· (122)

項目八　市場失靈 ··· (127)

　　任務二十四　認識公共物品 ·· (128)

　　任務二十五　認識外部效應 ·· (132)

　　任務二十六　認識壟斷與反壟斷 ·· (135)

　　任務二十七　認識不完全信息 ··· (139)

項目九　推開宏觀經濟之窗 ·· (144)

　　任務二十八　瞭解國民收入核算體系 ··································· (144)

　　任務二十九　熟悉國民經濟的流轉過程 ······························· (154)

項目十　認識失業與通貨膨脹……………………………………………（161）

　　任務三十　熟悉失業理論……………………………………………（162）

　　任務三十一　熟悉通貨膨脹理論……………………………………（168）

項目十一　逆向行事的宏觀調控………………………………………（178）

　　任務三十二　瞭解宏觀經濟政策目標………………………………（179）

　　任務三十三　熟悉財政政策…………………………………………（183）

　　任務三十四　熟悉貨幣政策…………………………………………（192）

項目一　走進經濟學

【學習目標】

知識目標：
1. 瞭解經濟學的研究對象，瞭解經濟學要解決的基本問題。
2. 熟悉經濟學理論的發展歷程及其研究的主要內容。
3. 掌握經濟學主要研究方法。

能力目標：
理解經濟學基本框架及研究內容，學會運用經濟學方法來思考、分析社會經濟問題。

【案例導入】我們身邊的經濟學

《哈姆雷特》裡有一句經典臺詞：「生存還是死亡，這是一個問題。」哈姆雷特面臨著生存和死亡的選擇，而在實際生活當中，我們也不得不面對眾多的選擇，有些時候我們真的是一籌莫展。

例如，即將畢業的大學生會面臨是工作還是繼續深造的兩難選擇以及在就業的時候是選擇國有企業還是私營企業，深造的話是進入名校還是進入一般高校等問題。

又如，一個上班族是選擇休假還是繼續加班呢？家裡來了多年未見的朋友，是在家裡做飯吃還是到飯店就餐呢？面對如此多的選擇，我們究竟該何去何從呢？

在面對如此之多的選擇時，只有利用經濟學知識分析每一種選擇可能會給我們帶來哪些收益或我們會受到哪些損失，才能做出更好的選擇，促進我們進步。

微觀經濟學講的就是個體（包括家庭、企業和單個市場）如何選擇的問題。例如，企業擴大產量是通過提高技術還是增加要素投入量呢？消費者是購買普通商品還是高檔商品呢？在宏觀經濟學中也存在這樣的問題：國家有錢了，是去消費還是投資呢？國家在面對通貨膨脹和失業的時候，到底應該先解決哪個問題呢？這些都說明在經濟學中選擇無處不在！

（資料來源：100個經濟學經典案例分析［EB/OL］．（2016-07-31）［2018-05-31］．http：//www.docin.com/p-1693217984.html.）

一、經濟學是什麼？

「經濟學」一詞在西方具有較廣泛的含義，總結起來包括以下三個方面：

第一，企業、事業管理的經驗、方法總結。例如，企業質量管理分析，強調形成完整的研究體系而非一個具體操作方法，特點是偏重於純粹的管理技術。

第二，對某一經濟領域的專題研究成果。例如，環境經濟學、資源經濟學等，特點是僅涉及經濟生活中的某一特定領域，技術分析較上一類少些，經濟理論成分較上一類多些。

第三，對經濟理論的研究。其主要內容為經濟理論及根據經濟理論指定的經濟政策和有關問題的解決途徑，包括對經濟的歷史性研究、對經濟問題的研究方法論體系、對經濟現象的純理論研究。

這裡涉及的主要是純理論研究中的微觀經濟學與宏觀經濟學，並且是占主導地位的。一般來說，我們通常所說的現代西方經濟學是指20世紀30年代以來特別是第二次世界大戰後在西方經濟理論界有重要影響的經濟學家的經濟學說或基本理論。

二、為什麼學習經濟學？

第一，學習經濟學有助於理解我們生活的世界。有許多經濟問題會引起我們的好奇心：為什麼市中心的房價高？為什麼航空公司的往返機票價格更低？為什麼明星得到的報酬更高？為什麼有時通貨膨脹，有時通貨緊縮……經濟學課程恰恰可以給予我們回答。

第二，經濟學將使我們精明地參與經濟生活。在日常生活中我們要做出許多經濟抉擇，是升學還是就業？多少收入用於支出，多少收入用於儲蓄，多少收入用於投資……學習經濟學本身不會使我們富有，但經濟學將給我們一些有助於我們努力致富的手段。

第三，經濟學將使我們更加理解經濟政策的潛力與局限性。為什麼我們國家要加入世界貿易組（WTO）？為什麼我們要實行再就業政策……這些問題不僅是決策者們的事，也是我們老百姓牽掛的事。

因此，經濟學可以運用到生活中的許多方面。無論以後是管理企業、就職於政府機關或者就是一個普通的消費者，我們都會為學習過經濟學而感到欣慰。

任務一　瞭解經濟學的研究對象

【學習目標】

1. 瞭解慾望和資源的特點，進而瞭解經濟學的含義。

2. 瞭解經濟學要解決的三大基本問題和三種主要經濟制度。

任務描述

齊國有個女孩要出嫁，當時有兩個人同時來向她求婚。東家的兒子很醜，但是家財萬貫；西家的兒子相貌英俊，但是很貧窮。女孩的父母無法決定選誰，就去問他們的女兒想嫁給誰。女孩不好意思說，母親就對她說：「你想嫁哪個人就露出哪邊的胳膊吧。」結果女孩露出兩個胳膊。母親奇怪地問她原因，女孩說：「我想在東家吃飯，在西家住。」

思考：

這個故事中蘊含了人性什麼樣的特點？

筆記：

任務精講

一、經濟學的含義

自古以來，人類社會就為經濟問題所困擾，生存與發展始終是各個社會關心的問題。進入 21 世紀之後，經濟失衡、貧富對立、失業、通貨膨脹、經濟衰退、國際經濟衝突等問題，仍然是各國面臨的難題。在眾多經濟問題中，有一個問題卻始終伴隨著人類社會經濟生活，這就是人類慾望的無限性與資源相對稀缺之間矛盾的問題。

（一）慾望

慾望是指人們想得到某種東西或想達到某種目的的要求。人的慾望分為多個層次。在較低層次的慾望滿足以後，人就會產生新的更高層次的慾望。

人的慾望是無限的，永遠無法滿足。人在沒有東西吃的時候想吃的東西，有了吃的東西以後想吃更好吃的山珍海味；在沒有衣服穿的時候想穿的衣服，在有了穿的衣服後想華麗的新潮時裝；在沒房子住的時候想住的房子，有了住的房子以後想住更好的高樓、別墅；在步行的時候想擁有汽車，在有了普通汽車以後想要豪華轎車。正是人的慾望的難以滿足性和多層次性，導致了人的慾望的無限性。

【小資料】欲壑難填

欲壑難填形容人的慾望像山谷一樣，無法填滿。為了勸誡人們不要有貪欲之心，清朝胡澹庵編輯的《解人頤》中有一首打油詩《南柯一夢西》：

終日奔忙只為饑，方才一飽便思衣；

衣食兩般皆俱足，又想嬌容美貌妻；

娶得美妻生下子，恨無田地少根基；
買到田園多廣闊，出入無船少馬騎；
槽頭拴了騾和馬，嘆無官職被人欺；
縣丞主簿還嫌小，又要朝中著紫衣；
做了皇帝求仙術，更想登天跨鶴飛；
若要世人心裡足，除是南柯一夢西。

(二) 資源

人類要生存，社會要發展，必須需要資源。物質資料的生產是人類經濟活動的基礎。在物質資料的生產過程中，必須具備一些基本的生產要素或經濟資源，如勞動者的勞動、勞動對象、勞動資料、經濟信息等，這些要素或資源在生產過程中結合起來，生產出滿足人們各種需要的產品。

資源是指用於生產滿足人類需要的有形產品和無形產品的那些物品和勞務。資源按其是否可以自由取得，可分為自由資源和經濟資源。自由資源是指可以無代價地取得的資源，比如空氣、陽光等。經濟資源是指必須付出代價才能獲得的資源。經濟資源包括勞動、土地、資本、企業家才能等。

人類的慾望是無限的，但資源是稀缺的。這裡的資源的稀缺性也叫資源的有限性，是指相對於人類社會的無窮慾望而言，經濟資源或者說生產這些滿足需要的物品和勞務的資源總是不足的。

二、經濟學的產生——最優選擇

既然人的慾望是無限的，而資源是相對稀缺的，那麼必須有效地對資源加以利用。這就涉及選擇問題。經濟學中的「選擇」是指如何利用現有的有限的資源去生產最經濟實用的物品來有效地滿足人類的需要。

在經濟學上的選擇問題包括：對於消費者而言，選擇如何配置現有的資金以達到最佳的消費效果或投資效果，選擇如何利用有限的時間，選擇如何滿足自己的慾望，在必要時如何犧牲某種慾望來滿足另外一種慾望；對於生產者而言，選擇生產什麼物品和勞務以及各生產多少，選擇如何生產，選擇為誰生產這些物品和勞務。這是每個消費者和生產者都會面臨的問題，也是經濟學需要解決的基本問題。

簡單地說，經濟學就是一門研究人和社會如何進行選擇、如何將有限的或稀缺的資源進行合理配置的科學。選擇問題是經濟學需要解決的基本問題，它主要包括三個方面的內容。

(一) 生產什麼和生產多少？

由於資源稀缺，而人的慾望無限，就存在人的慾望只能部分地被滿足，存在既定資源條件下生產什麼、生產多少的問題。有些產品可以被安排生產，有些產品不能被安排生

產，這就是生產什麼的問題。在被安排生產的產品中，用於生產某種產品的資源多一些，用於生產另外產品的資源就少一些，這就是生產多少的問題。為了慾望滿足程度的最大化，就要科學地確定生產項目和生產數量之間的比例關係，以實現整個社會經濟結構的合理。

【小案例】要大炮還是要黃油？

有一個國家由於資源有限，只能生產黃油（代表民生物資）和大炮（代表國防物資）。如果所有資源都生產大炮，就不能生產黃油；如果所有物資都生產黃油，就不能生產大炮。而大炮和黃油對這個國家來說都是不可缺少的：沒有大炮，就無法抵禦外敵入侵；沒有黃油，生活就會發生困難。因此，這個國家只能既生產大炮，又生產黃油。現在的問題是：他們該用多少資源來生產大炮，多少資源來生產黃油？

「大炮與黃油的矛盾」根源於資源的有限性，生產大炮與黃油需要各種資源（資本、勞動、土地、企業家才能），如果這些資源是無限的，能生產出來的大炮與黃油也是無限的，那麼就不會存在大炮與黃油的矛盾了。

事實上，人類社會的資源是有限的，我們不得不去分析各種諸如「大炮與黃油」的選擇問題，經濟學就是為了解決這樣的問題而產生的。

（二）如何生產？

如何生產是指生產既定產品採取何種生產方式。生產同樣數量的產品，如果資源用得多一些，技術用得少一些，或者資源用得少一些，技術用得多一些，前者就是粗放經營，後者就是集約經營。如果勞動力用得多一些，機器設備（資本）用得少一些，或者機器設備（資本）用得多一些，勞動力用得少一些，前者就是資本密集型生產，後者就是勞動密集型生產。採取何種生產方式，取決於人力、物力和技術等多種因素。

經濟資源用於生產過程時叫投入，一種投入可以用來生產不同的產品，同一種產品也可以由不同的投入來生產，這就是經濟資源用途上的替代性。這就會使生產者面臨一種選擇，應該如何在各種替代性用途中去分配資源，才能最有效地生產出最優的產品。可以採用不同的設備、不同的材料、不同工種的工人在不同的地方生產等，這裡有很多種組合，生產者究竟選擇哪種組合、生產多少數量，經濟效益才最好？這時又產生了成本和收益的比較。同時，又有多個生產者生產同一產品，對生產者來說又會面臨競爭。這些對怎樣生產都起著決定性的作用。

（三）為誰生產？

為誰生產是指社會決定生產的產品和勞務如何在社會成員之間進行分配。資源的有限決定了產出的有限性。產品生產出來，應該先滿足誰？後滿足誰？應該滿足到什麼程度？通過什麼方式來滿足？當產品作為物質內容的財富生產出來，應該如何分配？在市場價格一定的條件下，消費者如何將他的收入在不同的商品之間分配？作為消費者的勞動者其收入又是由什麼來決定的……在經濟活動中，如何實現產品分配，最終可以歸結為凝結於產

品中的勞動和生產資料的分配問題。社會必須正確解決這些問題。

三、經濟制度

所有的社會和國家都面臨資源稀缺性問題，也就是說，要選擇一定的資源配置與利用的方式。由於歷史和現實的原因，不同國家選擇的資源配置與利用的方式是不盡相同的。經濟資源配置和利用的具體方式就是經濟制度（也稱經濟體制），根據資源配置和利用方式的不同，我們可以將當前世界各國的經濟制度劃分為三大類，即計劃經濟（也稱命令經濟或指令經濟）、自由放任的市場經濟和混合經濟。

（一）計劃經濟制度

所謂計劃，是指社會按照預先確定的目標，運用各種力量和形式調節國民經濟運行的過程。無論這種調節以何種力量和形式去實施，只要它是由社會按照預先確定的原則和目標進行的，就可以看成計劃，都屬於計劃調控的範圍。因此，計劃和計劃調控實際上是一個含義相當廣泛的範疇。計劃經濟制度的基本特徵是生產資料歸政府所有，一個國家類似一個單一的大公司，政府用計劃或指令來解決資源配置和利用問題，經濟物品的數量、品種、價格、分配以及工人的就業與工資水準等均由中央當局的指令性計劃來決定，蘇聯和原東歐社會主義國家的經濟制度均屬於這種類型。在現實當中，由於這種制度很難解決信息的傳遞問題和經濟主體的激勵問題，因而效率不高。大多數實行計劃經濟的國家自 20 世紀 80 年代後期開始了經濟體制改革，以實現從計劃經濟向市場經濟的轉軌。

（二）自由放任的市場經濟制度

自由放任的市場經濟制度是指完全沒有政府干預，而由企業和個人自主決策和自主行動的市場經濟，即完全由市場經濟機制安排和決定企業與個人經濟行為的一種經濟制度。市場的原義是商品交換場所或交換關係的總和，市場調節的實質是通過價值規律、供求關係、競爭機制等作用來配置資源的一種方式。市場經濟制度的基本特徵是產權明晰，經濟決定高度分散。這種經濟制度為一只「看不見的手」所指引，資源的配置和利用由自由競爭的市場中的價格機制解決。英國經濟學家亞當·斯密在代表作《國富論》一書中指出，在市場經濟制度下，即使每個人純粹追求自身的利益，絲毫不關心別人的利益，也將在市場經濟的約束下增進社會的利益。也就是說，我們之所以能夠吃到可口的麵包，並不是因為麵包師的仁慈，而是因為麵包師需要追求其自身的利益。當然，在現實社會中，純粹的自由市場經濟國家是不存在的，每個市場經濟國家或多或少地都存在著政府干預的情況，也就是下面要討論的混合經濟。

（三）混合經濟制度

混合經濟制度的基本特徵是生產資料的私人所有和國家所有相結合，自由競爭和政府干預相結合，因而也是壟斷和競爭相混合的制度。所謂混合經濟制度，是指既有市場調節，又有政府干預的經濟制度。在這種制度下，市場機制和政府干預互相協調，取長補

短，能夠較好地解決資源配置和資源利用問題。當今世界上經濟比較發達的國家，如美國、日本和歐盟國家等都採用了這種經濟制度，中國經濟體制改革的目標也是朝著這個方向進行的。

任務二　熟悉經濟學的主要內容及其發展

【學習目標】

1. 熟悉微觀經濟學和宏觀經濟學的內容，知道「看得見的手」和「看不見的手」在經濟學中的含義。

2. 瞭解經濟學發展的幾個主要階段，瞭解經濟學產生和發展過程中的關鍵人物，明白他們對經濟學的突出貢獻。

任務描述

人類早在幾千年前就有了哲學和社會科學，但經濟學的歷史卻很短，經濟學是200多年前才產生的一門學科，有人戲稱經濟學是「文科中最老、科學中最新」的學科。

思考：

你怎麼看待經濟學這門科學呢？

筆記：

_____

_____

任務精講

一、經濟學的主要內容

（一）微觀經濟學

1. 微觀經濟學的基本含義

「微觀」的英文是「micro」，來源於希臘文，原意是「小」。微觀經濟學（Microeconomics）是以單個經濟單位為研究對象，通過研究其經濟行為和經濟變量，來說明社會資源如何配置的理論。

在理解微觀經濟學的上述含義時，要注意這樣幾點：

（1）研究的對象是單個經濟單位，即單個居民（消費者）、單個廠商（企業生產者）

的經濟行為。

（2）研究方法是個量分析，即研究經濟變量的單項數值是如何決定的。

（3）解決的問題是資源配置問題，即從研究單個經濟單位的最大化行為入手，來解決社會資源的最優配置問題。

（4）中心理論是價格理論。在市場經濟中，單個經濟單位的一切經濟行為都受價格的支配，價格就像一只看不見的手，調節著社會的經濟活動和每個經濟單位的經濟行為，即通過價格的調節，使社會資源配置達到最優化。

2. 微觀經濟學的基本假設

經濟學的研究都是以一定假設為前提的，微觀經濟學也不例外。其基本假設有三個：

第一，完全理性，即參與經濟活動的每一個經濟主體都是有意識的和理性的，其經濟行為也是理性的，都是按照自身利益最大化的目標來選擇自己的行為的。

第二，完全信息，即參與經濟活動的個體對自己所必需的信息都能完全、及時地掌握，從而實現其行為的最優化。

第三，市場出清，即假設在資源充分利用的常態下，價格可以自由、充分地波動，自發地調節社會資源配置，使市場實現充分就業的供求均衡狀態。

3. 微觀經濟學的基本內容

微觀經濟學的內容十分廣泛，主要包括以下幾個方面：

第一，需求與供給理論，也叫價格理論，它是微觀經濟學的核心。

第二，消費者行為理論，即研究消費者如何把有限的收入分配到各種物品的消費上，從而實現效用最大化。

第三，生產者行為理論，即從生產要素和生產函數入手，研究生產者如何把有限的資源用於各種物品的生產中，從而實現利潤的最大化。

第四，成本理論，即從短期成本和長期成本分析入手，研究生產要素投入與產出之間的關係、成本與收益的關係。

第五，市場結構理論，即從完全競爭市場、完全壟斷市場、壟斷競爭市場和寡頭壟斷市場這四種市場類型入手，研究這些市場類型的基本特徵、均衡條件以及對這四種市場的分析。

第六，市場失靈與政府干預理論，即分析造成市場失靈的壟斷、外部效應、公共產品、不完全信息等原因。

（二）宏觀經濟學

1. 宏觀經濟學的基本含義

「宏觀」的英文為「macro」，來源於希臘文，原意為「大」。宏觀經濟學是以整個國民經濟為研究對象，通過研究經濟總量的決定與變化，來說明資源如何才能得到充分利用的理論。

在理解宏觀經濟學的上述含義時，要注意這樣幾點：
(1) 研究的是經濟總量和經濟整體狀況。
(2) 採取的是總量分析方法。
(3) 重點解決資源利用的問題。
(4) 中心理論是國民收入決定理論。

2. 宏觀經濟學的基本假設

宏觀經濟學的基本假設有兩個：

第一，市場機制是不完善的。自從市場經濟產生以來，市場經濟國家不斷發生危機，特別是 20 世紀 30 年代爆發的空前嚴重的經濟危機，使經濟學家意識到，單靠市場經濟的自動調節，經濟無法克服危機，無法解決失業問題，無法解決經濟滯脹問題，無法避免資源浪費。僅靠市場機制的作用是不夠的，還必須建立政府宏觀調控政策，這使宏觀經濟學應運而生。

第二，政府有能力進行宏觀調控。政府通過觀察與研究經濟運行的規律，通過行政、經濟、法律等手段，通過財政、貨幣、產業等政策進行宏觀調控，糾正市場經濟運行過程中出現的偏差。

3. 宏觀經濟學的基本內容

宏觀經濟學的基本內容主要包括以下幾個方面：

第一，國民收入決定理論。國民收入是衡量一個國家經濟資源利用情況和整體國民經濟狀況的基本指標。國民收入決定理論就是要從總需求和總供給的角度出發，分析國民收入決定及其變動規律。這是宏觀經濟學的中心問題。

第二，失業與通貨膨脹理論。失業與通貨膨脹是各個國家經濟中最主要的問題。宏觀經濟學把失業與通貨膨脹和國民收入聯繫起來，分析其主要原因及其相互關係，以便找出解決這兩個問題的途徑。

第三，經濟週期與經濟增長理論。經濟週期是指國民收入的短期波動，經濟增長是指國民收入的長期增加趨勢。這一理論主要分析國民收入短期波動的原因、長期增長的源泉等問題，以期實現經濟長期穩定的發展。

第四，開放經濟理論。現實的經濟都是開放型的經濟。開放經濟理論要研究的是一個國家國民收入的決定與變動是如何影響別國以及如何受到別國的影響，同時也要分析開放經濟下一個國家經濟的調節問題。

第五，宏觀經濟政策。宏觀經濟學是為國家干預經濟服務的，宏觀經濟學理論要為這種干預提供理論上的依據，而宏觀經濟政策則是要為這種干預提供具體的措施。政策問題包括政策目標，即通過宏觀經濟政策的調節要達到什麼目的；政策工具，即通過什麼樣的辦法來達到那些目的；政策效應，即宏觀經濟政策對經濟的作用。

對宏觀經濟運行的不同分析以及由這些分析所得出的不同政策，構成了不同經濟學流

派的基本內容。

(三) 微觀經濟學和宏觀經濟學的聯繫

第一，微觀經濟學是宏觀經濟學的基礎。

第二，微觀經濟學和宏觀經濟學互為補充。

微觀經濟學和宏觀經濟學互相把對方考察的對象作為自己的理論前提，互相把對方的理論前提作為研究的對象。一個國家，不僅有資源配置問題，也有資源利用問題，只有把這兩個方面的問題解決了，才能解決整個國家的經濟問題。

【小案例】觀一葉可否知秋

微觀行為與宏觀結果甚至可能是背離的。對此，薩繆爾森在他經典的教科書上曾打過一個精闢的比方。他說，好比在一個電影院看電影，有人被前面的人擋住了視線，如果後面的這個人站起來的話，他看電影的效果將會改善。因此，站起來就微觀而言是合理的。但是，如果大家都站起來的話，則大家看電影的效果都不能得到真正的改善，站著和坐著的效果是一樣的，不過是徒然增加了一份「折騰」的成本而已。這個例子足以說明，在微觀上合理的事情在宏觀上未必合理，在個體是理性的事情在總體上未必理性。

另一個例證是金融危機。如果有人發現銀行不穩定，他的最佳辦法就是將存款取出，以保全自己。但這是否會導致全體的安全呢？恰恰相反，如果所有人都這麼做的話，金融危機就會發生，個人也將受損。亞洲金融危機就是這樣，有人看到本幣不穩，開始拋售本幣，購買外幣，其結果是本幣一落千丈，而且引發金融危機，全國人民都受損。

我們經常會發現個體最優與集體失敗的例子。前邊有堵車現象，有的司機看旁邊還有一條路，就闖了進去，結果這條路也被堵上，最後到處都堵得嚴嚴實實，連清路的交警車也擠不進來。這就是個人最優讓集體徹底失敗的典型案例。

因此，我們無法從微觀現象簡單推導出宏觀結論。在宏觀經濟學方面，「觀一葉而知秋」的說法是靠不住的。

二、經濟學的產生和發展

經濟學作為一門社會科學，經濟學主要研究人類的行為，尤其是市場體系中人的行為，而市場經濟則是隨著資本主義生產方式的興起而產生的，因而在歷史上的絕大部分時間裡，經濟學不是脫離一般社會思想的獨立體系，甚至到了18世紀晚期，亞當·斯密還把經濟學看成法律學的一個分支。根據不同歷史時期的經濟學思想與理論的發展特點，經濟學可以分為這樣幾個階段：前古典經濟學、古典經濟學、新古典經濟學和當代經濟學。

(一) 前古典經濟學

經濟學思想最早產生於古希臘思想家的著作中。色諾芬在其《經濟論》中第一次提出了「經濟學」這個詞，柏拉圖和亞里士多德等均在其著作中或多或少地涉及了經濟學的一些理論和概念。他們的經濟學思想經古代羅馬人、早期基督教和歐洲中世紀的經院學派的

繼承與發展，到了資本主義早期發展階段時，產生了一個有較大影響的思想流派，即重商主義。

重商主義產生於15世紀，終止於17世紀中期，代表人物包括英國人約翰‧海爾斯、托馬斯‧曼，法國人安‧德‧孟克列欽和德國人讓‧巴蒂斯特‧柯爾培爾等。重商主義體系的基本內容是國家干預主義、貿易順差和外匯管制。重商主義者認為，金銀形態的貨幣是財富的唯一形態，一國增加財富的唯一手段就是發展對外貿易。因此，重商主義非常重視對外貿易。重商主義者主張國家採取各種措施和政策鼓勵出口、限制或禁止進口，通過貿易順差來使一國累積大量財富，同時對外匯進行管制，不讓貨幣外流。

重商主義者的這些主張反應了原始累積時期資本主義經濟發展的要求。從現在的觀點來看，他們很多的觀點是錯誤的，同時還沒有形成一個完整的經濟學理論體系，並且他們的研究領域主要集中於流通領域，因而還不能稱之為真正的經濟學，而只能說是經濟學的早期階段。

(二) 古典經濟學

古典經濟學從1776年開始，至1870年結束，是經濟學的形成時期。1776年，英國經濟學家亞當‧斯密發表其代表作《國民財富的性質和原因的研究》（又稱《國富論》），標誌著現代經濟學的誕生，也宣布了古典經濟學派的誕生。古典經濟學的其他代表人物主要有大衛‧李嘉圖、約翰‧斯圖亞特‧穆勒等。

古典經濟學的研究中心是如何增加國民財富，與重商主義不同，古典經濟學者認為，財富是物質產品而不僅僅是貨幣，增加財富的途徑是通過增加資本累積和分工來發展生產。在政策主張上，古典經濟學主張自由放任，即政府不干預經濟。古典經濟學者認為，市場體系中的價格是只「看不見的手」，由其來調節經濟，可以把個人的利己行為引向增加國民財富和社會福利的行為，因此價格調節經濟就是正常的自然秩序，政府也就沒有必要去干預經濟的運行了。

自由放任是古典經濟學的核心，反應了自由競爭時期經濟發展的要求。古典經濟學家把經濟研究從流通領域轉移到生產領域，使經濟學真正成為一門有獨立體系的科學。

【小知識】亞當‧斯密與「看不見的手」

亞當‧斯密是18世紀的英國經濟學家，人們把他稱作「經濟學之父」，可見他對經濟學的貢獻之大。1776年，亞當‧斯密在《國富論》的扉頁上寫道：「獻給女王陛下的一本書！」他說：「女王陛下，請您不要干預國家經濟，回家去吧！國家做什麼呢？就做一個守夜人，當夜晚來臨的時候就去敲鐘，入夜了看看有沒有偷盜行為，這就是國家的任務。只要國家不干預經濟，經濟自然就會發展起來。」

在《國富論》這本書中，亞當‧斯密提出了這樣一個理論，叫做「看不見的手」。他說，經濟中有一只看不見的手，人們在做事的時候，沒一個人想到為了促進社會利益，他首先想到的是怎樣實現自己的利益，都是從個人的利益出發去做事的。但當他真正這樣做

的時候，就像有一隻看不見的手在引著他，其結果要比他真想促進社會利益的效果要好得多。

什麼是「看不見的手」呢？「看不見的手」指的是個人利益，是市場機制，是價格機制。亞當·斯密的思想非常深刻，非常精彩。從亞當·斯密開始，人類有了經濟學。因此，人們稱亞當·斯密為經濟學的鼻祖。亞當·斯密主張國家不要干預經濟，要讓經濟自由發展，讓價格機制自發地起作用。

在亞當·斯密「看不見的手」的思想指引下，歐美經濟得到迅速發展，亞當·斯密的思想統治資本主義世界150年之久，直到1929年爆發的世界經濟危機。

(三) 新古典經濟學

19世紀70年，奧地利經濟學家門格爾、英國經濟學家杰文斯和法國經濟學家瓦爾拉斯等人不約而同地提出邊際效用價值論，即認為商品的價值取決於人們對商品效用的主觀評價，被稱為「邊際革命」，標誌著古典經濟學的結束。1890年，英國經濟學家馬歇爾出版了其代表作《經濟學原理》，綜合了上述三人和當時其他一些經濟學家的代表觀點，從而形成了一個綜合的、折衷的經濟學理論體系。

新古典經濟學堅持自由放任思想，認為政府不要干預經濟，因而是古典經濟學的延續。之所以稱之新，是為了表明其與古典經濟學的區別與不同之處，其採用了一個新的分析方法——邊際分析法，同時也將經濟學的研究重點從生產轉向消費和需求，將資源配置作為經濟學研究的中心，主要探討價格如何調節經濟達到資源的最優配置，因而也被稱為價格理論。這一階段的經濟學是微觀經濟學的形成時期。

(四) 當代經濟學

20世紀30年代發生了蔓延整個資本主義社會的大危機，新古典經濟學論述的市場能比較完善的調節經濟的神話被打破，新古典經濟學理論面對新的問題顯得無能為力。在這種情衝下，1936年，英國經濟學家凱恩斯出版了其代表作《就業、利息和貨幣通論》，凱恩斯打破了自由放任的經濟學傳統思想，主張國家干預經濟，同時提出了以國民收入決定為理論中心，以國家干預為政策基調的現代宏觀經濟學體系，以應對當時的資本主義大危機。這是經濟學史上的第三次革命——凱恩斯革命，凱恩斯革命標志著宏觀經濟學的產生。

在凱恩斯經濟理論的指導下，第二次世界大戰後西方各國都加強政府干預，美國經濟學家保羅·薩繆爾森把凱恩斯的宏觀經濟學與新古典經濟學的微觀經濟學結合在一起，形成了新古典綜合派，也形成了當代經濟學的由微觀和宏觀兩部分共同組成的格局。新古典綜合派是20世紀50年代到60年代的主流經濟學派別。20世紀60年代末，美國等國出現的滯脹又引起了經濟學家對國家干預主義的再思考，從而導致自由放任思想的再度復興，以弗里德曼和盧卡斯、科斯等為代表的一大批當代著名經濟學家都是自由放任的擁護者。

【小知識】凱恩斯與「看得見的手」

1929年，一場持續數年、席捲整個資本主義世界的經濟危機爆發了。危機首先從美國開始，股市崩盤、企業破產、銀行倒閉、工人失業，經濟陷入大蕭條，然後波及整個資本主義世界。這時人們不禁要問：亞當·斯密那只「看不見的手」哪兒去了？他不是說國家不管經濟就可以自動發展嗎？這時英國又出現了一個偉大的經濟學家，名字叫約翰·梅納德·凱恩斯。1936年，凱恩斯出版了一本書，名字叫做《就業、利息和貨幣通論》，這就是著名的《通論》。這本書是經濟學上的一個里程碑。凱恩斯說，那只「看不見的手」解決不了經濟危機問題，只有靠國家「看得見的手」了。國家用經濟學理論指導、干預經濟生活的歷史是從凱恩斯開始的。從此以後，經濟學從微觀走向宏觀，從個量分析走向總量分析。所以說，宏觀經濟學是從凱恩斯開始的。在凱恩斯宏觀經濟學理論的指導下，西方國家經濟開始復甦，並使西方經濟從20世紀40年代到70年代蓬勃發展。

當代經濟學是一個綜合了微觀經濟學和宏觀經濟學的龐大理論體系，在經濟理論體系的內部，派系林立，分歧巨大，但是我們可以根據其他經濟哲學思想的不同而將其劃分為兩大派別：一派是新古典主義經濟學，也稱新自由主義經濟學，他們堅持了古典經濟學和新古典經濟學的傳統，主張自由放任，政府不干預或少干預經濟；另一派是新凱恩斯主義經濟學，他們繼承和發展了凱恩斯的經濟學理論，主張政府干預經濟的運行，也稱新干預主義經濟學。

任務三　掌握經濟學的研究方法

【學習目標】

1. 掌握經濟學中的各種研究方法的基本含義。
2. 大體能夠運用經濟學的研究方法分析經濟生活中的各種問題。

任務描述

有一個經濟學的笑話說，對於同一個經濟問題的看法，10個經濟學家有11種不同的解釋，聽起來十分荒謬。

思考：

請問，你是怎麼看待這種說法的？

筆記：

任務精講

一、實證分析法與規範分析法

西方經濟學在分析經濟活動時，將經濟學的分析方法分為兩類：實證分析法和規範分析法。

（一）實證分析

實證分析是指在研究經濟問題時，企圖超脫一切價值判斷，只研究經濟本身的內在規律，並根據這些規律，分析和預測人們經濟行為的效果。

在理解實證分析方法時，應該注意這樣一些問題：

（1）價值判斷是指對經濟事物是與非、好與壞、積極意義與消極意義等的判斷。實證經濟學就是避開這些帶有一定主觀性、階級性的價值判斷，從客觀的角度來分析研究有關經濟問題。

（2）實證分析要解決「是什麼」的問題，即只確認經濟事實的本身，研究經濟本身的內在規律，分析經濟變量之間的關係，並用於進行分析和預測。

（3）實證分析的研究內容具有客觀性，得出的結論是可以進行事實檢驗的。

（二）規範分析

規範分析是指在研究經濟問題時，以一定價值判斷為基礎，提出某些標準作為分析處理經濟問題的標準和基礎，確立經濟理論的前提，作為制定經濟政策的依據，並研究如何才能符合這些標準。

在理解規範分析方法時，應該注意這樣一些問題：

（1）規範分析從一定的價值判斷來研究經濟問題，即判斷某一具體經濟問題的是與非、好與壞、積極意義與消極意義，帶有一定的主觀性和階級性。

（2）規範分析要解決「應該是什麼」的問題，即要說明事物本身的好壞、是非以及社會意義等。

（3）規範分析研究得出的結論會受到不同價值觀的影響，其研究得出的結論是無法進行事實檢驗的。

（三）實證分析與規範分析的關係

兩者並不是絕對相互排斥的。規範經濟學是以實證經濟學為基礎的，而實證經濟學則是以規範經濟學作為指導的。一般來說，具體經濟問題和微觀經濟現象具有實證性，而高層次的、決策性的宏觀經濟問題和現象就具有規範性。

二、均衡分析法與非均衡分析法

（一）均衡分析法

均衡本來是物理學概念。引入經濟學後，均衡是指經濟體系中各種相互對立或相互關聯的力量在變動中處於相對平衡而不再變動的狀態。對經濟均衡的形成與變動條件的分析，叫做均衡分析法。均衡分析法又可以分為局部均衡分析法和一般均衡分析法。局部均衡分析法是在不考慮經濟體系某一局部以外的因素的影響的條件下，分析這一局部本身所包含的各種因素相互作用中，均衡的形成與變動的方法。一般均衡分析法是相對於局部均衡分析法而言的，是分析整個經濟體系的各個市場、各種商品的供求同時達到均衡的條件與變化的方法。

（二）非均衡分析法

非均衡是相對於均衡而言的。非均衡分析法認為，經濟現象及其變化的原因是多方面的、複雜的，不能單純用有關變量之間均衡與不均衡來加以解釋，而主張通過對歷史、制度、社會等因素的分析作為基本方法。

當然，在經濟學研究中，主要的研究方法還是均衡分析法，非均衡分析法只是均衡分析法的有益補充。

三、靜態分析法、比較靜態分析法與動態分析法

自 1899 年美國經濟學家 J.B.克拉克在其《財富的分配》一書中，首先提出了靜態經濟學和動態經濟學以來，經濟學中使用的分析方法又可以分為靜態分析、比較靜態分析和動態分析三大類，由此建立的經濟學相應地稱為靜態經濟學、比較靜態經濟學和動態經濟學。

靜態分析是分析經濟事物的均衡狀態以及有關經濟變量達到均衡狀態所需要具備的條件的方法。靜態分析法以經濟事物的均衡位置為分析中心，在假定分析對象自變量既定的條件下，分析因變量如何達到均衡狀態。例如，假定某種商品的需求狀況和供給狀況為既定條件，就可以根據這些條件，確定該商品需求和供給達到均衡時應該有的價格和產量。只要既定的條件不發生變化，由此達到的均衡價格和均衡產量就將處在均衡不變的狀態。

比較靜態分析是分析在原有的已知條件發生變化以後，分析和比較新的均衡狀態相應發生了哪些變化的方法。這種方法研究在某些已知的自變量發生變化的情況下，相應的因變量的均衡值會發生什麼樣的變化。因此，比較靜態分析法要對兩套或者兩套以上的均衡的位置進行分析比較。例如，假定由於人們收入增加，導致對某種商品的需求有所提高，則在供給狀況不變的情況下，可以推斷出該商品在供給和需求達到新的均衡狀態時，其價格和產量都將比原來的均衡狀態下高。

無論是靜態均衡分析,還是比較靜態均衡分析,它們都只是集中在均衡位置上,既不涉及一個均衡位置所需要的時間,也不涉及各個變量趨向均衡所經過的路線。與此相反,動態均衡分析是對相互聯繫的各個變量在一定條件下從前到後變化和調整過程的分析方法。其實質是探討不均衡狀態及其運動,無論這種不均衡是由於缺乏短期均衡造成的,還是一個經濟社會不曾到達長期均衡的條件和運動,都屬於動態均衡的分析範疇。

四、邊際分析法

邊際分析法是指利用邊際概念對經濟行為和經濟變量進行數量分析的方法。所謂邊際,就是額外或增加的意思,即增加的下一個單位或最後一個單位。

邊際分析法在經濟學中運用極廣,邊際這個概念和邊際分析法的提出被認為是經濟學方法的一次革命。在經濟學中,邊際分析法的提出不僅為我們做出決策提供了一個有用的工具,而且還使經濟學能運用數學工具。邊際分析表示的自變量與因變量之間變動的關係可以用微分來表示。由此數學方法在經濟學中可以得到廣泛應用。現在數學在經濟學中運用十分廣泛,對推動經濟學本身的發展和解決實際經濟問題起到了重大作用。

技能訓練

一、單項選擇題

1. 經濟學可以定義為( )。
   A. 政府對市場制度的干預
   B. 消費者如何獲取收入
   C. 研究如何最合理的配置稀缺資源於諸多用途
   D. 企業取得利潤的活動
2. 經濟學主要研究( )。
   A. 與稀缺性相關的問題　　　　B. 如何在股票市場賺錢
   C. 為什麼無法作出選擇　　　　D. 用數學方法建立理論模型
3. 經濟中的永恆矛盾是( )。
   A. 宏觀與微觀之間的矛盾
   B. 個人與集體之間的矛盾
   C. 資源的有限與慾望的無限之間的矛盾
   D. 理論與現實之間的矛盾
4. 選擇具有重要性,基本上是因為( )。

A. 人們是自私的，他們的行為是為了個人利益

B. 選擇導致稀缺

C. 用於滿足所有人的資源是有限的

D. 政府對市場經濟的影響有限

5. 時間（　　）。

A. 不是稀缺資源，因為永遠有明天

B. 與資源分配決策無關

C. 對生產者是稀缺資源，但對消費者不是

D. 對任何人都是稀缺資源

6. 經濟學研究的基本問題是（　　）。

A. 生產什麼，生產多少　　　　B. 怎樣生產

C. 為誰生產　　　　　　　　　D. 以上問題都正確

7. 下列命題中哪一個不是實證經濟學命題（　　）。

A. 1982 年 8 月美聯儲把貼現率降到 10%

B. 1981 年失業率超過 9%

C. 美國所得稅對中等收入家庭是不公平的

D. 美國社會保險稅的課稅依據現已超過 30,000 美元

8. 下列哪一項是規範經濟學的說法（　　）。

A. 醫生掙的錢比藍領工人多　　　B. 收入分配中有太多的不平等

C. 通貨膨脹率用於衡量物價變化水準　　D. 去年計算機的價格是 2,500 元

9. 經濟學中「看得見的手」和「看不見的手」分別是指（　　）。

A. 市場和政府　　　　　　　　B. 政府和市場

C. 企業和個人　　　　　　　　D. 個人和企業

10. 在任何時間生產出來的汽車、電視機和麵包的數量是以下（　　）經濟學基本問題的答案。

A. 商品如何被生產　　　　　　B. 生產什麼和生產多少

C. 為誰生產　　　　　　　　　D. 何時由誰做出經濟決策

二、判斷題

1. 稀缺性僅僅是市場經濟中存在的問題。（　　）

2. 在一個由行政指令來協調經濟活動的社會經濟中，生產什麼、如何生產和為誰生產的決策是價格調節的結果。（　　）

3. 稀缺性意味著競爭是要被消滅的。（　　）

4.「中國應該限制私人小轎車的發展」，這是一個實證表述的例子。（　　）

5. 實證表述的是關於「是什麼」的問題，規範表述的是關於「應該是什麼」的問題。
(　　)
6. 如果社會不存在資源的稀缺性，也就不會產生經濟學。(　　)
7. 資源的稀缺性決定了資源可以得到充分利用，不會出現資源浪費現象。(　　)
8. 「人們的收入差距大一點好還是小一點好」的命題屬於實證經濟學問題。(　　)
9. 規範經濟學的結論以研究者的階級地位和社會倫理觀為基礎，不同的研究者對同樣的問題會得出不同的結論。(　　)
10. 只要有人類社會，就會存在稀缺性。(　　)

三、簡答題

1. 如何理解資源的稀缺性？
2. 微觀經濟學和宏觀經濟學的區別與聯繫是什麼？
3. 經濟學的實證研究和規範研究的區別有哪些？

項目二　無形的手

【學習目標】

知識目標：

1. 瞭解需求、供給的定義，瞭解導致需求變動和供給變動的因素，進而理解需求量的變動與需求的變動、供給量的變動與供給的變動，瞭解彈性的定義。
2. 熟悉需求函數和供給函數、均衡價格理論的應用、彈性理論的應用。
3. 掌握需求定理、供給定理，均衡價格的決定及變動，需求彈性和供給彈性的類型及影響因素。

能力目標：

1. 能運用需求與供給理論分析一些簡單的社會現象。
2. 具有運用彈性理論幫助企業分析價格變動對收益的影響，進而能提出分析決策。

【案例導入】是先有蛋還是先有雞？

當然，有一個問題還不能說清：究竟是先產生需求再產生供給呢，還是先產生供給才產生需求？這有點像問「是先有蛋還是先有雞」。我想，可能有時候是需求帶動供給，很多的新產品就是在人們強烈的需求下產生的；也有時候是供給誘導需求，比如新潮的時裝，常常是提供出來之後，左右了人們的視線，引發了人們的需求。但在某一種商品的價格決定中，供給與需求就像一把剪刀的兩個刀片，是不分彼此共同決定一種商品的價格的；同時價格又像一只無形的手在市場經濟中自發地調節需求，調節供給，調節的最後結果使市場達到了均衡——社會資源配置合理。

總之，許多東西在經濟學家眼裡都成了產品，都可以從供給和需求的角度來進行分析。需求是提供產品的動力，供給是滿足需求的前提。例如，要興辦教育，是因為存在大量的對「教育」產品有需求的人，而有了「教育」產品的供給，才能滿足「教育」產品的需求。如果想上學的人都能上學，教育資源得到充分利用，也就達到了教育市場的供求平衡。

任務四　需求理論分析

【學習目標】
1. 瞭解需求的定義、影響需求的因素。
2. 理解需求函數及其曲線，能區分需求的變動與需求量的變動。
3. 掌握需求定理。

任務描述

我們在生活中發現這樣一個現象：下雨了，雨傘賣得更貴了，而且買傘的人越來越多了。

思考：

請問應怎麼解釋這種現象，這種現象似乎不符合需求定理。

筆記：

_____

_____

_____

任務精講

一、需求及影響因素

（一）需求的概念

需求（Demand）是指在某一特定時期內，在每一價格水準上消費者願意而且能夠購買某種商品或勞務的數量。需求實際上反應了人們購買商品的數量與商品價格這兩個變量之間的關係。從日常生活中我們可以發現，人們購買的數量一般是隨著價格的變化而變化的。例如，當某種食品的價格為每千克5元時，某人會購買2千克；當價格上漲到每千克8元時，他也許只會購買1千克。

（二）需求的影響因素

在實際生活中，一種商品的需求是由多種因素決定的，歸納起來主要有以下幾個方面：

1. 商品自身的價格

一般而言，價格是影響消費者需求最直接的因素。商品的價格與需求量呈反方向變動，即

商品價格越高，需求越少；商品價格越低，需求越多。價格與需求量之間的這種關係對大部分商品都是正確的，而且實際上這種關係也很普遍，以至於經濟學家稱之為需求定理：在其他條件相同時，需求量隨著商品本身價格的上升而減少，隨著商品本身價格的下降而增加。

2. 消費者的收入

收入對需求的影響由商品的不同特性所決定。在其他條件不變的情況下，對大部分正常商品來說，消費者的收入越高，對其需求越多，反之越少。而對一部分劣等商品來說，隨著消費者收入水準的提高，對它們的需求反而減少。因此，經濟學把需求量的變動與消費者收入同方向變化的物品稱為正常品，把需求量的變動與消費者收入反方向變化的物品稱為劣等品。例如，如今化纖服裝、黑白電視機等一些較低檔的日用消費品屬於劣等品。

3. 相關商品的價格

當一種商品本身價格不變，而其他相關商品價格發生變化時，這種商品的需求量也會發生變化。按照商品的消費功能，商品之間的關係有兩種：替代關係和互補關係。具有替代關係的商品稱為替代品，具有互補關係的商品稱為互補品。

替代品是指兩種可以互相替代來滿足同一種慾望的商品，如豬肉和牛肉、茶葉和咖啡、饅頭和花卷等。對於替代品，一種商品的價格上升消費者對另一種商品的需求就會增加；反之亦然。例如，饅頭的價格不變而花卷的價格上升時，饅頭的需求量會上升。因此，一種商品的價格與其替代品的需求量成同方向變化。

互補品是指兩種互相補充使用共同滿足人們的同一種慾望、完成同一個消費功能的商品，如羽毛球和羽毛球拍、汽車與汽油、電腦與軟件等。對於互補品，一種商品價格上升，消費者對另一種商品的需求量就會減少；反之亦然。例如，照相機和膠卷，膠卷的需求量與照相機的價格有著密切的關係，一般而言，照相機的價格上升，膠卷的需求量下降。因此，一種商品的價格與其互補品的需求量成反方向變化。

4. 消費者的偏好

消費者的偏好是消費者心理需求和社會需求的具體表現，一般與所處的社會環境及當時當地的社會風俗習慣等因素有關。消費者的偏好對需求的影響是顯而易見的。例如，愛喝茶的人對茶有較大的需求，而不愛喝茶的人對茶有較少的需求甚至完全沒有需求。

5. 消費者的預期

消費者的預期主要包括對消費者的收入和對商品價格的預期。當消費者預期收入在將來某一時期會上升時，會刺激消費，消費者目前的需求會增加；當消費者預期收入在將來某一時期會下降時，會減少對商品的現期需求。當消費者預期某種商品的價格在將來某一時期會上升時，就會增加目前對該商品的需求，當消費者預期某商品的價格在將來某一時期會下降時，就會減少對該商品的現期需求。

此外，影響商品需求的因素還有很多，如人口的數量、結構和年齡，政府的消費政策等。

這裡需要指出的是，在影響需求的因素中，商品自身的價格實際上是影響需求量的因素，而不是影響需求的因素。

（三）需求函數、需求表及需求曲線

1. 需求函數

需求函數是指某一特定時期內，某種商品的需求量與影響需求量的因素之間的函數關係，記作：$Q_d = f(P, I, T, E, \cdots, n)$。如果只考慮需求量與價格之間的關係，則需求函數的形式為：$Q_d = f(P)$，式中，P 為商品的價格；Q_d 為商品的需求量。

若需求曲線是一條直線，這種需求函數是線性需求函數，則需求函數可寫為：

$Q_d = a - b \cdot p$

式中，a 和 b 為正的任意常數，p 為價格。

2. 需求表

商品的需求表是用來表示某種商品的各種價格水準和與各種價格水準相對應的該商品的需求數量之間關係的數字序列表。例如，某一時期某一市場在某一時間內蘋果的市場需求可用表 4-1 來表示，可以清楚地看到蘋果的價格與需求量之間的函數關係。

表 4-1　　　　　　　　　　　　　　需求表

價格（元/千克）	需求量（千克）
1.8	4
1.6	5
1.4	6
1.2	7
1.0	8

3. 需求曲線

商品的需求曲線是根據需求表繪出的用來表示需求量與商品價格之間對應關係的曲線。或者說，需求曲線是以幾何圖來表示商品的價格和需求量之間的函數關係的。

在圖 4-1 中，橫軸代表需求量，縱軸代表商品的價格，D 為需求曲線。需求曲線是根據需求表畫出來的，是表示某種商品的價格與需求量之間關係的曲線，向右下方傾斜。

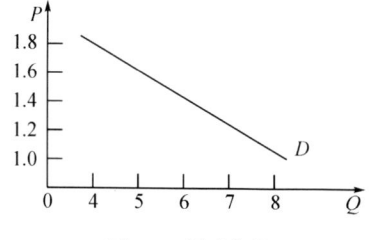

圖 4-1　需求曲線

二、需求定理與需求定理的例外

（一）需求定理

從需求表和需求曲線中可以看出，某種商品的價格和需求量之間呈反方向變動的關係。這種現象普遍存在，被稱為需求定理。需求定理是說明商品本身價格與其需求量之間關係的理論。其基本內容是：在其他條件不變的情況下，某商品的需求量與其價格之間成反向變動，即需求量隨商品本身價格的上升而減少，隨商品本身價格的下降而增加。

在理解需求定理時，也同樣要注意「在其他條件不變的情況下」這個假設前提。這也就是說，需求定理是在假定影響需求的其他因素不變的前提下，研究商品本身價格與需求量之間的關係。離開了這一前提，需求定理就無法成立。

需求定理說明的需求量與價格反方向變動的原因可以用替代效應（Substitution Effect）與收入效應（Income Effect）來解釋。

替代效應是指實際收入不變的情況下某種商品價格變化對其需求量的影響。這也就是說，如果某種商品價格上漲了，而其他商品的價格沒變，那麼其他商品的相對價格下降了，消費者就要用其他商品來代替這種商品，從而對這種商品的需求就減少了。

收入效應是指貨幣收入不變的情況下某種商品價格變化對其需求量的影響。這也就是說，如果某種商品價格上漲了，而消費者的貨幣收入並沒有變，那麼消費者的實際收入就減少了，從而對這種商品的需求也就減少了。例如，如果豬肉價格上升而消費者的貨幣收入不變，則消費者實際收入減少，對豬肉的需求量必然減少。這種由於某種商品價格上升而引起實際收入減少從而導致商品需求量減少就是收入效應。

替代效應強調了一種商品價格變動對其他商品相對價格水準的影響，收入效應強調了一種商品價格變動對實際收入水準的影響。需求定理表明的商品價格與需求量反方向變動的關係正是這兩種效應共同作用的結果。

（二）需求定理的例外

需求定理反應的是一般商品的需求量與價格變動關係的規律，但這一規律也有例外。需求定理的例外有以下三種情況：

第一，炫耀性商品。其價格與需求量同方向變動，如首飾、豪華轎車、奢侈品等。這些商品只有高價才能顯示其擁有者的社會身分；當降價後，特別是大眾化後，消費群對該類產品的需求量反而下降。

第二，吉芬商品。其需求量與價格之間的關係被西方經濟學家稱為「吉芬之謎」，即在特定條件下，價格上升，需求反而增加；價格下降，需求反而減少。英國經濟學家羅伯特·吉芬研究發現，在 1845 年愛爾蘭大災荒時，曾出現了對馬鈴薯的需求量隨馬鈴薯的價格上升反而增加的現象。

第三，投機性商品。其價格大幅度升降時，由於人們採取觀望態度，會使需求曲線出

現不規則的變化，有時出現「買漲不買落」的現象。

三、需求量的變動和需求的變動

(一) 需求量的變動

在某一時期內，其他因素不變的情況下，商品本身價格的變動引起的購買量的變動，我們稱為需求量的變動。在幾何圖形中，需求量的變動表現為商品的價格與需求數量的組合點沿著同一條既定的需求曲線的運動。

如圖 4-2 所示，當商品價格為 P_1 時，需求量為 Q_1，當商品價格下降為 P_2 時，需求量由 Q_1 增加到 Q_2，在需求曲線上表現為從 a 點運動到 c 點。

注意：需求量的變動表現為從同一條需求曲線上的一點移動到另一點，雖然表示需求數量的變化，但是並不表示整個需求情況的變化，因為這些變化的點都在同一條需求曲線上。

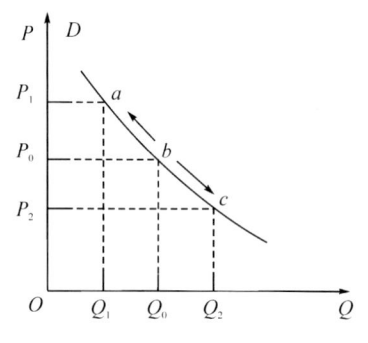

圖 4-2　需求量的變動

(二) 需求的變動

需求是在一系列價格水準時的一組購買量，在商品價格不變的條件下，非價格因素的變動引起了購買量變動（如收入變動等），我們稱為需求的變動。在幾何圖形中，需求的變動表現為需求曲線的平行移動。

如圖 4-3 所示，原需求曲線為 D_0，在商品價格不變的前提下，如果其他因素的變化使得需求增加，則需求曲線向右移動，由 D_0 曲線向右移到 D_2 曲線的位置；如果其他因素的變化使得需求減少，則需求曲線向左移動，由 D_0 曲線移到 D_1 曲線的位置。

注意：需求的變動表現為需求曲線的移動，表示在每一個價格水準下，需求數量都增加或者都減少了，顯然表示整個需求情況發生變化。

圖 4-3 需求的變動

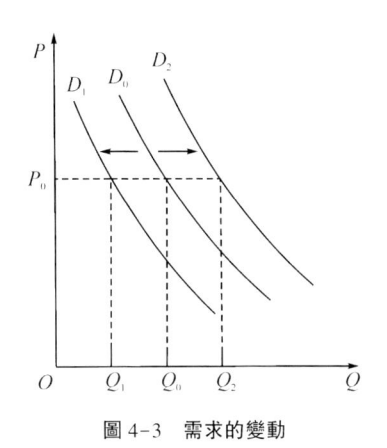

任務五　供給理論分析

【學習目標】

1. 瞭解供給的定義、影響供給的因素。
2. 理解供給函數及其曲線，能區分供給的變動與供給量的變動。
3. 掌握供給定理。

任務描述

20 世紀 80 年代，個人計算機的價格按運算次數、速度和儲存能力折算，每臺為 100 萬美元。儘管價格如此高昂，但供給量極少，只有少數工程師和科學家才能使用。如今同樣能力的個人計算機已降至 1,000 美元左右。價格只是當初價格的千分之一，但供給量增加了不止上萬倍。現在個人計算機的普及程度是許多未來學家所未預見到的。

思考：
請問是什麼因素導致電腦的供給大大增加？
筆記：

任務精講

市場是由需求與供給構成的,需求構成市場的買方,供給構成市場的賣方,需求與供給一起構成經濟學的基本前提。我們利用與分析需求相似的方法分析供給理論。

一、供給及影響因素

(一) 供給的概念

供給(Supply)是指生產者(企業)在某一特定時期內,在每一價格水準時願意而且能夠提供的某種商品或勞務的數量。

供給也是供給慾望與供給能力的統一。供給能力中包括新生產的產品與過去的存貨。供給是商品的供給,取決於生產。同樣,也可以說供給是企業計劃提供的商品量。

【小知識】

20世紀80年代初期,在中國,彩電相當緊俏,有人就是靠「倒彩電」發了財。儘管國家控制著價格,但與當時的收入水準相比,價格還相當高。買彩電憑票,據說有的彩電廠把彩電票作為獎金發給工人,每張彩電票可以賣到好幾百元。20世紀90年代之後,彩電供求趨於平衡,再以後就是彩電賣不出去,爆發了降價風潮,拉開了價格戰的序幕。回顧這一段歷史我們可以認識到決定價格的另一種因素——供給的規律。

供給要受供給能力的限制。生產者願意多供給並不等於它能多供給。供給是供給願望與能力的統一,僅有願望而沒有能力是不行的。20世紀80年代初期的中國彩電企業正是這種情況。

(二) 供給的影響因素

影響供給的因素有很多,包括影響企業供給願望和供給能力的各種經濟與社會因素。其概括起來主要有:

1. 商品本身的價格

一般來講,商品本身價格越高,供給量越大;商品本身價格越低,供給量越小。例如,當某地農貿市場上雞蛋的價格為3元/千克時,市場上的月供給量為18萬千克,當雞蛋價格上漲為3.5元/千克時,市場上的月供給量增長到28萬千克。準確來說,商品本身的價格是影響供給量的因素。

2. 生產要素的價格

商品是用人力、資本等各種生產要素生產出來的,生產要素的價格是決定供給的因素之一。生產要素價格的變化直接影響到商品的生產成本,從而影響供給。在商品價格不變的情況下,生產要素價格下降,生產成本下降,利潤增加,供給會增加;反之,生產要素價格上漲,供給會減少。例如,在葡萄酒價格等因素不變的條件下,如果葡萄的價格上漲,意味著廠商的生產成本增加,供給將會減少。

3. 生產技術

生產技術是把生產要素變為商品的方法。在生產要素既定時，技術越先進，效率越高，所能提供的商品就越多。生產技術的提高會使資源得到更充分的利用，從而增加供給。例如，某煉鋼廠採用了新的燃煤技術，煤的使用量降低了1/3，生產成本大大下降，因而在產品價格保持不變的情況下，廠商願意供應更多的產品。

4. 預期

預期主要是指企業對未來價格的預期。如果企業預期未來價格會上升，就會把已生產出來的商品儲存起來，或者現在減少生產，這樣就會減少當前的供給，以便在未來價格上升時增加供給。

5. 政府的政策

政府採取鼓勵投資與生產的政策，可以刺激生產，增加供給；反之，政府採取限制投資與生產的政策，則會抑制生產，減少供給。例如，如果政府採取了利率上調政策，生產者的投資成本將增加，因而供給將會減少。

此外，影響商品需求的因素還有很多，如天氣、自然災害等。

這裡需要指出的是，在影響供給的因素中，商品自身的價格實際上是影響供給量的因素，而不是影響供給的因素。

(三) 供給函數、供給表與供給曲線

1. 供給函數

如果把影響供給的各種因素作為自變量，把供給作為因變量，則可以用函數關係來表示影響供給的因素與供給之間的關係，這種函數稱為供給函數。

$Q_s = f(P, C, T, E, \cdots, n)$

經濟分析時，通常假設其他因素不變，只分析商品的供給量與商品價格之間的關係，此時供給函數可表示為：

$Q_s = f(P)$，式中，P 表示價格。

這個公式表明了某種商品的供給量 Q_s 是其價格 P 的函數。供給函數可以用代數表達法、表格或曲線來表示。

若供給曲線為一條直線，則供給函數可以表示為：

$Q_s = -c + dp$，式中 Q_s 為供給量，p 為價格，c、d 為正的任一常數。

2. 供給表

供給表是表示某種商品的各種價格水準和與各種價格水準相對應的該商品的供給數量之間關係的數字序列表，如表5-1所示。

表 5-1　　　　　　　　　　　　　供給表

價格（元/千克）	供給量（千克）
1.0	4
1.2	5
1.4	6
1.6	7
1.8	8

表示某種商品的價格與供給量之間關係的表就是供給表。

3. 供給曲線

根據供給表可以在平面坐標圖上繪製出商品的供給曲線。供給曲線是描述一種商品供給量與價格之間相互依存關係的圖形，如圖 5-1 所示。

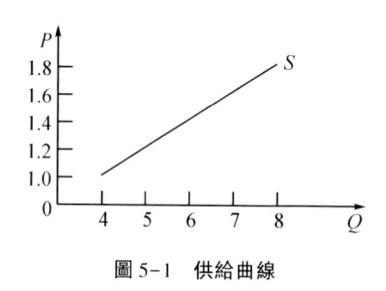

圖 5-1　供給曲線

在圖 5-1 中，橫軸代表供給量，縱軸代表價格，S 即為供給曲線。曲線 S 表示在不同價格水準下生產者願意且能夠提供商品的數量。供給曲線向右上方傾斜，是因為在其他條件相同的情況下，價格越高意味著供給量越多。

二、供給定理與供給定理的例外

（一）供給定理

從供給表和供給曲線中可以看出，某種商品的供給量與其價格是同方向變動的。這種現象普遍存在，稱為供給定理。供給定理是說明商品本身價格與其供給量之間關係的理論。其基本內容是：在其他條件不變的情況下，一種商品的供給量與價格之間呈同方向變動，即供給量隨商品本身價格的上升而增加，隨商品本身價格的下降而減少。

在理解供給定理時，也同樣要注意「在其他條件不變的情況下」這個假設前提。這也就是說，供給定理是在假定影響供給的其他因素不變的前提下，研究商品本身價格與供給量之間的關係。離開了這一前提，供給定理就無法成立。例如，當技術進步時，即使某種商品價格下降，供給量也會增加。

（二）供給定理的例外

供給定理反應的是一般的商品的供給量與價格變動關係的規律，但這一規律也有例外。供給定理的例外主要有以下兩種情況：

第一，有些商品由於受各種條件的限制，其供給量隨著價格上升而保持不變，即不論價格怎樣變化，其供給量總是一個固定的常數。例如，土地的供給就屬於這種情況。

第二，在勞動力市場中，當工資（勞動力的價格）增加時，勞動力的供給量開始也會隨著工資的增加而增加，但當工資增加到一定程度時，如果工資繼續增加，勞動力的供給量不僅不會增加，反而會減少。

三、供給量的變動和供給的變動

（一）供給量的變動

在某一時期內，其他因素不變的情況下，商品本身價格的變動引起供給量的變動，表現為供給曲線上的點的變動。我們可以用圖5-2來說明這一點。

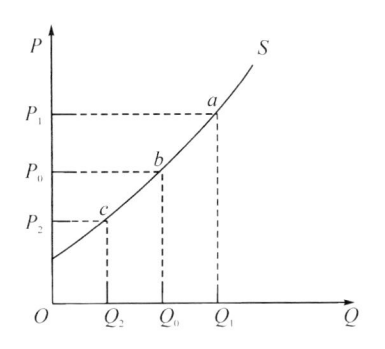

圖5-2　供給量的變動

在圖5-2中，當價格P_0上升P_1為時，供給量從Q_0增加到Q_1，在供給曲線S上則是從b點向右上方移動到a點。當價格由P_0下降到P_2時，供給量則從Q_0減少到Q_2，在供給曲線S上則是從b點向左下方移動到c點。可見，在同一條供給曲線上，向右上方移動表示供給量增加，向左下方移動表示供給量減少。

（二）供給的變動

供給是在一系列價格水準時的一組供給量，在商品價格不變的條件下，非價格因素的變動引起的供給變動（如技術等因素變動）稱為供給的變動。供給的變動表現為供給曲線的平行移動。

供給是指在不同價格水準時的不同供給量的總稱。在供給曲線圖中，供給是指整個供給曲線。供給的變動是指在商品本身價格不變的情況下，由於其他因素變動引起的供給的變動。生產技術水準和管理水準、生產要素的價格、生產者對未來價格的預期等因素發生變動，就會引

起供給的變動。供給的變動表現為供給曲線的平行移動，可以用圖 5-3 來說明這一點。

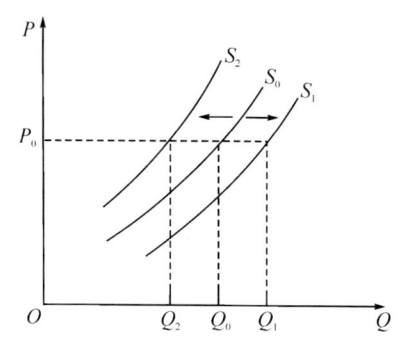

圖 5-3　供給的變動

在圖 5-3 中，價格是 P_0。由於其他因素變動（如生產要素價格變動而引起的供給曲線的移動是供給的變動），假設生產要素價格下降了，在同樣的價格水準 P_0 時，企業所得到的利潤增加，從而產量增加，供給從 Q_0 增加到 Q_1，則供給曲線由 S_0 移動到 S_1。生產要素價格上升了，在同樣的價格水準 P_0 時，企業所得到的利潤減少，從而產量減少，供給從 Q_0 減少到 Q_2，則供給曲線由 S_0 移動到 S_2。可見，供給曲線向左方移動是供給減少，供給曲線向右方移動是供給增加。

任務六　均衡價格分析

【學習目標】

1. 瞭解均衡價格的定義及其形成。
2. 掌握均衡價格變動、供求定理。
3. 熟悉均衡價格理論的應用。

任務描述

1967 年，一場大暴雪使得美國芝加哥市區的交通癱瘓，外面的生活必需品難以進入，當時還是大學生的詹姆斯的住所附近有兩家雜貨店，一家雜貨店慈悲為懷，堅持在大雪天對店內商品不漲價，其店中的商品很快被搶購一空，因為如此低的價格難以使其以高價向外界繼續採購新的商品，這家店很快就關門大吉了。另一家雜貨店則將所有的商品的價格暫時提高到原來的兩倍，同時這家雜貨店的老闆出高價請當地的孩子乘雪橇從外地運進當地市民需要的各種商品。漲價的雜貨店因為能夠支付較高的雇傭雪橇拉貨的成本，一直在

暴雪過程中保證了對居民的基本供應，同時高的價格也自然促使居民根據新的價格狀況調整自己的需求，將自己採購的物品控制在自己能夠承擔的、確實也是必需的範圍內。

思考：

該案例蘊含了什麼樣的經濟學道理？

筆記：

任務精講

在分別討論了供給與需求之後，現在我們把供給和需求結合起來，說明供給和需求將如何決定市場上一種商品的銷售量和均衡價格以及均衡價格如何隨供求關係而變動。

一、均衡價格與均衡價格的決定

需求表和需求曲線只說明了消費者對某種商品在每一個價格水準下的需求量是多少，同樣供給表和供給曲線也只說明了生產者對某種商品在每一個價格水準下的供給量是多少，它們都沒有說明這種商品本身的價格究竟是多少。微觀經濟學中的商品價格是指商品的均衡價格。

（一）什麼是均衡價格

一種商品的均衡價格是指該種商品的市場需求量和市場供給量相等時的價格。在均衡價格水準下的相等的供求數量被稱為均衡數量。從幾何意義上說，一種商品的市場的均衡出現在該商品的市場需求曲線和市場供給曲線相交的交點上，該交點稱為均衡點。均衡點上的價格和相應的供求量分別被稱為均衡價格和均衡數量。市場上需求和供給相等的狀態稱為市場出清。

均衡價格可以用同一坐標圖上所繪出的需求曲線和供給曲線的交點來表示。可以用圖6-1來說明均衡價格。

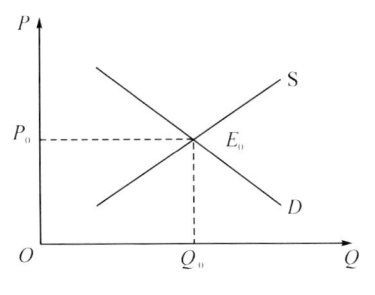

圖6-1 均衡價格的決定

在圖 6-1 中，橫軸表示數量（需求量與供給量），縱軸表示價格（需求價格與供給價格）。D 為需求曲線，S 為供給曲線，D 與 S 相交於 E_0 點，E 點是均衡點。這就決定了均衡價格為 P_0，均衡數量為 Q_0。

（二）均衡價格的決定

英國經濟學家阿爾弗雷德·馬歇爾把需求與供給比作一把剪刀的兩個刀刃，我們很難說究竟是哪一個刀刃在裁剪時作用更大。同樣的道理，我們很難說需求與供給究竟哪一方決定了市場價格。實際上，均衡價格是由市場上的供給與需求共同決定的，是在市場上供求雙方的競爭過程中自發形成的。均衡價格的形成也就是價格決定的過程，因此價格是由市場供求雙方的競爭決定的。需要強調的是，均衡價格形成，即價格的決定完全是自發的，如果有外力的干預（如壟斷力量的存在或國家的干預），那麼這種價格就不是均衡價格。

（1）當市場價格高於均衡價格時，由於需求少、供給多，一方面會使需求者壓低價格來得到其所要購買的商品量，另一方面又會使供給者減少商品的供給量。這樣，必使價格下跌。在此過程中，只要供求曲線不發生移動，價格就會一直下跌到均衡價格為止，從而使供求量相等，又恢復了均衡。

（2）當市場價格低於均衡價格時，由於需求量大於供給量，一方面迫使需求者提高價格來得到其所要購買的商品量，另一方面又會使供給者增加商品的供給量。這樣，必使價格上升。在此過程中，只要供求曲線不發生移動，價格就會一直上升到均衡價格為止，從而使供求量相等，又恢復了均衡。

總之，市場均衡價格的形成，取決於供需雙方。均衡是市場的必然趨勢，也是市場的正常狀態。而脫離均衡點的價格必然形成供過於求或求過於供的失衡狀態。由於市場中供求雙方競爭力量的作用，存在著自我調節的機制，失衡將趨於均衡。

二、均衡價格的變動

一種商品的均衡價格是由該商品的市場需求曲線和市場供給曲線的交點決定的，因此需求曲線和供給曲線的位置移動都會使均衡價格發生變動。

（一）需求的變動對均衡價格的影響

需求的變動表現為需求曲線的位置發生移動。在商品價格不變的前提下，如果其他因素變化引起需求增加，則需求曲線向右平移，如圖 6-2 中的 D_1 曲線向右平移到 D_2 曲線的位置；反之，如果其他因素變化引起需求減少，則需求曲線向左平移，如圖 6-2 中的 D_1 曲線向左平移到 D_3 曲線的位置。由需求變動引起的需求曲線的位置發生移動，表示在每一個既定的價格水準需求量都增加或減少了。

在供給不變的前提下，需求增加，則需求曲線向右平移，從而使均衡價格和均衡數量都增加，如圖 6-2 中的均衡點由 E_1 移至 E_2，相應地，均衡價格由 P_1 上升至 P_2，均衡數量由

Q_1 增加至 Q_2；反之，需求減少，則需求曲線向左平移，從而使均衡價格和均衡數量都減少，如圖 6-2 中的均衡點由 E_1 移至 E_3，相應地，均衡價格由 P_1 下降至 P_3，均衡數量由 Q_1 減少至 Q_3。在其他條件不變的前提下，需求變動分別引起均衡價格和均衡數量的同向變動。

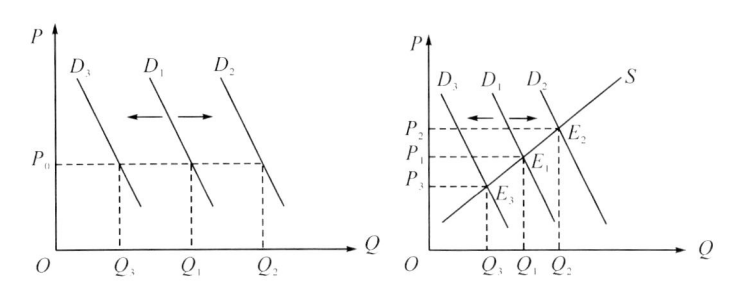

圖 6-2　需求的變動對均衡價格的影響

（二）供給的變動對均衡價格的影響

供給的變動表現為供給曲線的位置發生移動。在商品價格不變的前提下，如果其他因素變化引起供給增加，則供給曲線向右平移，如圖 6-3 中的 S_1 曲線向右平移到 S_2 曲線的位置；反之，如其他因素變化引起供給減少，則供給曲線向左平移，如圖 6-3 中的 S_1 曲線向左平移到 S_3 曲線的位置。由供給變動引起的供給曲線的位置發生移動，表示在每一個既定的價格水準供給量都增加或減少了。

在需求不變的前提下，供給增加，則供給曲線向右平移，從而使均衡價格下降和均衡數量增加，如圖 6-3 中的均衡點由 E_1 移至 E_2，相應地，均衡價格由 P_1 下降至 P_2，均衡數量由 Q_1 增加至 Q_2；反之，供給減少，則供給曲線向左平移，從而使均衡價格上升和均衡數量減少，如圖 6-3 中的均衡點由 E_1 移至 E_3，相應地，均衡價格由 P_1 上升至 P_3，均衡數量由 Q_1 減少至 Q_3。在其他條件不變的前提下，供給變動分別引起均衡價格的反向變動和均衡數量的同向變動。

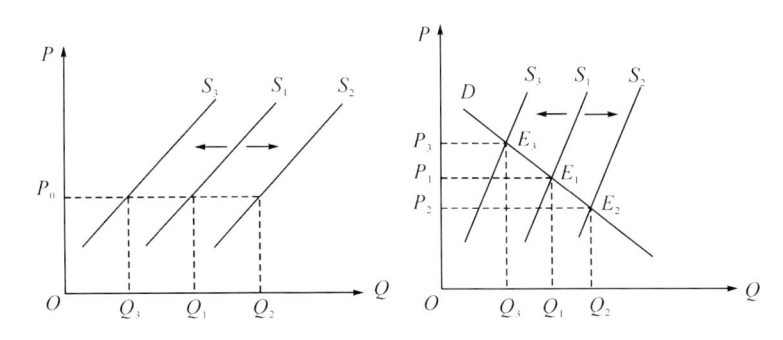

圖 6-3　供給的變動對均衡價格的影響

（三）供求定理

通過以上分析，我們可以得出以下結論：

在其他條件不變的情況下，需求的變動引起均衡價格與均衡數量同方向變動；供給的變動引起均衡價格反方向變動，供給的變動引起均衡數量同方向變動。

供求定理是經濟學中最重要的定理之一，具有廣泛的使用價值。因為價格和產量取決於供給曲線和需求曲線的位置，而當發生某些事件時，就會使供給曲線和需求曲線發生移動，曲線移動了，市場就會改變。關於這種變動的分析稱為比較靜態分析，即原均衡與新均衡的比較。

任務七　彈性理論分析

【學習目標】

1. 瞭解彈性、需求彈性、供給彈性的定義，瞭解影響供給的因素。
2. 掌握需求彈性的計算方法、分類、影響因素，需求收入彈性、需求交叉彈性，供給彈性的計算方法、分類、影響因素。
3. 熟悉彈性理論的應用。

任務描述

葉聖陶先生在新中國成立前寫過一篇小說《多收了三五門》。在這部小說中，作者描述了一種豐收成災的情形。雖然由於風調雨順，農民們喜遇大豐收，但農民們很快就發現他們的收益比往年少了。農民們感到非常迷茫，去年是水災，收成不好，虧本；今年算是好年景，收成好，卻還是虧本！於是，「希望猶如肥皂泡」，一個個破裂了。

思考：

請問，這個故事蘊含著什麼樣的經濟學道理？

筆記：

任務精講

商品的需求量大小是受各種因素影響的，影響因素發生變動，商品需求量也會隨之發生變動。商品種類不同，對各種影響因素變動反應的程度也各不相同。由商品需求量變動

對其影響因素變動的反應程度，經濟學引出了商品需求彈性的概念，來加以分析和說明。商品需求彈性主要包括需求價格彈性、需求的交叉價格彈性、需求的收入彈性和供給彈性。

彈性原是物理學名詞，指一種物體對外部力量的反應程度。在經濟學中，彈性是指經濟變量之間存在函數關係時，因變量對自變量變化的反應程度。彈性的大小可用彈性系數來表示。彈性系數是因變量 Y 變動的比率與自變量 X 變動的比率的比值，用 E 來表示。其公式為：

$$E = \frac{因變量變動的百分比}{自變量變動的百分比}$$

即 $E = \dfrac{\triangle Y/Y}{\triangle X/X}$

注意：彈性概念是就自變量和因變量的相對變動而言的，因此彈性數值與自變量和因變量的度量單位無關。

一、需求價格彈性

需求價格彈性通常簡稱為需求彈性。

（一）需求價格彈性的定義

需求定理表明，一種商品的價格下降使其需求量增加。需求價格彈性是指商品價格變動引起的需求量變動的比率，反應了商品需求量變動對其價格變動的反應程度。不同商品需求量變動對價格變動的反應的敏感程度不同，需求價格彈性就不同，一般用需求價格彈性系數來表示其彈性的大小，以 E_d 來表示。Q 代表需求量，$\triangle Q$ 代表需求量的變動量，P 代表價格，$\triangle P$ 代表價格的變動量，則需求價格彈性系數可用下列公式表示：

$$E_d = \frac{需求量變動的百分比}{價格變動的百分比} = -\frac{\triangle Q/Q}{\triangle P/P} = -\frac{\triangle Q}{\triangle P} \cdot \frac{P}{Q}$$

由於商品需求量與其價格之間呈反方向變動，因而需求價格彈性系數為負值。在實際運用中，為方便起見，一般加一個負號，把需求價格彈性系數表示成正數。例如，$E_d = 2$，其含義是價格每上升1%，會引起需求量下降2%，或者是價格每下降1%，會引起需求量上升2%。

（二）需求價格彈性的計算

1. 一般計算法

計算公式為：

一般計算法的 $E_d = -\dfrac{\triangle Q/Q}{\triangle P/P}$

根據上述公式計算的彈性值，雖然 $\triangle Q$ 與 $\triangle P$ 的數值相同，但據以計算價格變動百分

率（△P/P）的 P 和據以計算需求變動百分率（△Q/Q）的 Q，在兩種場合（價格上升、價格下降）各不相同。這就是說，雖然價格變動的絕對值與由此引起的需求量變動的絕對值相同，只是由於計算的基數值不同，因此得出的彈性值也就不同。

為解決上述問題，可採用另一種計算方法，即求其弧彈性。

2. 中點法

用中點法計算出的需求價格彈性稱為弧彈性。

求弧彈性，把一般計算法中的價格變動的百分率所用價格用變動前與變動後的價格的值的平均數來代替，而計算需求變動百分率的需求量則用變動前與變動後的價格與需求量的值的平均數來代替。這樣不管從價格向下降落還是從價格向上提高出發，據以計算變動百分率的 P 和 Q 的數值相同，於是得出彈性系數的另一種計算方法。其計算公式為：

$$E_d = -\frac{\triangle Q/(Q_1+Q_2)}{\triangle P/(P_1+P_2)}$$

（三）需求價格彈性的分類

需求價格彈性可以分為以下五種類型：

（1）需求富有彈性，即 $1<E_d<\infty$，表示需求量的變動率大於價格的變動率。在這種情況下，需求量變動的比率大於價格變動的比率。日常生活中的奢侈品（如汽車、珠寶、國外旅遊）與享受性勞務多屬於這類，需求富有彈性，其需求曲線比較平坦。

（2）需求缺乏彈性，即 $0<E_d<1$，在這種情況下，需求量變動的比率小於價格變動的比率。生活必需品，如糧食、蔬菜等屬於這種情況。

（3）單位需求彈性，即 $E_d=1$，在這種情況下，需求量變動的比率與價格變動的比率相等，這時的需求曲線是一條正雙曲線。

（4）需求完全有彈性，即 $E_d=\infty$，在這種情況下，當價格為既定時，需求量是無限的。例如，銀行以一固定價格收購黃金，無論有多少黃金都可以按這一價格收購，銀行對黃金的需求是無限的。

（5）需求完全無彈性，即 $E_d=0$，在這種情況下，無論價格如何變動，需求量都不會變動。例如，糖尿病人對胰島素這種藥品的需求就是如此。

（四）影響需求價格彈性的因素

為什麼不同的商品的需求彈性不同呢？一般來說，有以下幾種因素影響著需求彈性的大小：

（1）消費者對某種商品的需求強度，即產品的性質，該商品是生活必需品還是奢侈品。一般來說，消費者對生活必需品的需求強度大而穩定，因此生活必需品的需求彈性小；相反，消費者對奢侈品的需求強度小而不穩定，因此奢侈品的需求彈性大。

（2）可替代商品的多少。如果一種商品有許多替代品，那麼該商品的需求就較有彈性。因為價格上升時，消費者會購買其他替代品，價格下降時，消費者會購買這種商品來

取代其他替代品。

（3）消費者調整需求量的時間。一般來說，消費者調整需求的時間越短，需求的價格彈性越小；相反，消費者調整需求的時間越長，需求的價格彈性越大。例如，某商品價格上升，短期內不會影響其需求量，但長期人們可能尋找到其替代品，從而對需求量產生明顯的影響。

（4）商品在家庭支出中所占的比例。在家庭支出中所占比例小的商品，價格變動對需求的影響小，因此其需求彈性也小；在家庭支出中所占比例大的商品，價格變動對需求的影響大，因此其彈性也大。

在以上四種影響需求彈性的因素中，最重要的是需求強度、可替代商品的多少和在家庭支出中所占的比例。某種商品的需求彈性到底有多大，是由上述這些因素綜合決定的，不能只考慮其中的一種因素，而且某種商品的需求彈性也因時期、消費者收入水準和地區的不同而不同。

（五）需求價格彈性的應用

合理運用需求價格彈性，對分析許多現實經濟問題和做出經濟決策是十分重要的。這裡我們分析需求彈性與總收益的關係，我們可以看出如何運用需求價格彈性來做出正確的決策。

總收益也可以稱為總收入，指企業出售一定量商品所得到的全部收入，也就是銷售量與價格的乘積。

$TR = P \cdot Q$

特別要注意的是，總收益並不是出售商品賺到的錢，即不是利潤，而是得到的錢。總收益中包括了成本與利潤，只有扣除成本之後的淨收益才是利潤。我們這裡要分析的是需求彈性對包括成本在內的總收益的影響，而不是對扣除成本之後淨收益的影響。由於有成本變動的關係，總收益增加並不一定是淨收益增加，總收益減少也不一定是淨收益減少。

此外，總收益也就是總支出。這就是說，從企業的角度來看，總收益是出售一定量商品的總收入，從家庭來看，這也就是為購買一定量商品而付出的總支出。因此，分析需求彈性對企業總收益的影響實際上也就是分析需求彈性對家庭總支出的影響。

某種商品的價格變動時，它的需求彈性的大小與出售該商品所能得到的總收益是密切相關的，因為總收益等於價格乘以銷售量。價格的變動引起需求量的變動，為了簡單起見，我們假設需求量也就是銷售量，這樣價格的變動也就引起了銷售量的變動。不同商品的需求彈性不同，價格變動引起的銷售量的變動不同，從而總收益的變動也就不同。下面，我們分析需求富有彈性的商品與需求缺乏彈性的商品需求彈性與總收益之間的關係。

1. 需求富有彈性的商品價格變動與總收益變動的關係

需求富有彈性的商品，如果該商品的價格下降，需求量增加的幅度大於價格下降的幅度，其總收益會增加。

需求富有彈性的商品的價格與總收益呈反方向變動，價格上升，總收益減少；價格下降，總收益增加。

2. 需求缺乏彈性的商品需求彈性與總收益的關係

需求缺乏彈性的商品，如果該商品的價格下降，需求量增加的幅度小於價格下降的幅度，因而總收益會減少。

需求缺乏彈性的商品的價格與總收益呈同方向變動，價格上升，總收益增加；價格下降，總收益減少。

需求價格彈性與總收益之間的關係對我們理解許多經濟現象和做出經濟決策具有指導意義。例如，怎樣給出口物資定價？如果出口的目的在於增加外匯收入，那麼對價格彈性大的物資應規定較低的價格，而對價格彈性小的物資應規定較高的價格。又如，為了提高生產者的收入，人們往往對農產品採取提價的辦法，對電視機、洗衣機、手錶等高級消費品採取降價的辦法，就是因為前者彈性小，後者彈性大。

二、供給價格彈性

（一）供給價格彈性

供給價格彈性通常簡稱為供給彈性。供給彈性表示在一定時期內一種商品的供給量的相對變動對於該商品的價格的相對變動的反應程度。供給彈性是商品供給量的變動率與價格的變動率之比。

$$供給彈性 = \frac{供給量變動百分比}{價格變動百分比}$$

我們用 E_s 表示供給彈性的彈性係數，$\triangle Q/Q$ 表示供給量變動的百分比，$\triangle P/P$ 表示價格變動的百分比，則供給彈性係數的計算公式為：

$$E_s = \frac{\triangle Q}{Q} \div \frac{\triangle P}{P} = \frac{\triangle Q}{\triangle P} \cdot \frac{P}{Q}$$

供給價格彈性的定義與需求價格彈性的定義是相通的，唯一的差別在於對於供給而言，數量對價格的反應是正的，而對於需求而言，數量對價格的反應是負的。

（二）供給價格彈性的分類

供給彈性分為以下五種類型：

（1）富有彈性，即 $E_s > 1$，表示供給量的變動率大於價格的變動率。例如：圖書、汽車、電視機這類商品的供給就是富有彈性的。富有彈性的供給曲線相對平緩。

（2）缺乏彈性，即 $E_s < 1$，表示供給量的變動率小於價格的變動率。例如，資本技術密集型產品、土地等的供給就缺乏彈性。缺乏彈性的供給曲線相對陡峭。

（3）單一彈性，即 $E_s = 1$，表示供給量的變動率等於價格的變動率。

（4）完全彈性，即 $E_s = \infty$，表示價格的變動會引起供給量無限的變動，完全彈性的供

給曲線是水準的。

（5）完全無彈性，即 $E_s=0$，表示在任何價格水準上，供給量都固定不變。例如，一些無法複製的珍貴名畫就是完全無彈性。完全無彈性的供給曲線是一條垂直曲線。

(三) 供給價格彈性的影響因素

1. 生產時期的長短

當產品的價格發生變化時，廠商對產量的調整需要一定的時間。在短期內，廠商要及時地增加產量或及時地減少產量，都存在不同程度的困難，如農業、石油的開採、規模巨大的企業等，相應的供給彈性是較小的。但是在長期內，生產規模的擴大與縮小，甚至轉產都是可以實現的，供給量可以對價格變動做出較充分的反應。

2. 生產的難易程度

一般而言，在一定時期內，容易生產的產品，當價格變動時其生產量變動的速度快，因而供給價格彈性大；較難生產的產品則供給價格彈性小。

3. 成本的變化

如果隨著產量的提高，只引起單位成本的輕微提高，則供給價格彈性大；如果單位成本隨著產量的提高而明顯上升時，則供給價格彈性小。

4. 生產規模和規模變化的難易程度

一般而言，生產規模較大的資本技術密集型企業，其生產規模較難變動，調整的週期長，因而其產品的供給彈性較小；而規模較小的勞動密集型企業，應變能力強，其產品的供給價格彈性較大。

技能訓練

一、單項選擇題

1. 在其他條件不變的情況下，牛奶價格的下降將導致牛奶的（　　　）。
    A. 需求增加　　　　　　　　　　B. 需求減少
    C. 需求量減少　　　　　　　　　D. 需求量增加
2. 當（　　　）時，豬肉的供給曲線右移。
    A. 養豬的成本下降　　　　　　　B. 養豬的成本上升
    C. 消費者的收入增加　　　　　　D. 養豬者的收入減少
3. 如果某種商品的市場供給減少，而市場需求保持不變，則（　　　）。
    A. 均衡價格下降　　　　　　　　B. 均衡數量增加
    C. 均衡價格和均衡數量都減少　　D. 均衡價格上升但均衡數量減少

4. 若商品需求量的增加百分比小於價格下降百分比，則需求價格彈性（　　）。
   A. 大於 1　　　　　　　　B. 等於 1
   C. 小於 1　　　　　　　　D. 等於 0

二、計算題

1. 某商品價格 $P_1 = 500$ 元時，銷售量 $Q_1 = 100$ 件，此時總收益是多少？如果價格下跌了 10%，而該商品是富有彈性的商品，價格彈性系數 $E_d = 2$，銷售量將是多少，總收益是多少？是增加還是減少？如果該商品是缺乏彈性的商品，價格彈性系數 $E_d = 0.5$，則銷售量將是多少，總收益是多少？是增加還是減少？（用一般計算法計算彈性）

2. 已知某一時期內某商品的需求函數為 $Q_d = 50 - 5P$，供給函數為 $Q_s = -10 + 5P$。
   （1）求均衡價格 P_e 和均衡數量 Q_e，並作出幾何圖形。
   （2）假定供給函數不變，由於消費者收入水準提高，使需求函數變為 $Q_d = 60 - 5P$，求出相應的均衡價格 P_e 和均衡數量 Q_e，並作出幾何圖形。
   （3）假定需求函數不變，由於生產技術水準提高，使供給函數變為 $Q_s = -5 + 5P$，求出相應的均衡價格 P_e 和均衡數量 Q_e，並作出幾何圖形。

3. 假定表 1 是需求函數 $Q_d = 500 - 100P$ 在一定價格範圍內的需求表，運用中點法，求出價格 2 元和 4 元之間的需求的價格彈性。

表 1　　　　　　　　　　　某商品的需求表

價格（元）	1	2	3	4	5
需求量	400	300	200	100	0

三、技能分析

報紙上曾有篇報導：某乳業巨頭企業的工人把成噸的鮮牛奶倒入下水道，以避免巨額的損失。很快和其有合同關係的奶牛養殖戶也不得不把部分牛奶倒入下水道。這與 20 世紀 30 年代美國經濟蕭條時的一幕非常非常相似：工人把成噸的鮮牛奶倒入下水道，以避免巨額的損失。牛奶為什麼要倒掉？請用彈性的相關知識來解釋。

四、綜合實訓

綜合實訓項目：水果市場的供需規律。
項目名稱：蘋果和橘子的市場供需情況調查。
實訓目的：引導學生參加日常生活中成本理論的實踐訓練，在討論和撰寫報告中，訓練學生的團隊意識，同時增加對供需定理的認識。

實訓內容：學生分組，在調研的基礎上進行討論，集體分析，通過對水果市場上蘋果和橘子的供需情況進來調查瞭解，總結出它們的供求規律。

實訓時間：結束本項目的學習後，課外進行。

操作步驟：

（1）將班級每5名同學分成一組，每組確定一名負責人。

（2）以小組為單位，在組長的帶領下，通過對學校周邊的水果市場進行實地調研，搜集一段時期內蘋果和橘子的價格變動數據及供求數據。

（3）運用供需理論，對數據進行整理分析，總結出兩種水果的供求規律，並進一步探索兩種供需之間是否存在一定的影響。

（4）撰寫一篇綜合分析報告。

（5）各組在班內進行交流和討論。

成果形式：撰寫一篇《我們身邊的供求規律——以水果市場為例》綜合分析報告，字數500字左右。

項目三　花錢的訣竅

【學習目標】

知識目標：

1. 瞭解效用、總效用、邊際效用的定義，瞭解基數效用論與序數效用論的內容、兩者關係、分析工具。
2. 熟悉消費者均衡的變動。
3. 掌握邊際效用遞減規律、邊際替代率遞減規律、消費預算線、消費者均衡、邊際效用分析法與無差異曲線分析法。

能力目標：

1. 能運用邊際效用分析工具及無差異分析工具解釋簡單的消費者行為。
2. 能運用消費者均衡理論給企業的經營管理提出簡單的對策。

【案例導入】 一個農民的 5 袋穀物

19 世紀 80 年代，著名的奧地利經濟學家龐巴維克在其 1888 年出版的《資本實證論》中講了一個十分通俗的例子：一個農民在原始森林中建了一座小木屋，獨自在那裡勞動和生活。他收穫了 5 袋穀物，這些穀物要用到來年秋天，但不必留有剩餘。他是一個善於精打細算的人，因而安排了一個在一年內使用這些穀物的計劃。第一袋穀物是他維持生存所必需的。第二袋穀物是在維持生存之外來增強體力和精力的。此外，他希望有些肉可吃，因而留第三袋穀物來飼養雞、鴨等家禽。他愛喝酒，於是將第四袋穀物用於釀酒。對於第五袋穀物，他覺得最好用它來養幾只他喜歡的鸚鵡，這樣可以解悶兒。顯然，這 5 袋穀物的不同用途，其重要性是不同的。假如以數字來表示的話，將維持生存的那袋穀物的重要性可以確定為 12，其餘的依次確定為 10、8、6、4。現在要問的問題是：如果有一袋穀物遭受了損失比如被小偷偷走了，那麼這位農民將失去多少效用？

假如損失了一袋穀物，這位農民面前只有一條唯一合理的道路，即用剩下的 4 袋穀物供應最迫切的 4 種需要，而放棄最不重要的需要，或者說是放棄邊際效用。邊際效用由誰來決定呢？龐巴維克發現，邊際效用量取決於需要和供應之間的關係。要求滿足的需要越多和越強烈，可以滿足這些需要的物品量越少，那麼得不到滿足的需要就越重要，因而物品的邊際效用就越高；反之，邊際效用和價值就越低。

（資料來源：金立其. 經濟學原理［M］. 杭州：浙江大學出版社，2004.）

任務八　認識效用與效用理論

【學習目標】

1. 瞭解效用的定義、基數效用論與序數效用論的內容。
2. 理解效用與幸福之間的關係，並能用幸福方程式解釋簡單的社會現象。
3. 理解基數效用論與序數效用論的異同。

任務描述

經濟學研究的實際是面對限制條件下的最大化問題。這就是說，社會和每個人都面臨稀缺性（這就是限制條件），而作出選擇的目標是實現利益最大化。這適用於各種決策，也同樣適用於家庭。

家庭或個人追求的是自己的最大幸福。這就是說，人要使自己這一生過得盡可能幸福。對於幸福，不同人有不同的理解，哲學家把實現個人自由作為幸福，文學家把浪漫情調作為幸福，政治家把實現自己的理想抱負作為幸福，企業家把商業成功作為幸福，而凡夫俗子往往覺得「平平淡淡就是幸福」。

思考：

1. 不同的人對幸福有不同的理解。作為一名大學生，你追求的幸福是什麼？
2. 經濟學家是怎樣理解幸福的呢？

筆記：

_____

_____

任務精講

在前面，我們已經瞭解到消費者追求的目標是效用最大化。因此，要研究消費者行為理論，就必須從研究效用理論出發。

一、效用（Utility）

【小案例】鑽石和木碗

一個窮人家徒四壁，只得頭頂著一只舊木碗四處流浪。一天，窮人上了一艘漁船去幫工。不幸的是，漁船在航行中遇到了特大風浪，船上的人幾乎都淹死了，窮人抱著一根大

木頭，才得以幸免於難。

窮人被海水衝到一個小島上，島上的酋長看見窮人頭頂的木碗，感到非常新奇，便用一大口袋最好的珍珠寶石換走了木碗，並派人把窮人送回了家。

一個富翁聽到了窮人的奇遇，心中暗想：「一只木碗都能換回這麼多寶貝，如果我送去很多可口的食物，該換回多少寶貝！」於是，富翁裝了滿滿一船山珍海味和美酒，找到了窮人去過的小島。

酋長接受了富人送來的禮物，品嘗之後贊不絕口，聲稱要送給富人最珍貴的東西。富人心中暗自得意。一抬頭，富人猛然看見酋長雙手捧著的「珍貴禮物」，不由得愣住了！

效用是滿足人們慾望的能力，或者是指消費者在消費商品或勞務時所得到的滿足程度。西方經濟學認為，商品或勞務價值的多少，是由其效用大小決定的。一種商品或勞務對消費者是否具有效用，取決於消費者是否有消費這種商品或勞務的慾望以及這種商品或勞務是否具有滿足消費者慾望的能力。消費者消費某種商品或勞務時得到的滿足程度越高效用就越大；反之，得到的滿足程度越小效用就越小。如果消費者從消費的某種商品或勞務中感到痛苦，則是負效用。因此，這裡所說的效用，不僅在於物品本身具有的滿足消費者某種慾望的客觀屬性，比如衣服可以保暖，饅頭可以充饑，而且物品有無效用及效用大小更取決於消費者的主觀感受。例如，一個肉包子對於一個饑餓者來說，它有很大的效用，但對一個酒足飯飽者而言，可能沒有效用，甚至具有負效用。同一物品不僅對不同的人的效用不同，即使同一個人在不同時間或不同地點其效用也可能不同。

二、基數效用論與序數效用論

效用既然是一種人的主觀感受，那麼效用能不能測量呢？不同的經濟學家對此的回答截然不同。在西方經濟學中，先後出現過兩種衡量效用大小的觀念，這就是基數效用論和序數效用論。

（一）基數效用論

在19世紀末20世紀初，西方經濟學中普遍使用基數效用概念。基數是指1、2、3……是可以加總求和的。基數效用論認為，效用可以具體衡量並加總求和，具體的效用量之間的比較是有意義的。表示效用大小的計量單位稱為效用單位。例如，假定對某人來說，聽一場高水準的音樂會的效用是10個單位，吃一頓豐盛的晚餐的效用是5個單位，那麼我們就可以說，此人聽音樂會的效用是吃晚餐的效用的2倍。所謂效用可以加總求和，是指消費者消費幾種物品得到的滿足程度可以加總而得出總效用。例如，在上述例子中，消費者消費這兩種物品所得到的總效用為15個單位。根據這種理論來研究效用最大化問題，其採用的是邊際效用分析法。

（二）序數效用論

自 20 世紀 30 年代至今，西方經濟學中多使用序數效用概念。序數是指第一、第二、第三……序數只表示順序或等級，是不能加總求和的。例如，成績列第一和第二，僅表明第一優於第二，至於第一、第二各自的具體數量是沒有意義的。序數效用論是為了彌補基數效用論的缺點而提出來的，很多經濟學家認為既然效用是表達主觀心理感受的抽象概念，那麼效用無法具體衡量，效用之間的比較只能通過順序或等級表示。例如，消費者喝了一杯茶和一杯咖啡，從中得到的效用無法衡量或加總求和，但可以比較消費者從消費這兩種物品中得到的效用。如果消費者認為一杯茶的效用大於一杯咖啡的效用，那麼也可以說，茶的效用第一，咖啡的效用第二。就分析消費者行為來說，以序數來度量效用的假定比以基數來度量效用的假定受到的限制要少，可以減少一些被認為是值得懷疑的心理假設。序數效用論研究效用最大化問題，採用無差異曲線分析法。

任務九　學習基數效用論——邊際效用分析

【學習目標】

1. 熟悉總效用和邊際效用的概念。
2. 理解總效用與邊際效用之間的關係。
3. 掌握邊際效用遞減規律並能運用於實踐，掌握消費者均衡及其應用。

任務描述

呆子吃大餅的故事可以說是家喻戶曉，呆子餓得慌，吃了五張大餅吃飽了，他感嘆道：「早知道第五張餅就可以吃飽肚子，那前面四張大餅，不就是白吃了嗎？」

思考：

你贊同呆子的說法嗎？為什麼？

筆記：

_____

_____

任務精講

在前面，我們已經瞭解到「五張大餅」帶來的飽腹感和「第五張大餅」帶來的飽腹感是不同的，因此我們就必須從總效用和邊際效用這兩個概念開始學習。

一、總效用和邊際效用

（一）總效用（Total Utility）

總效用是指消費者在一定時間內從一定數量的商品或勞務的消費中得到的效用量的總和。總效用的大小取決於消費的商品量的多少，因此總效用是消費的商品量的函數。假定消費者對一種商品的消費數量為 Q，則總效用函數為：

$$TU = f(Q) \tag{9.1}$$

總效用也可以由連續消費的每一單位消費品所獲得的邊際效用加總得到。

（二）邊際效用（Marginal Utility）

邊際效用是指消費者在一定時間內增加一單位商品或勞務的消費得到的效用量的增量。邊際效用函數為：

$$MU = \frac{\triangle TU(Q)}{\triangle Q} \tag{9.2}$$

當商品的增加量趨於無窮小，即 $\triangle Q \to 0$ 時有：

$$MU = \lim_{\triangle Q \to 0} \frac{\triangle TU(Q)}{\triangle Q} = \frac{dTU(Q)}{dQ} \tag{9.3}$$

（三）總效用與邊際效用的關係

對於邊際效用與總效用的關係我們可以舉例說明。假設消費者消費巧克力，其總效用和邊際效用如表 9-1 所示。

表 9-1　　　　　　　　　　　總效用和邊際效用的關係

巧克力的消費量	總效用	邊際效用
1	10	10
2	18	8
3	24	6
4	28	4
5	30	2
6	30	0
7	28	-2

根據表 9-1 可以做出總效用曲線和邊際效用曲線。在圖 9-1 中，橫坐標表示巧克力的數量，縱坐標表示效用，TU 為總效用曲線，MU 為邊際效用曲線。

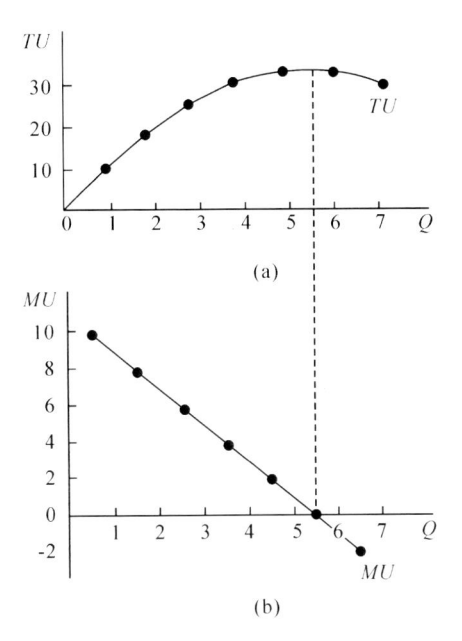

圖 9-1 巧克力的效用曲線

如圖 9-1 所示，我們可以總結總效用和邊際效用的關係：
當總效用上升時，邊際效用大於零；
當總效用下降時，邊際效用小於零；
當總效用達到最大值時，邊際效用等於零。

在圖 9-1 中我們可以發現，總效用隨著消費數量增加，開始是不斷增加的，逐漸達到最大值，然後又逐漸減少。但不論總效用是增加還是減少，邊際效用始終是在遞減的且當邊際效用達到負值時總效用開始減少。對於這一規律，經濟學裡稱為邊際效用遞減規律。

二、邊際效用遞減規律

【小案例】

美國總統羅斯福連任三屆後，曾有記者問他有何感想，總統一言不發，只是拿出一塊三明治麵包讓記者吃，這位記者不明白總統的用意，又不便問，只好吃了。接著總統拿出第二塊，記者還是勉強吃了，緊接著總統拿出第三塊，記者為了不撐破肚皮趕緊婉言謝絕。這時羅斯福總統微微一笑：「現在你知道我連任三屆總統的滋味了吧。」

商品的邊際效用具有一個重要性質，當一個消費者連續增加同一商品消費時，其從商品的增加中所獲得的滿足越來越小，即邊際效用越來越小，這種變動趨勢叫做邊際效用遞

减规律。邊際效用遞減規律的基本內容是：在一定時間內，在其他商品或勞務的消費量不變的條件下，隨著消費者對某種商品或勞務消費量的增加，消費者從該商品或勞務的連續增加的每一消費單位中所獲得的效用增量即邊際效用是遞減的。

為什麼在消費過程中會呈現出邊際效用遞減規律呢？其原因主要在於：

第一，生理或心理的原因。雖然人的慾望具有無限性，但就某一個具體的慾望來說卻是有限的，隨著一種物品消費數量的增多，慾望減小進而效用會逐漸減少，甚至產生負效用。

第二，物品本身用途的多樣性。每一種物品都有多種多樣的用途，而這些用途的重要性卻不同。消費者總是將第一單位的消費品用在最重要的用途上，其邊際效用就大。第二單位的消費品用在次重要的用途上，其邊際效用就小了。以此順序用下去，用途越來越不重要，消費品的邊際效用便隨著消費品用途的重要性的遞減而遞減了。以水為例，在數量很少時，首先滿足飲用，飲用之後有剩餘，再用來洗衣，仍有節餘可用來澆花等。由此可見，隨著消費者擁有的物品數量增加，每增加的一單位物品的用途越來越小，即邊際效用遞減。

西方經濟學家認為，不僅商品的邊際效用是遞減的，貨幣的邊際效用也是遞減的。貨幣的效用是貨幣給貨幣持有者帶來的滿足，這種滿足程度取決於貨幣持有者的心理感受。貨幣的邊際效用是每增加一單位貨幣所增加的效用。貨幣的邊際效用遞減是指隨著一個人收入的增加，其持有的貨幣的邊際效用越來越小。如果一個人的收入不變，那麼其持有的貨幣的邊際效用就不變了，下面講的消費者均衡就是假設消費者的收入不變。

三、消費者均衡——效用最大化原則

消費者均衡是指消費者通過購買各種商品和勞務，實現效用最大化時，既不想再增加，也不想再減少任何商品和勞務購買數量的一種相對靜止的狀態。

消費者的收入總是有限的，他要把有限的貨幣收入用於購買各種商品和勞務來滿足自己的慾望，最終實現效用最大化。但由於邊際效用隨著商品消費量的增加而遞減，消費者要想獲得最大效用就必須合理確定各種商品的購買數量。消費者均衡正是要解決這一問題。

基數效用論認為，消費者實現效用最大化的均衡條件是：如果消費者的貨幣收入水準和市場上各種商品的價格是既定的，那麼消費者應該使自己購買的各種商品的邊際效用與價格之比都相等。或者說，消費者應使自己花費在各種商品購買上的最後一元錢所帶來的邊際效用都相等。其經濟含義是：消費者收入一定時，多購買某種商品，就會少購買其他商品。根據邊際效益遞減規律，多購買的商品邊際效用下降，少購買的商品邊際效用上升。要想達到消費者均衡，消費者必須調整其購買的各種商品的數量，使每種商品的邊際效用和價格之比都相等。

假定某消費者用既定的收入 I 購買 n 種商品，P_1，P_2，…，P_n 分別為 n 種商品的既定價格，λ 為不變的貨幣的邊際效用，X_1，X_2，…，X_n 分別表示 n 種商品的數量，MU_1，MU_2，…，MU_n 分別表示 n 種商品的邊際效用。該消費者效用最大化的均衡條件可以用公式表示為：

$$P_1X_1 + P_2X_2 + \cdots + P_nX_n = I \tag{9.4}$$

$$\frac{MU_1}{P_1} = \frac{MU_2}{P_2} = \cdots = \frac{MU_n}{P_n} = \lambda \tag{9.5}$$

式（9.4）是限制條件，說明收入是既定的，購買 n 種商品的支出不能超過收入，也不能小於收入。超過收入的購買是無法實現的，而小於收入的購買也達不到既定收入時的效用最大化。式（9.5）是在限制條件下消費者實現效用最大化的均衡條件。式（9.5）表示消費者應該選擇最優的商品組合，使得自己花費在各種商品上的最後一元錢所帶來的邊際效用相等，並且等於貨幣的邊際效用。

為什麼要符合以上條件呢？這是因為如果花費在某種商品上的最後一元錢能夠提供更多的邊際效用，那麼消費者就會把錢從其他商品的花費上轉移到該商品的花費上去，直到邊際效用遞減規律使花費在該商品上的最後一元錢的邊際效用下降到與其他商品相等為止。如果花費在某種商品上的最後一元錢提供的邊際效用較少，那麼消費者就會把錢從該商品的花費上轉移到其他商品的花費上去，直到花費在該商品上的最後一元錢的邊際效用提高到與其他商品的邊際效用相等為止。

例如，若 $\frac{MU_1}{P_1} > \frac{MU_2}{P_2}$，說明對於消費者來說，同樣的一元錢購買商品 1 得到的邊際效用大於購買商品 2 得到的邊際效用。那就意味著增加商品 1 的消費、減少商品 2 的消費，在這樣的調整中，在邊際效用遞減規律的作用下，商品 2 的邊際效用會隨其購買量的不斷減少而遞增，商品 1 的邊際效用會隨其購買量的不斷增加而遞減。當消費者一旦將其購買組合調整到同樣一元錢購買這兩種商品所得到的邊際效用相等時，即達到 $\frac{MU_1}{P_1} = \frac{MU_2}{P_2}$ 時，他便得到了減少商品 2 購買和增加商品 1 購買所帶來的總效用增加的全部好處，即消費者此時獲得了最大的效用。

相反，如果 $\frac{MU_1}{P_1} < \frac{MU_2}{P_2}$，說明對於消費者來說，同樣的一元錢購買商品 1 得到的邊際效用小於購買商品 2 得到的邊際效用。那麼，消費者應增加商品 2 的消費、減少商品 1 的消費，直至 $\frac{MU_1}{P_1} = \frac{MU_2}{P_2}$，從而獲得最大的效用。

由此可以推論，只要消費者的消費組合不滿足均衡條件其都會作出調整，直到每一元錢支出的邊際效用都相等，調整才會停止。這時消費者實現了效用最大化。

任務十　學習序數效用論——無差異曲線分析

【學習目標】

1. 熟悉無差異曲線的特徵。
2. 掌握商品的邊際替代率及其遞減規律、消費預算線的變動、消費者均衡。

任務描述

經濟學中有一個很經典的笑話，叫「布里丹的驢」。關於這頭驢的故事最先是由巴黎大學的布里丹（Jean Buridan）講述的。故事講的是有一頭饑餓的驢，面對著兩堆有同樣誘惑力的乾草，一直不能決定去吃哪一堆。結果三天之後，它還是無法決斷，終於餓死了。

思考：

這頭不幸的驢之所以忍饑挨餓直到被餓死，有沒有一定的經濟學上的道理呢？該如何理性分析呢？

筆記：

_____

_____

任務精講

從以上任務描述中，我們瞭解到有一頭饑餓的驢，它面對的這兩堆有同樣誘惑力的乾草，在經濟學中的說法叫「無差異」。因此，我們要學會運用無差異曲線來分析研究序數效用理論中的消費者均衡問題。

序數效用論者認為，商品的效用是無法具體衡量的，但是消費者從商品中得到的效用是可以用等級來排序的。在這裡，序數效用論者提出了消費者偏好這一概念。消費者對各種不同的商品組合的偏好（即愛好）程度是有差異的，這種偏好程度的差異決定了不同商品組合的效用的大小順序。消費者根據自己的偏好（愛好）對可能消費的商品組合進行排序。具體來說，假定消費者面對 A、B 兩組商品組合，若消費者對 A 組合的偏好程度大於對 B 組合的偏好程度，則可以說 A 組合給消費者帶來的效用水準（滿足程度）大於 B 組合給消費者帶來的效用水準（滿足程度）。

【小案例】　中國菜的粉絲———偏好

毛澤東一生最愛吃的葷菜當屬紅燒肉。他經常說：「吃點紅燒肉補補腦子。」共產中國成

立後，已不是戰爭年代十分惡劣的環境和異常艱苦的生活，醫生為了毛澤東的健康，曾就吃紅燒肉一事與他「約法三章」：第一，以吃瘦肉為主，改變吃肥肉的老習慣；第二，以調換口味為主，不能一次吃得過多；第三，以補足營養為度，不能天天吃。毛澤東同意了這「約法三章」，但一直沒有改變吃紅燒肉的飲食習慣。

上海和平飯店的主廚范正明多年前曾收到美國前總統克林頓夫婦的一封「表揚信」。原來當年范正明主理克林頓訪華上海站菜肴時，做出了讓美國總統難忘的中國蝦仁。克林頓夫婦開始用餐後，意想不到的事情發生了———克林頓認為中國菜肴美味至極，可以令人忘記「時間」，所以準備取消晚間欣賞上海老年爵士樂隊的休閒節目，將中國菜享受「到底」。

偏好表明一個人喜歡什麼、不喜歡什麼。一般來說，偏好無所謂好壞，由於每個人的偏好不同，就會引起每個人的行為選擇不同。

偏好是消費者對一種或幾種物品的組合排序，這種排序表示了消費者對不同物品或物品組合的喜好程度。偏好是決定消費者行為的重要因素。

關於消費者偏好有以下三個基本的假設條件：

第一，偏好的可比性。對於任何兩個商品組合 A、B，消費者可以做出而且僅能做出以下三種判斷中的一種：對 A 的偏好大於對 B 的偏好、對 A 的偏好等於對 B 的偏好、對 A 的偏好小於對 B 的偏好。

第二，偏好的可傳遞性。對於任何三個商品組合 A、B 和 C，如果消費者對 A 的偏好大於（等於或小於）對 B 的偏好，對 B 的偏好大於（等於或小於）對 C 的偏好，那麼消費者在 A、C 兩個組合中只能做出對 A 的偏好大於（等於或小於）對 C 的偏好。

第三，偏好的非飽和性。消費者對每一種商品的消費都處於非飽和狀態，或者說，對於任何一種商品，消費者總是認為多比少好。具體來說，如果兩個商品組合的區別僅僅在於其中一種商品的數量的不同，那麼消費者總是偏好數量多的商品組合。

一、無差異曲線

無差異曲線是用來表示兩種商品的不同數量組合給消費者帶來的效用是完全相同的一條曲線，或者說是能夠使消費者得到同樣效用或滿足程度的兩種商品不同組合的軌跡。與無差異曲線相對應的效用函數為：

$$U = f(X_1, X_2) \tag{10.1}$$

式中，X_1、X_2 分別為商品 1 和商品 2 的數量；U 是常數，表示某個效用水準。其含義是消費不同的 X_1、X_2 給消費者帶來相同的效用水準。由於無差異曲線表示的是序數效用，因此這裡的 U 只表示某個效用水準，而不表示一個具體數值的大小。

有 X_1、X_2 兩種商品，它們有六種組合，這六種組合可以給消費者帶來相同的滿足程度，用表 10-1 表示。

表 10-1　　　　　　　　　　某消費者的無差異表

商品組合	子表 a X_1　X_2	子表 b X_1　X_2	子表 c X_1　X_2
A	20　132	30　120	50　120
B	30　60	40　80	55　90
C	40　44	50　62	60　82
D	50　35	60　52	70　70
E	60　29	70　43	80　60
F	70　24	80　40	90　55

表 10-1 有三個子表（子表 a、子表 b、子表 c），每一個子表中都包含六種商品組合（A、B、C、D、E、F），並且假定每一個子表中六種商品組合的效用水準是相等的，也就是消費者對每一個子表中的六種組合的偏好程度是無差異的。

在這裡需要注意的是，子表 a、子表 b 和子表 c 三者各自代表的效用水準是不一樣的。根據偏好的非飽和性假設，我們可以得出這樣的結論：子表 a 代表的效用水準低於子表 b 代表的效用水準低於子表 c 代表的效用水準。

根據表 10-1 可以繪製出該消費者的無差異曲線如圖 10-2 所示。圖 10-2 中的橫軸和縱軸分別表示商品 1 和商品 2 的數量 X_1、X_2，曲線 I_1、I_2、I_3 分別代表與子表 a、子表 b 和子表 c 相對應的三條無差異曲線。

實際上，我們可以做出無數個無差異子表，從而得到無數條無差異曲線。表 10-1 和圖 10-1 只不過是一種分析的簡化。根據表 10-1 可以繪製出與其相對應的無差異曲線，如圖 10-1 所示，橫軸代表商品 1 的數量，縱軸代表商品 2 的數量，U 為無差異曲線，線上的任何一點代表的商品 1 與商品 2 的數量組合雖然不同，但給消費者帶來的效用是相同的。

結合圖 10-1，可知無差異曲線有以下特徵：

第一，在同一平面圖內有無數條無差異曲線，同一條無差異曲線代表相同的效用水準（滿足程度），不同的無差異曲線代表不同的效用水準（滿足程度），離原點越遠的無差異曲線代表的效用水準（滿足程度）越大，反之則越小。例如，圖 10-2 中，I_1、I_2、I_3 代表三條不同的無差異曲線，其效用大小的排列是 $I_1<I_2<I_3$。

第二，在同一平面圖上，任意兩條無差異曲線不能相交。因為在交點上兩條無差異曲線代表了相同的效用，這與第一點相矛盾。我們可以用圖 10-3 來說明。假設兩條無差異曲線 I_1 和 I_2 相交於 A 點，同時在這兩條曲線上分別任取兩點 B 和 C。由無差異曲線 I_1 可知 A、B 兩點的效用水準是相等的，由無差異曲線 I_2 可知 A、C 兩點的效用水準也是相等的。於是，根據偏好可傳遞性的假定，必定有 B 和 C 這兩點代表的效用水準是相等的。但是，

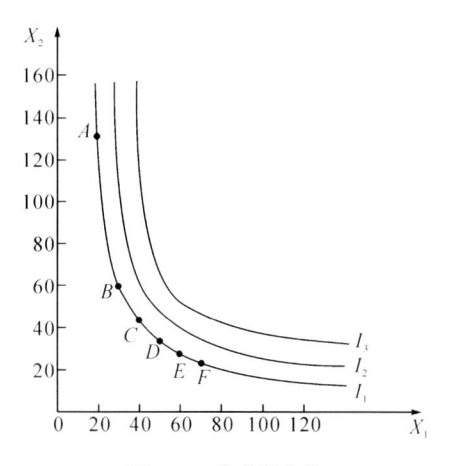

圖 10-1　無差異曲線

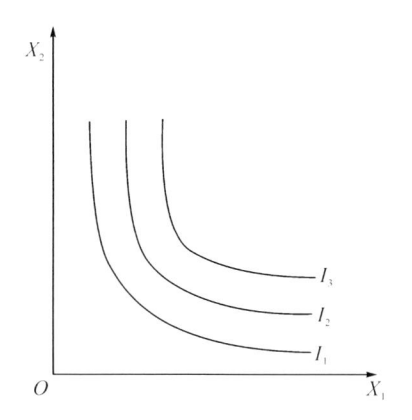

圖 10-2　不同的無差異曲線

如圖 10-3 所示，C 點代表的商品組合中的每一種商品的數量都多於 B 點代表的商品組合，於是根據偏好的非飽和性可知，必定有 C 點代表的效用水準是大於 B 點代表的效用水準的。這與前面分析的 B 點和 C 點代表相同的效用水準相矛盾。

第三，無差異曲線是一條向右下方傾斜的曲線，其斜率為負值且凸向坐標原點。這說明在收入和價格既定的條件下，為了獲得同樣的滿足程度，增加一種商品就必須減少另一種商品，兩種商品在消費者偏好不變的條件下，不能同時減少。無差異曲線是凸向坐標原點的，這一點可以用商品的邊際替代率來說明。

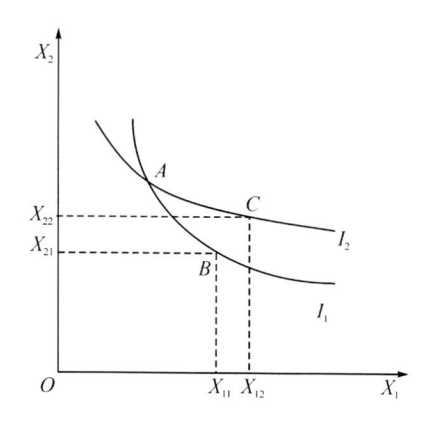

图 10-3　假設兩點無差異曲線相交

二、商品的邊際替代率及其遞減規律

假設有一種商品組合，商品 1 和商品 2，兩者之間具有此消彼長的數量關係。這時在消費者心中，追加其中某個商品消費量的意願和重要性會逐步發生變化。經濟學家用邊際替代率來解決這個問題。

(一) 商品的邊際替代率

商品的邊際替代率是指消費者在保持相同的效用時，增加一種商品的數量與必須放棄的另一種商品的數量之間的比率。

以 $\triangle X_1$ 代表商品 1 的增加量，$\triangle X_2$ 代表商品 2 的減少量，MRS_{12} 代表以商品 1 代替商品 2的邊際替代率，則邊際替代率的公式為：

$$MRS_{12} = -\frac{\triangle X_2}{\triangle X_1} \tag{10.2}$$

應該注意的是，在保持效用相同時，增加一種商品要減少另一種商品。因此，邊際替代率應該是負值。無差異曲線的斜率就是邊際替代率，無差異曲線向右下方傾斜就表明邊際替代率為負值。但為了使商品的邊際替代率取正值以便於比較，因此在公式中加了個負號或取其絕對值。

由於無差異曲線存在的前提是總效用不變，因此在同一條無差異曲線上，增加商品 1 所增加的效用必須等於減少商品 2 所減少的效用，否則總效用就會改變，即同一條無差異曲線上，任意兩點之間 $\triangle TU = 0$，用數學公式表示為：

$$\triangle X_1 \cdot MU_1 = -\triangle X_2 \cdot MU_2$$

$$-\frac{\triangle X_2}{\triangle X_1} = \frac{MU_1}{MU_2}$$

因此，商品 1 對商品 2 的邊際替代率，實際上是其邊際效用之比：

$$MRS_{12} = \frac{MU_1}{MU_2} \tag{10.3}$$

若商品 1 的數量變化量趨於無窮小，即當 $\triangle X_1 \to 0$ 時，則商品的邊際替代率的公式可以寫成：

$$MRS_{12} = \lim_{\triangle X_1 \to 0} -\frac{\triangle X_2}{\triangle X_1} = -\frac{dX_2}{dX_1} \tag{10.4}$$

顯然，無差異曲線上任何一點的商品邊際替代率等於無差異曲線在該點作切線的斜率的絕對值。

（二）邊際替代率遞減規律

基數效用論通過邊際效用和邊際效用遞減規律分析消費者行為，序數效用論則用商品的邊際替代率和商品的邊際替代率遞減規律分析消費者行為。

商品的邊際替代率遞減規律是指在保持效用水準不變的前提下，隨著一種商品消費數量的不斷增加，消費者為得到一單位這種商品所願意放棄的另一種商品的消費量是遞減的。我們可以用表 10-2 來說明這個問題。

表 10-2　　　　　　　　　　　　邊際替代率表

變動情況	$\triangle X_1$	$\triangle X_2$	MRS_{12}
$a \to b$	10	20	2
$b \to c$	10	18	1.8
$c \to d$	10	11	1.1

商品的邊際替代率遞減的原因在於：如圖 10-4 所示，當消費者處於商品 1 的數量較少和商品 2 的數量較多的 a 點時，消費者會由於擁有較少數量的商品 2 而對每一單位的商品 1 較為偏好；同時，會由於擁有較多數量的商品 2 而對每一單位的商品 2 的偏好程度較低。於是，每一單位的商品 1 所能替代的商品 2 的數量是比較多的，即商品的邊際替代率是較大的。但是，隨著消費者由 a 點逐步運動到 d 點，消費者擁有的商品 1 的數量會越來越多，相應地，對每一單位商品 1 的偏好程度會越來越低。與此同時，消費者擁的商品 2 的數量會越來越少，相應地，對每一單位商品 2 的偏好程度會越來越高。於是，每一單位的商品 1 所能替代的商品 2 的數量便越來越少。也就是說，商品的邊際替代率是遞減的。

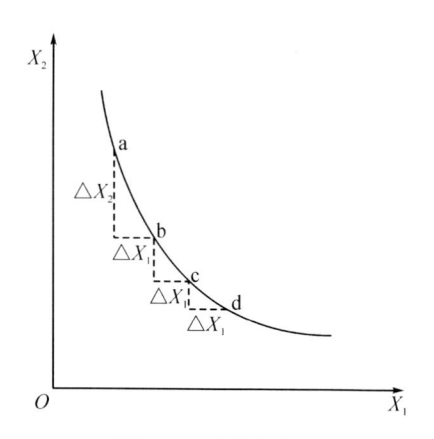

圖 10-4　邊際替代率

或者從公式（10.3）中也可看出商品的邊際替代率是呈遞減趨勢的。

$$MRS_{12} = \frac{MU_1}{MU_2}$$

隨著每增加一單位的商品 1，商品 1 的邊際效用在遞減，商品 2 的邊際效用隨著商品 2 的數量的減少而增加。因此，商品 1 所能代替的商品 2 的數量就越來越少，於是邊際替代率在不斷下降。

從幾何意義上講，商品的邊際替代率遞減表示無差異曲線的斜率的絕對值是遞減的。因此，商品的邊際替代率遞減規律決定了無差異線的形狀凸向原點。

基數效用論通過邊際效用和邊際效用遞減規律分析消費者行為，序數效用論則用商品的邊際替代率和邊際替代率遞減規律分析消費者行為。

三、預算線及其變動

無差異曲線圖描述了消費者對商品和服務的不同偏好，但僅僅用偏好還不能說明消費者行為，消費者個人選擇要受到收入和價格的制約。

（一）預算線

預算線又稱消費預算線和消費可能線。消費預算線是一條表明在消費者收入和價格水準既定的條件下，消費者的全部收入所能購買到的兩種商品不同數量的組合線。

消費可能線表明消費者行為的限制條件。假定某消費者可用於支出的收入為 60 元，購買商品 1 和商品 2 兩種商品。商品 1 的價格為 20 元，商品 2 的價格為 10 元，如果該消費者用全部的收入購買這兩種商品，那麼也就達到了消費可能的最高限。表 10-3 顯示了在價格既定的條件下購買商品 1、商品 2 各種可能組合。

表 10-3　　　　　　　　　　　　　消費可能組合

消費可能	商品 1	商品 2
A	0	6
B	1	4
C	2	2
D	3	0

根據表 10-3 可以作出該消費者的消費可能線，如圖 10-5 所示。

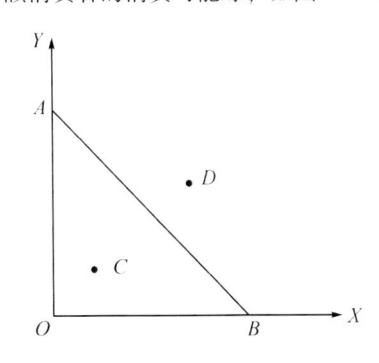

圖 10-5　消費可能線

如圖 10-5 所示，A 點為將支出全部購買商品 2 的數量，B 點為將支出全部購買商品 1 的數量，連接 A、B 兩點的線即為消費可能線，在 AB 線上任何一點都表示以現有支出能購買的 1、商品 2 的可能組合。在線內的點（如點 C）表示所購買的商品 1、商品 2 的組合可以實現，但沒有用完收入，即不是最大數量的組合，在線外的點（如點 D），表示購買的商品 1、商品 2 的組合不能實現。

假設消費者在某一定時期的收入（I）既定或已知，並且用收入（I）只能購買商品 1 和商品 2 兩種商品，又知兩商品的價格分別為 P_1 和 P_2，則有預算線方程：

$$I = P_1 X_1 + P_2 X_2$$

或

$$X_2 = -\frac{P_1}{P_2} X_1 + \frac{I}{P_2} \quad\quad (10.5)$$

式（10.5）中，$-\frac{P_1}{P_2}$ 為預算線的斜率，$\frac{I}{P_2}$ 為預算線在縱軸上的截距。

（二）預算線的變動

既然預算線表示的是消費者在一定收入和一定價格下的限制，那麼當消費者的收入或商

品價格發生變化時，都會引起預算線發生變化。預算線的變動可以歸納為以下四種情況：

第一，當商品價格不變，消費者收入發生變化時，會引起預算線向左或向右平行移動。當商品的價格不變時，也就是預算線的斜率 $-\dfrac{P_1}{P_2}$ 不變，收入變化只會引起預算線橫軸和縱軸的截距發生變動。如圖 10-6（a）所示，當收入增加，預算線 AB 向右上方平移至 $A'B'$，這時預算空間的範圍擴大了。相反，當收入減少，預算線 AB 向下方平移至 $A''B''$。

第二，消費者的收入不變，兩種商品的價格同比例同方向發生變化時，預算線向左或向右發生平行移動。由於 P_1 和 P_2 同比例同方向的變化，並不影響預算線的斜率 $-\dfrac{P_1}{P_2}$，而只能使預算線的橫截距 $\dfrac{I}{P_1}$、縱截距 $\dfrac{I}{P_2}$ 發生變化。如圖 10-6（a）所示，P_1 和 P_2 的同比例上升，使預算線 AB 向左平移至 $A''B''$；相反，P_1 和 P_2 的同比例下降，卻使預算線 AB 向右平移至 $A'B'$。

第三，當消費者收入不變，一種商品的價格不變，而另一種商品的價格發生變化。此時一種商品的價格不變，而另一種商品的價格發生變化，說明預算線的斜率 $-\dfrac{P_1}{P_2}$ 發生變動。若商品 1 的價格發生變化，商品 2 的價格不變，這時預算線會以 A 點為軸心，順時針或逆時針移動，如圖 10-6（b）所示。若商品 2 的價格發生變化，商品 1 的價格不變，這時預算線會以 B 點為軸心，順時針或逆時針移動，如圖 10-6（c）所示。

第四，當消費者的收入和兩種商品的價格都同比例同方向變化時，預算線不發生變化。這是因為此時預算線的斜率不會發生變化，其截距也不會發生變化。這說明消費者的全部收入用來購買其中任何一種商品的數量都是不變的。

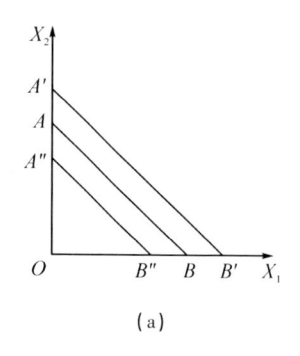

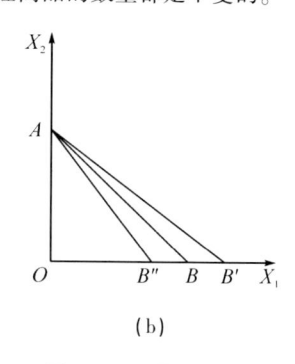

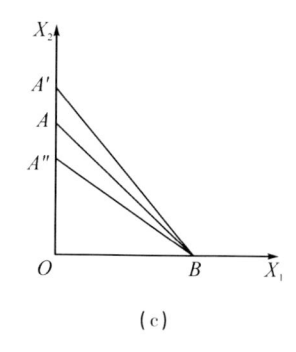

圖 10-6　預算線的變動

四、消費者均衡

所謂消費者均衡，是指在消費者收入和商品價格既定的條件下，當消費者選擇某個商品組合獲得了最大的效用並保持這種狀態不變時，即消費者處於均衡狀態。那麼在什麼條件下才會實現消費者均衡呢？

以上我們討論了無差異曲線和預算線，無差異曲線從主觀方面，即消費者偏好的角度分析了消費者通過購買獲得滿足的種種組合，預算線則從客觀方面，即消費者收入限制的角度分析了消費者選擇商品組合的最大可能性。現在我們把無差異曲線和預算線結合在一起來分析消費者均衡的實現。為了研究消費者均衡，我們做如下假設：

第一，消費者的偏好是既定的。
第二，消費者的收入是既定的。
第三，商品1和商品2的價格是已知的。

消費者的最優購買行為必須滿足以下兩個條件：

第一，最優的商品購買組合必須是能夠給消費者帶來最大效用的商品組合。

第二，最優的商品購買必須位於給定的預算線上。如圖10-7所示，如果把無差異曲線與消費者的預算線置於同一平面圖上，那麼消費者的預算線與無數條無差異曲線中的一條相切，切點E就是實現消費者效用最大化的滿足點，而滿足這個切點的要求，就是滿足了消費者效用最大化的條件，也就是消費者均衡的條件。

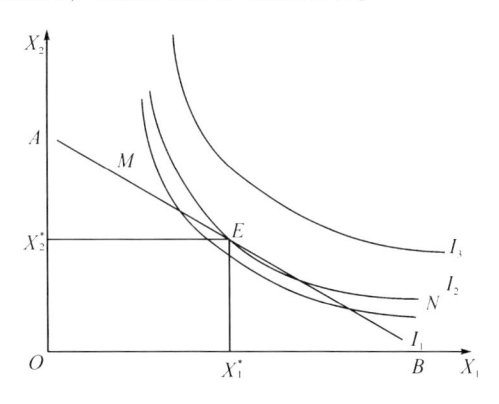

圖10-7 消費者均衡

在圖10-7中，有一條既定的預算線AB和三條無差異曲線I_1、I_2、I_3，這三條無差異曲線代表的效用水準排序為$I_1 < I_2 < I_3$。就無差異曲線I_3來說，雖然它代表的效用水準最高，但它與既定的預算線AB既無交點又無切點，這說明消費者在既定的收入水準下無法實現無差異曲線I_3上的任何一點的商品組合的購買。而無差異曲線I_1雖然與預算線有交點M、

N，但它的效用水準是低於無差異曲線 I_2 的效用水準的，因此只有預算線 AB 與無差異曲線 I_2 相切，其切點 E 代表的商品組合，就是效用最大化的商品組合。因為 E 點是在預算線上，在消費者預算約束允許的範圍內，E 點又是預算線所能夠達到的最高的無差異曲線上的一種商品消費組合，所以 E 點代表了消費者預算所能達到的最高的效用水準。

事實上，就 M 點和 N 點來說，若消費者選擇預算線 AB 上位於 M 點右邊或 N 點左邊的任何一點的商品組合，都可以達到比 I_1 更高的無差異曲線，以獲得比 M 點和 N 點更大的效用水準。消費者會沿著預算線 AB 由 M 點往右和由 N 點往左運動，最後必定在 E 點達到均衡。顯然，只有當既定的預算線 AB 和無差異曲線 I_2 相切於 E 點時，消費者才在既定的預算約束條件下獲得最大的滿足。因此，E 點就是消費者實現效用最大化的均衡點。在均衡點 E 點，相應的最優購買組合為 (X_1^*, X_2^*)。

在均衡點 E 點上，無差異曲線 I_2 和預算線 AB 兩者的斜率是相等的，即

$$MRS_{12} = \frac{P_1}{P_2} \tag{10.6}$$

這就是消費者效用最大化的均衡條件，它表示在一定的預算約束下，為了實現最大的效用，消費者應該選擇最優的商品組合，使得兩種商品的邊際替代率等於兩種商品的價格之比。也就是在最優的商品組合上，消費者願意用一單位的某種商品去交換另一種商品的數量應該等於該消費者能夠在市場上用一單位的這種商品去交換得到的另一種商品的數量。

技能訓練

一、單項選擇題

1. 影響消費者行為的因素中，（　　）使得「甲之砒霜，乙之佳餚」。
   A. 收入　　　　　　　　　　B. 偏好
   C. 預算約束　　　　　　　　D. 價格

2. 已知消費者的收入為 50 元，商品 1 的價格為 5 元，商品 2 的價格為 4 元。假設該消費者計劃購買 6 單位的商品 1 和 5 單位的商品 2，商品 1 和商品 2 的邊際效用分別為 60 和 30，如果實現效用最大化，應該（　　）。
   A. 增加商品 1 而減少商品 2 的購買量
   B. 增加商品 2 而減少商品 1 的購買量
   C. 同時減少商品 1 和商品 2 的購買量
   D. 同時增加商品 1 和商品 2 的購買量

3. 無差異曲線的形狀取決於（　　）。
   A. 消費者偏好　　　　　　　　　　B. 消費者收入
   C. 所購商品價格　　　　　　　　　D. 商品效用水準的大小
4. 同一條無差異曲線上的不同點表示（　　）。
   A. 效用水準相同，兩種商品的數量組合也相同
   B. 效用水準相同，但兩種商品的數量組合不同
   C. 效用水準不同，但兩種商品的數量組合相同
   D. 效用水準不同，兩種商品的數量組合也不同
5. 預算線的位置和斜率取決於（　　）。
   A. 消費者的收入　　　　　　　　　B. 消費者的收入和商品的價格
   C. 消費者的偏好、收入和商品價格　D. 以上三項都不是
6. 當消費者的收入和兩種商品的價格都同比例同方向變化時，預算線（　　）。
   A. 向左下方平行移動　　　　　　　B. 向右上方平行移動
   C. 不變動　　　　　　　　　　　　D. 向左下方或右上方移動

二、計算題

1. 當收入為 80 元，商品 1 的價格為 20 元，商品 2 的價格為 10 元，各種不同數量的商品 1、商品 2 的邊際效用如表 1 所示。

表 1　　　　　　　　　　　　商品 1 和商品 2 的邊際效用

X_1	MU_1	X_2	MU_2
1	16	1	10
2	14	2	8
3	12	3	7.5
4	5	4	7
5	2	5	6.5
6	1	6	6
		7	5.5
		8	5
		9	4.5
		10	4
		11	3.5
		12	3

在購買多少單位商品 1 和多少單位商品 2 時，可以實現效用最大化？這時貨幣的邊際效用是多少？

2. 某消費者收入為 60 元，用於購買商品 1 和商品 2 兩種商品，商品 1 的價格為 10 元，商品 2 的價格為 5 元。

（1）繪製一條預算線；

（2）所購買的商品 1 為 2 個單位，商品 2 為 3 個單位，應該在哪一點？在不在預算線線上？它說明什麼？

（3）所購買的商品 1 為 4 個單位，商品 2 為 4 個單位，應該在哪一點？在不在預算線上？它說明什麼？

（4）所購買的商品 1 為 5 個單位，商品 2 為 3 個單位，應該在哪一點？在不在預算線上？它說明什麼？

三、技能分析

亞當·斯密提出了「水與鑽石之謎」，請用相應經濟學原理解釋。

四、綜合實訓

綜合實訓項目：汽車的偏好與效用。

項目名稱：汽車的偏好與效用分析。

實訓目的：引導學生參加日常生活中彈性理論的實踐訓練，在討論和撰寫報告中，訓練學生的團隊意識，同時增加學生對偏好與效用的認識。

實訓內容：學生分組，在調研的基礎上進行討論，開展集體分析；利用週末時間，對汽車市場上各檔次車輛的偏好、效用進行分析。

實訓時間：結束本項目的學習後，課外進行。

操作步驟：

（1）將班級每 5 名同學分成一組，每組確定一名負責人。

（2）以小組為單位，在組長的帶領下，選取 4S 店作為調研對象，實地走訪調研，搜集幾組車型的市場定位、目標市場的顧客需求。

（3）運用偏好與效用理論，分析不同價位車型在偏好與效用上的共同性與差異性。

（4）撰寫一篇綜合分析報告。

（5）各組在班內進行交流和討論。

成果形式：撰寫一篇《各檔次車型的偏好與效用》綜合分析報告，字數 800 字左右。

項目四　盈利的秘密

【學習目標】

知識目標：
1. 瞭解生產、生產要素的基本概念。
2. 瞭解不同類型的企業。
3. 掌握並理解邊際收益遞減規律。

能力目標：
1. 能用邊際收益遞減規律、規模經濟理論分析現實中的經濟問題。
2. 理解規模經濟與適度規模。

【案例導入】 引入自動分揀機是好事還是壞事？

近年來郵政行業實行信件分揀自動化，引進自動分揀機代替工人分揀，也就是多用資本而少用勞動力。從純經濟學的角度，即從技術效率和經濟效率的同時實現來看，這是一件好事還是壞事呢？

假設某郵局引進一臺自動分揀機，只需一人管理，每日可以處理10萬封信件。如果用人工分揀，處理10萬封信件需要50個工人。在這兩種情況下都實現了技術效率，可是是否實現了經濟效率還涉及價格。處理10萬封信件，無論用什麼方法，收益是相同的，但成本如何則取決於機器與人工的價格。假設一臺分揀機為400萬元，使用壽命10年，每年折舊為40萬元，再假設利率為每年10%，每年利息為40萬元，再加分揀機每年維修費與人工費用5萬元，這樣使用分揀機的成本為85萬元。假設每個工人工資1.4萬元，50個工人共70萬元，使用人工分揀成本為70萬元。在這種情況下，使用自動分揀機實現了技術效率，但沒有實現經濟效率，而使用人工分揀既實現了技術效率，又實現了經濟效率。

從上述例子可看出，在實現了技術效率時，是否實現了經濟效率就取決於生產要素的價格。如果僅僅從企業利潤最大化的角度看，可以只考慮技術效率和經濟效率。這兩種效率的同時實現也就是實現了資源配置效率。當然，如果從社會角度看問題，使用哪種方法還要考慮每種方法對技術進步或就業等問題的影響。

對廠商而言，不僅要決定為市場生產什麼產品，而且還要決定怎樣以效率最高的或成本最低的方式生產出這種產品。這就需要有科學的方法來判斷生產決策是否符合技術效率與經濟效率。本部分生產者行為理論將重點討論廠商或企業的行為規律，即研究在資源稀缺的條件下，廠商如何通過資源的合理配置，來實現利潤的最大化。

任務十一　熟悉廠商類型及生產目標

【學習目標】

1. 瞭解廠商的概念及其組織形式。
2. 瞭解生產函數的一般含義。
3. 理解廠商的行為選擇過程，能分析廠商的行為目標。

任務描述

在一次世界珠寶拍賣會上，有一顆名為「月光愛人」的鑽石吸引了眾人的眼球。它晶瑩剔透、光彩奪目，最後賣出了8,000萬元的天價。這顆鑽石是誰生產的呢？很多人都在邀功。這顆鑽石是由夢幻珠寶公司在位於南非的一座礦山中挖掘出來的。

夢幻珠寶公司的老板托尼洋洋得意地說：「我當初決定購買這座礦山開採權的時候，就覺得這裡面一定有寶藏，現在果然應驗了。」

挖掘隊隊長鮑勃不服氣，說：「為了挖到這顆鑽石，我和同事們付出了艱辛的勞動。我們夜以繼日地工作，幾乎找遍了礦山的每個角落，好不容易才發現了它。」

向夢幻珠寶公司提供挖掘設備的廠商卻說：「我們公司的設備是世界一流的，如果沒有我們提供的挖掘機，他們不可能在50米深的礦井中挖到這顆鑽石。」

最後，南非政府的官員說：「只有在我們國家的土地上才能找到如此珍貴的鑽石。在我們的國土下面還埋藏著數不盡的礦藏資源，歡迎各國企業家來投資開採。」

思考：

你認為這顆寶石需要哪些生產要素呢？

筆記：

任務精講

一、生產與企業

（一）生產的概念

在研究生產者行為時，首先要瞭解生產這個概念。生產是廠商對各種生產要素進行組合，以生產出產品的過程。一般來說，任何有價值的活動都是生產。生產過程的產出既可以是最終產品，也可以是中間產品；產出既可以是一種產品，也可以是一種服務。

不管廠商從事什麼樣的生產活動，由於其投入的生產要素和所能掌握的生產技術是有限的，因此能夠提供的產量肯定不會超過某個限度，這種約束關係就可以用生產函數來表示。

生產與廠商密不可分。廠商是生產的主體，生產是廠商行為，即生產者行為的結果。

（二）廠商的概念

廠商也稱為企業，是指市場經濟中為了達到一定目標而從事生產活動的經濟單位，其功能就是把各種投入轉化為一定的產出以取得最大利潤。廠商主要具有以下幾個方面的特徵：

（1）從企業的社會性質和功能看，企業是獨立從事商品生產經營活動和商業服務的經濟組織。

（2）從企業生存和發展的目的看，企業以營利為其活動宗旨。

（3）從企業的法律條件看，企業必須依法成立並具備一定的法律形式。

（三）廠商的組織形式

廠商的組織形式主要有以下三類：

1. 個人獨資企業——「夫妻店」

個人獨資企業是企業制度序列中最初始和最古典的形態。個人獨資企業是在法律允許的條件下，由單個人出資、單個人經營、單個人承擔法律責任的一種最簡單的廠商組織形式，個人獨資企業常被人稱為「夫妻店」，即人們經常說的個體經濟。這類廠商規模小、投入少、進入門檻低，是最常見的廠商組織形式。

個人獨資企業的優點在於：一是企業資產所有權、控制權、經營權、收益權高度統一。二是企業主自負盈虧和對企業的債務負無限責任成為強硬的預算約束。三是企業的外部法律環境對企業的經營管理、決策、進入與退出、設立與破產的制約較小。雖然個人獨資企業有以上優點，但其缺點也比較明顯，比如難以籌集大量的資金、投資者的風險過大、企業連續性差，加上企業內部的基本關係是雇傭勞動關係，勞資雙方利益目標的差異構成企業內部組織效率的潛在危險。

2. 合夥制——「共同利益綁住你我」

合夥制企業，即合夥企業，是指兩個人或兩個以上的人合資經營的一種廠商組織形式。在合夥企業中，每個合夥人都要提供一定數量的資本與勞務，分享一定比例的收益和承擔相應的虧損與債務。相對於個人企業而言，合夥制企業的資金較多、規模較大、比較易於管理，分工和專業化得到加強。但是多人所有和參與管理不利於協調和統一；資金和規模仍有限，在一定程度上不利於生產的進一步發展；合夥人之間的契約關係欠穩定；每個合夥人對於企業都具有無限清償責任。一般而言，合夥制企業的風險比較高。大多數的會計師事務所和律師事務所屬於這種形式。

3. 公司制——「眾人拾柴企業大」

公司制企業是指依法設立的，具有法人資格，並以贏利為目的的企業組織。《中華人民共和國公司法》只規定了兩類公司：有限責任公司與股份有限公司。

有限責任公司指不通過發行股票，而由為數不多的股東集資組建的公司（一般由2人以上50人以下股東共同出資設立），其資本無須劃分為等額股份，股東在出讓股權時受到一定的限制。在有限責任公司中，董事和高層管理人員往往具有股東身分，使所有權和管理權的分離程度不如股份有限公司那樣高。有限責任公司的財務狀況不必向社會披露，公司的設立和解散程序比較簡單，比較適合中小型企業。

股份有限公司是把全部資本劃分為等額股份，通過發行股票籌集資本的公司，又分為在證券市場上市的公司和非上市公司。股東一旦認購股票，就不能向公司退股，但可以通過證券市場轉讓其股票。這種組織形式適合大中型企業。

公司制企業屬於法人企業，出資者以出資額為限承擔有限責任，是現代企業組織中的一種重要形式，有效地實現了出資者所有權和管理權的分離，具有資金籌集廣泛、投資風險有限、組織制度科學等特點，在現代企業組織形式中具有典型性和代表性。公司制企業已經成為中國企業組織形式的主體。

公司制企業也存在若干缺點，如公司設立比較複雜，要通過一系列法定程序而設立；股東購買股票往往是獲取股利和價差，並不直接關心企業經營；所有權與經營權分離，委託人與代理人之間會產生一系列複雜的授權與控制關係。

(四) 廠商的經營目標

「利潤」這個詞對我們每一個人來說，都已經是耳熟能詳了，它就像碧波裡的珠寶，蕩漾著誘人的光芒。在市場經濟中，利潤最大化與成本最小化是企業永恆的主題。從經濟學的角度來說，一個從事生產或銷售的企業，如果其總收益大於總成本，那麼就會有剩餘，這個剩餘就是利潤。

如何進一步深入理解利潤最大化呢？如果我們單憑直觀認為，對於一個企業來說利潤越多越好，這樣其實是沒有什麼意義的。原因很簡單，企業的利潤來自自身的生產或者銷售，在市場中，一個企業的生產和銷售總是處於變化當中的，利潤也隨之在變化。因此，

問題的關鍵就在於企業判斷出自己在何種狀態經營時能夠取得利潤的最大值。這就意味著，衡量如何實現「利潤最大化」時，必須遵從客觀實際，從實際出發。企業存在的唯一目標就是獲得效益最大化，為了達到這個目標，通過理性的決策、保持誠信、盡力提高顧客滿意度、合理選擇機會成本、果斷放棄沉沒成本、合理的激勵方式、探索良好的人力資源管理模式等方面來達到企業的唯一目標——利潤最大化。

二、生產函數

(一) 生產要素與產出

生產要素是指進行社會生產經營活動時需要的各種社會資源，是維繫國民經濟運行及市場主體生產經營過程中必須具備的基本因素。

任何一種生產都需要投入各自不同的生產要素。生產要素是廠商進行生產的基本條件。現代西方經濟學認為，生產要素包括勞動、土地、資本、企業家才能四種，隨著科技的發展和知識產權制度的建立，技術、信息也作為相對獨立的要素投入生產。

1. 勞動（L）

勞動指的是生產活動中人類一切體力和智力的消耗，可以從勞動的數量和質量兩方面加以測定。

2. 土地（N）

土地泛指一切自然資源，包括地上的土壤、森林、河流、湖泊、大氣和太空中的可利用的資源，地下的各種礦藏資源以及海洋中能夠利用的各種物資。

3. 資本（K）

資本指的是生產過程中的一切人工製品或設備。資本可以表現為實物形態或貨幣形態。實物形態又稱為資本品或投資品，如廠房、機器設備、動力燃料、原材料等。資本的貨幣形態通常稱為貨幣資本，即以貨幣形式存在，並以投資增值為目的的貨幣。

4. 企業家才能（E）

英國經濟學家馬歇爾在《經濟學原理》中又增加了一種生產要素，即企業家才能，指的是企業家經營企業的組織能力、管理能力和創新能力。

通過對生產要素的運用，企業（廠商）可以提供各種實物產品和無形產品。

(二) 生產函數的概念

生產過程中生產要素的投入量和產品的產出量之間的關係，可以用生產函數來表示。生產函數表明投入和產出之間的函數依存關係，即生產函數在一定時期內，在技術水準不變的情況下，生產中所使用的各種生產要素的數量與所能生產的最大產量之間的關係。

假定 $X_1, X_2, \cdots, X_n$ 順次表示某產品生產過程中所使用的 n 種生產要素的投入數量，Q 表示所能生產的最大產量，則生產函數可以寫成以下形式：

$$Q = f(X_1, X_2, \cdots, X_n) \tag{11.1}$$

該生產函數表示在一定時期內，在既定的生產技術水準下的生產要素組合（X_1，X_2，$\cdots$，X_n）所能生產的最大產量為 Q。

在經濟學分析中，為了簡化分析，通常假定生產中只使用勞動和資本這兩種主要生產要素。通常以 L 表示勞動投入數量，以 K 表示資本的投入數量，則生產函數可以寫為：

$$Q = f(L, K) \tag{11.2}$$

【小案例】魯賓遜的生產函數

魯賓遜是一個流落到陌生小島上的人，他發現淺水區有很多魚。想得到魚，一種方式是徒手到水裡抓魚；另一種方式則是先去折些樹枝等編織漁網。假設將編織好的漁網看成是為了抓魚而累積資本，然後再輔以勞動，魯賓遜的生產函數是 $Q = f(L, K)$。

正確全面理解生產函數的概念，需要注意以下幾個問題：

第一，生產函數中的產量是指一定的投入要素組合所能生產出來的最大產量，也就是說，生產函數反應的投入與產出關係是以企業的投入要素得到充分利用為假設條件的。

第二，生產函數取決於技術水準。生產技術的改進，可能會改變投入要素的比例，導致新的投入產出關係，即新的生產函數。

第三，生產一定量某種產品所需要的各種生產要素配合比例在一定條件下是可以改變的。例如，在農業中可以多用勞動少用土地進行粗放式經營，也可以少用勞動多用土地進行集約式經營。在工業中也有勞動密集型技術與資本密集型技術之分。

技術效率是指投入要素與產出量之間的實物關係。當投入既定產量最大或產出既定投入最少時就實現了技術效率。經濟效率是指成本與收益之間的關係。成本既定收益最大或收益既定成本最低時就實現了經濟效率。技術效率是經濟效率的基礎，但並不等於經濟效率，實現了技術效率並不一定也實現了經濟效率。

技術效率只取決於技術上的可行性，經濟效率要取決於資源的相對成本。經濟上有效率的方法就是使用最少數量的更昂貴的資源和最大數量的更便宜的資源。經濟上無效率的廠商不能實現利潤最大化。

在生產函數中，各生產要素的配合比例稱為技術系數。不同行業、不同企業的技術系數是各不相同的。一般的分析中假定技術系數不變，如果技術系數可以變動，則生產要素的最適組合的原則是應該使所購買的各種生產要素的邊際產量與價格的比例相等，即要使每一單位貨幣無論購買何種生產要素都能得到相等的邊際產量，達到生產者均衡狀態。

生產理論分析了影響企業效率的各種要素及其配置比例，主要考察的是企業的技術效率。但技術效率並不等於經濟效率，技術效率反應的是企業的投入產出組合，而經濟效率則是在考慮價格因素情況下的最低成本組合，它要求投入價格與產出價格的比率等於生產邊界的斜率。因此，要實現利潤最大化的目標，企業還要考慮收益與成本的關係，這就涉及成本理論。

現實的市場結構由於競爭與壟斷程度不同是不同的。在不同的市場條件下，企業收益與成本變動的規律也不相同，因此企業對最大利潤的追求要受到相應的市場環境的制約，只有面對不同的市場採取不同的決策，才可能提高效率。

三、生產週期

經濟學的生產週期劃分為短期生產與長期生產。

短期是指生產者來不及調整全部生產要素的數量，至少有一種生產要素數量不變的時期。因此，在短期內，生產要素的投入分為不變要素的投入和可變要素的投入。生產者在短期內無法進行數量調整的那部分要素投入是不變要素的投入，如機器設備、廠房等；生產者在短期內可以進行數量調整的那部分要素投入是可變要素投入，如勞動、原材料、燃料等。

長期是指生產者來得及調整全部生產要素的數量，所有生產要素數量都可以改變的時期。生產者可以根據企業的經營狀況，縮小或擴大生產規模，也可以加入或退出一個行業的生產。

「短期」和「長期」的區別是相對的。在有些生產部門中，如在鋼鐵工業、機器製造等行業，其所需資本設備數量多，技術要求高，變動生產規模不容易，則也許幾年算是「短期」；反之，有些行業，如食品加工業、普通服務業等，其所需資本設備數量少，技術要求低，變動生產規模比較容易，則也許幾個月可算是「長期」。

四、廠商理論

在微觀經濟學中，關於企業的理論主要集中在「廠商理論」部分。在研究生產者行為時，一般的理論假定是企業都是具有完全理性的經濟人，其生產目的是追求利潤的最大化，即在既定的產量下實現成本最小，或者在既定的成本下達到產量最大。

廠商理論包括以下三個方面的內容：

第一，生產理論。生產理論主要研究投入的生產要素與產量之間的關係，即如何配置資源，使生產要素既定時產量最大，或者說使產量既定時投入的生產要素最少。

第二，成本理論。成本理論主要研究成本與收益之間的關係，廠商只有在扣除成本後，才能談得上利潤的最大化。

第三，市場理論。市場有不同的結構，即競爭與壟斷的程度不同。市場理論研究的是當廠商面對不同的市場時，應該如何確定自己產品的產量和價格。企業只有處理好以上三個方面問題，才能實現利潤最大化目標。

任務十二　生產理論分析

【學習目標】

1. 瞭解短期生產函數的一般含義。
2. 理解總產量、平均產量、邊際產量的概念。
3. 掌握產量曲線、邊際收益遞減規律以及生產要素投入的三階段。

任務描述

娜娜家有一個大花園，裡面種植了水果和蔬菜，以便在當地市場售賣。娜娜說：「夏天，我雇了一個放暑假的大學生幫我，我的生產翻了一番還多。明年夏天，我將雇用兩三個幫手，我的產量將增加三四倍還多。」

思考：

1. 如果第二年娜娜雇用的幫手翻一番，她的產量也會翻一番嗎？
2. 娜娜雇用的、幫手越多，其收穫就會越大嗎？

筆記：

_____

_____

_____

任務精講

生產理論可分為短期生產理論和長期生產理論。短期生產函數和長期生產函數的劃分不是以時間的絕對長短來劃分的，而是以生產者是否能夠變動全部要素投入數量作為劃分標準的。

一、短期生產函數

在短期內，生產要素的投入可以分為不變投入和可變投入。生產者在短期內無法進行數量調整的那部分要素投入是不變要素投入。例如，機器設備、廠房等。生產者在短期內可以進行數量調整的那部分要素投入是可變要素投入。例如，勞動、原材料、燃料等。

短期生產函數研究在其他要素不變時，一種生產要素的投入和產量之間的關係以及這種可變生產要素的合理投入量是多少。例如，假設資本投入量不變，用 K 表示，勞動投入量用 L 表示，則生產函數可以表示為：

$$Q = f(L, \bar{K})$$

其中，K固定，L可變。

這就是通常採用的一種可變生產要素生產函數的形式，也被稱為短期生產函數。其反應了既定資本投入量下，一種勞動要素投入量與所能生產的最大產量之間的相互關係。

（一）總產量、平均產量與邊際產量

為了說明勞動與資本投入量的產量變動情況，在此需引入總產量、平均產量與邊際產量幾個概念。

總產量（TP）是指一定量的某種生產要素生產出來的全部產量。TP_L是指一定量的勞動投入所生產出來的全部產量。它的定義公式為：

$$TP_L = f(L, \bar{K}) \tag{12.1}$$

平均產量（AP）是指平均每單位某種生產要素生產出來的產量。AP_L是指平均每單位勞動所生產出來的產量。它的定義公式為：

$$AP_L = \frac{TP_L(L, \bar{K})}{L} \tag{12.2}$$

邊際產量（MP）是指某種生產要素每增加一單位增加的產量，即增加的最後一單位某種生產要素所帶來的產量的增量。MP_L是指每增加一單位勞動所增加的產量。它的定義公式為：

$$MP_L = \frac{\triangle TP_L(L, \bar{K})}{\triangle L} \tag{12.3}$$

或者

$$MP_L = \lim_{\triangle L \to 0} \frac{\triangle TP_L(L, \bar{K})}{\triangle L} = \frac{\mathrm{d}TP_L(L, \bar{K})}{\mathrm{d}L} \tag{12.4}$$

假定生產某種產品所用的生產要素是資本與勞動，其中資本是固定的，勞動是可變的，則總產量、平均產量與邊際產量的變動規律如表12-1所示。

表12-1　　　　　　　　　產量、邊際產量和平均產量

勞動投入量 L	總產量 TP_L	平均產量 AP_L	邊際產量 MP_L
0	0	—	—
1	13	13	13
2	30	15	17
3	60	20	30
4	104	26	44
5	134	26.8	30

表12-1(續)

勞動投入量 L	總產量 TP_L	平均產量 AP_L	邊際產量 MP_L
6	156	26	22
7	168	24	12
8	176	22	8
9	180	20	4
10	180	18	0
11	176	16	-4

(二) 總產量曲線、平均產量曲線與邊際產量曲線

根據表12-1，可以繪製出總產量、邊際產量和平均產量三條曲線，如圖12-1所示。

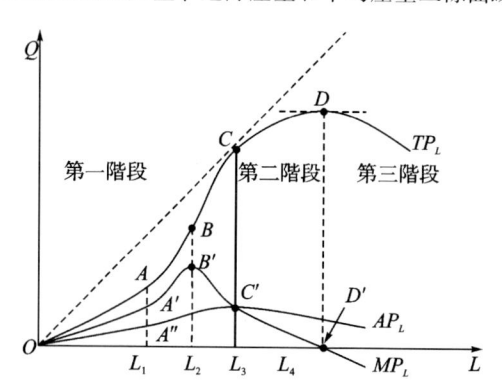

圖 12-1　一種可變生產要素的生產函數的產量曲線

(三) 短期生產的決策階段

然而，究竟可變要素的投入應該為多少是最佳的呢？根據短期生產的總產量、平均產量和邊際產量之間的關係，可將短期生產劃分為三個階段來進一步分析（參見圖12-1）。

在第一階段，可變要素投入從零開始，到平均產量最大值對應的L_3為止。這一階段的特點是：可變要素的平均產量一直在遞增，直至最大值，而且邊際產量大於平均產量。這意味著，在這一階段相對於固定不變的投入要素K來說，L缺乏，要素配合比例不當，效率不能充分發揮。因此，增加L的投入，能調整K與L的配合比例，提高要素使用效率，並能獲得高於水準的效率。很顯然，在這一階段增加投入是有效的。

在第二階段，可變要素投入從平均產量最大值對應的L_3開始，到邊際產量為0對應的L_4為止。這一階段的特點是：平均產量和邊際產量隨可變要素投入的增加而遞減，邊際產量小於平均產量，即邊際產量比平均產量遞減得更快，邊際產量持續遞減，說明總產量的

增長率在不斷下降。但由於邊際產量仍為正值，因此總產量仍能保持增長的勢頭，直至最大值。因此，在這一階段增加投入仍然會有所收益。

在第三階段，即可變要素投入從邊際產量為 0 對應的 L_4 以後的階段，這一階段的特點是可變要素的平均產量持續遞減，邊際產量為負值，總產量開始遞減。這意味著相對於固定的 K 來說，L 已過剩，要素的配合比例失調。例如，勞動力增加太多，導致彼此相互妨礙，阻礙生產正常進行時，勞動效率必然降低。因此，在這一階段，追加生產要素的投入顯然不合理。

由以上對生產三階段的分析可知，任何理性的生產者不會將生產停留在第一階段，而是會連續增加可變要素的投入量，以增加總產量，並將生產擴大到第二階段。任何理性的生產者也不會在第三階段進行生產。因此，生產應該在第二階段進行。

（四）邊際收益遞減規律

生產理論研究的是生產過程中的基本生產規律，即研究生產要素投入量的變動所引起的產量變動的規律。在生產理論中，將這些生產規律分成邊際收益遞減規律和規模經濟規律分別進行研究。

邊際收益遞減規律也稱生產要素報酬遞減法則，是微觀經濟學的基本規律之一。它的基本內容是：在技術水準不變的條件下，當把一種可變生產要素投入到一種或幾種不變的生產要素中時，最初這種生產要素的增加會使產量增加，但是當其增加超過一定的限度時，增加的產量就會遞減，最終還會使產量絕對減少。

邊際報酬遞減規律是短期生產的一條基本規律。邊際報酬遞減規律強調的是在任何一種產品的短期生產中，隨著一種可變生產要素投入量的增加，邊際產量最終必然會呈現出遞減的特徵。

【小案例】從「和尚挑水」到「邊際產量遞減定律」

「邊際產量遞減定律」導致總產量先升後降，也可以用一個著名的中國諺語來解釋：「一個和尚挑水吃，兩個和尚抬水吃，三個和尚沒水吃。」在「運水」的生產中，投入的生產要素是勞力（和尚）、水桶與扁擔。當和尚只有一個時，他用一根扁擔挑兩個水桶，桶裡的水只能大半滿，他只能走一個來回。

當和尚的數量增加到兩個（勞力這種生產要素的數量增加），他們可以改變生產方式，從一人用一根扁擔挑兩個水桶變成兩人一前一後抬著一根扁擔上的兩個水桶，由於這樣力氣比較大，他們就能將桶裡的水裝得更滿，而且可以走兩個來回，從而使得總產量（運水量）上升。也就是說，生產要素的增加，使得生產者可以選擇採用一些效率更高的生產方式（改變或創新技術），從而提升了產量。

然而，當和尚的數量進一步增加到三個，姑且不論這諺語裡說的是三個和尚互相推諉導致無人去運水，就算他們三人都去運水，情況又會怎樣？

扁擔就一條，三個人一起挑，不僅不會比兩個人能挑更多的水，反而會互相妨礙。如

果是換成其中兩個人先抬兩桶回來，第三個人再與其中兩個人中的一個合作再去抬兩桶，後者已經走了一趟，氣力損耗，抬水量肯定不如之前。而即使可以走上三個來回，但不管怎麼樣，總有一個人會閒置在那裡，對增加總產量不起作用。這就導致總產量雖然有所增加，但增加量（即邊際產量）會比從一個和尚增加到兩個和尚時少了，也就是邊際產量遞減定律起了作用。

二、長期生產函數

在長期內，所有的生產要素的投入量都是可以變動的，多種可變生產要素的長期生產函數可以寫為：

$Q = f(X_1, X_2, \cdots, X_n)$

式中，Q為產量，$X_i (i = 1, 2, \cdots, n)$為第$i$種可變生產要素的投入數量。

該生產函數表示：在長期內，在技術水準不變的條件下由n種可變生產要素投入量的一定組合所能生產的最大產量。

在生產理論中，為了簡化分析，通常以兩種可變生產要素的生產函數來考察長期生產問題。假定生產者使用勞動和資本兩種可變生產要素來生產一種產品，則兩種可變生產要素的長期生產函數可以寫為：

$Q = f(L, K)$ (12.5)

式中，L為可變生產要素勞動的投入量，K為可變要素資本的投入量，Q為產量。

在長期生產過程中，我們要研究當資本與勞動這兩種要素都發生變動時，資本與勞動應該如何組合才能在產量既定情況下實現成本最小，或者在成本既定情況下獲得最大產量。這一問題的解決，一定要弄清楚經濟學中的兩個重要規律：規模經濟和適度規模。

（一）規模經濟

規模經濟考察的是一種投入與產出的數量關係，即當所有生產要素的投入量都按同一比例變化時，產量將如何變化。規模經濟又稱規模報酬，是指在一定生產技術條件下，所有生產要素的投入都按同一比例變化，從而生產規模變動時所引起的產量或收益的變動。

不同的生產技術有不同的適度規模。規模是否適度反過來影響甚至決定生產效益。完整和正確理解規模經濟的含義，應注意以下幾點：

第一，這一規律發生作用的前提是技術水準不變。

第二，這一規律指的是生產中生產要素投入量都在同比例增加，因此並不會造成技術係數的變化，從而生產要素的增加只是一種量的增加。

第三，這裡的規模經濟有兩層含義：第一層含義是指隨廠商生產規模的擴大，所引起的產量或收益的增加，即規模經濟；第二層含義是指隨廠商生產規模的擴大，所引起的產量或收益的減少，即規模不經濟。當廠商生產規模過大時，往往會出現規模不經濟現象。

隨著各種投入要素同比例增加，生產規模擴大，收益（產量）的變動大致會經過規模

報酬遞增、規模報酬不變和規模報酬遞減三個階段。

例如，假設一座月產化肥 10 萬噸的工廠所使用的資本為 10 個單位，勞動為 5 個單位，現在將企業的生產規模擴大一倍，即使用 20 個單位的資本，10 個單位的勞動。由於這種生產規模的變化帶來的收益變化可能有如下三種情形：

（1）產量增加的比例大於生產要素增加的比例，即產量為 20 萬噸以上，這種情形稱為規模收益遞增。

（2）產量增加的比例小於生產要素增加的比例，即產量為小於 20 萬噸，這種情形稱為規模收益遞減。

（3）產量增加的比例等於生產要素增加的比例，即產量為 20 萬噸，這種情形稱為規模收益不變。

一般而言，隨著企業規模的不斷擴大，起初企業會得到規模收益的好處，然後會有一段較長的規模收益不變階段，最後當企業規模達到一定程度時，則會出現規模收益遞減。在不同的行業，規模收益變化一般也會不同。

（二）適度規模

無論是單個企業還是整個行業的規模既不能過小，也不能過大，即要實現適度規模。適度規模是指企業得到生產規模擴大帶來的產量或收益遞增的全部好處之後，將規模保持在規模收益不變的階段，而絕不應將規模擴大到規模收益遞減的階段。

對於不同行業的廠商來說，適度規模的大小是不相同的，確定適度規模時應主要考慮如下因素：

1. 行業的技術特點

一般而言，資本集約型行業適度規模較大，而勞動集約型行業適度規模較小。需要的投資量大的行業，適度規模也就大。

2. 市場條件

一般說來，行業容量的大小也制約著企業規模。有些行業，由於產品的標準化程度較高，市場容量較大，則大規模生產有利；反之，標準化程度較低、市場容量較小的行業，適度規模就應該小一些，「船小好調頭」。

3. 生產力水準

隨著技術進步，生產力水準提高，適度規模的標準也是在變化的。例如，20 世紀 50 年代汽車行業的適度規模是年產 30 萬輛，20 世紀 70 年代已達到 200 萬輛。因此，對適度規模的認識應該是動態的。同時，應注意到，產業集中是擴大規模的方式，卻不是唯一的方式。現代商業中的連鎖經營也可以降低成本、擴大收益，它也是規模經濟的一種形式。

【小案例】高回報率吸引各投資者 汽車產業應追求「適度規模」

當前汽車產業的高回報率強烈吸引著各方投資者。外資企業、民營企業和一些投資公司投資中國汽車產業，地方政府也紛紛盡力扶持本地汽車工業，不少地方把汽車產業列為

支柱產業。眾多汽車業界專家認為，目前中國正處在新一輪經濟增長週期的啟動階段，汽車產業的高速增長將是啟動的主要動力之一，如果匆忙認定汽車產業過熱，對其實施逆向調控，將不利於國家經濟持續發展。

專家認為，中國汽車工業還需要大量投資，只是國家應退出投資領域，而對其他經濟成分的投資不必設限，按照「誰投資、誰受益、誰承擔風險」的原則鼓勵投資多元化，由此發展壯大中國汽車產業。

究竟什麼是中國汽車產業科學合理的發展規模呢？專家提出，中國汽車產業應盡早選擇不求最大但求最強的發展思路，實現「適度規模」。過去我們一直認為，只有年產百萬輛以上的汽車企業集團，才有可能立足於國際競爭潮流中，現在看來也未必盡然。規模大有大的優勢，但家大業大也有人員多、結構層次多、負擔重、利潤薄的問題。邵奇惠說，汽車工業需要一定的規模才有經濟效益，但隨著技術的進步，市場需求的個性化凸顯，全球採購網絡的日趨完善，原來所強調的「經濟規模」已基本失去意義，現在應該提倡緊貼市場需求不斷變化的「規模經濟」，即「適度規模」。

技能訓練

一、單項選擇題

1. 經濟學中短期與長期劃分取決於（　　）。
   A. 時間長短　　　　　　　　　　B. 可否調整產量
   C. 可否調整產品價格　　　　　　D. 可否調整生產規模

2. 如果連續增加某種要素的投入量，則在總產量達到最大時，邊際產量曲線（　　）。
   A. 與縱軸相交　　　　　　　　　B. 經過原點
   C. 與平均產量曲線相交　　　　　D. 與橫軸相交

3. 當邊際產量大於平均產量時，（　　）。
   A. 平均產量增加　　　　　　　　B. 生產技術水準不變
   C. 平均產量不變　　　　　　　　D. 平均產量達到最低點

4. 等成本曲線平行向右（外）移動表明（　　）。
   A. 產量提高了
   B. 成本增加了
   C. 生產要素的價格按同比例提高了
   D. 生產要素的價格按不同比例提高了

二、簡答題

1. 生產要素包括哪些內容？
2. 總產量、平均產量和邊際產量之間的關係如何？
3. 請畫圖指出生產的三個階段是如何劃分的？

三、單項實訓

單項實訓項目：模擬商戰——企業競爭模擬訓練。

實訓要求如下：

（1）以小組為單位，每組代表一個企業，設置各崗位代表人（首席執行官、財務總監、生產總監、採購總監、行銷總監各一名）。

（2）利用企業資源計劃（ERP）企業模擬經營沙盤，以組為單位模擬經營5～6年，按贏利高低排出經營業績。

（3）各小組寫出企業戰略概述（包括戰略投資、規模投資、創新投資）、團隊構建、產品戰略、市場行銷等分析報告，並以電子演示文稿的形式進行班級宣講，與同學分享經驗，然後由指導教師進行點評。

項目五　付出的成本

【學習目標】

知識目標：
1. 掌握各種成本、利潤的含義。
2. 瞭解收益函數。

能力目標：
1. 區分機會成本和沉沒成本。
2. 初步掌握企業實現利潤最大化的方法。

【案例導入】覆水難收與沉沒成本

在生活中或許有時有人會對你說「覆水難收」或「過去的事就讓它過去吧」。這些話含有理性決策的深刻真理。經濟學家說，當成本已經發生而且無法收回時，這種成本是沉沒成本。一旦成本沉沒了，它就不再是機會成本了。因為對沉沒成本無所作為，所以當你做出包括經營戰略在內的各種社會生活決策時可以不考慮沉沒成本。

沉沒成本的無關性解釋了實現企業是如何決策的。例如，在20世紀80年代初，許多大型的航空公司有巨額虧損。美洲航空公司1992年報告的虧損為4.75億美元，三角航空公司虧損5.65億美元，而美國航空公司虧損6.01億美元。但是，儘管有虧損，這些航空公司繼續出售機票並運送乘客。乍一看，這種決策似乎讓人驚訝：如果航空公司飛機飛行要虧損，為什麼航空公司的老闆不乾脆停止他們的經營呢？

為了理解這種行為，我們必須認識到，航空公司的許多成本在短期中是沉沒成本。如果一個航空公司買了一架飛機而且不能轉賣，那麼飛機的成本就沉沒了。飛行的機會成本只包括燃料的成本和機務人員的工資。只要飛行的總收益大於這些可變成本，航空公司就應該繼續經營，而且事實上它們也是這樣做的。

沉沒成本的無關性對個人決策也是重要的。例如，設想你對看一場新放映的電影的效用評價是10美元。你用7美元買了一張票，但在進電影院之前，你丟了票。你應該再買一張票嗎？或者你應該馬上回家並拒絕花14美元看電影？答案是你應該再買一張票。看電影的利益（10美元）仍然大於機會成本（第二張票的7美元）。你丟了的那張票的7美元是沉沒成本。覆水難收，不要為此而懊惱。

任務十三　成本理論分析

【學習目標】

1. 瞭解成本和利潤的基本概念。
2. 重點理解不同成本的區別。

任務描述

如果你經常逛超市，你會注意到一個非常有意思的現象：幾乎所有軟性飲料，不管是採用玻璃瓶還是鋁罐子，瓶體都是圓柱形的，可牛奶盒子卻似乎都是用方盒子裝的。

思考：

為什麼牛奶裝在方盒子裡，而其他飲料卻裝在圓瓶子裡賣呢？

筆記：

_____

_____

任務精講

生產者行為理論考察了生產過程中生產要素的投入量與產量之間的物質技術關係。廠商為了實現利潤最大化，除了考察成本與收益之間的關係，還要討論產量的變動對生產成本的影響。

事實上，但凡經濟活動都有一個成本和收益的比較與權衡。正如上面討論的這個有趣的經濟學小故事中，企業為了在持續發展中把握增長和回報這兩個關鍵點，就要將傳統的成本管理向戰略成本管理轉化，通過挖掘企業的隱性成本，將成本信息的分析和利用貫穿於戰略管理之中，為每一個關鍵步驟提供戰略性成本信息，自始至終取得成本優勢，從而形成企業的競爭優勢，提高核心競爭力，領先於對手。

一、成本的概念

成本是企業決策的核心，成本在經濟學上具有極其重要的地位。產品成本的高低，往往決定著廠商的產量以及利潤的多少，決定著廠商在商品經濟中的競爭能力。

成本是指廠商在生產過程中使用的各種生產要素的支出。西方經濟學認為，勞動、資本、土地和企業家才能都是生產要素，都為生產做出貢獻，這些生產要素不僅要得到補

償，而且還應得到相應的報酬。因此，生產成本除了包括我們通常所說的工資、材料費、折舊費之外，還包括支付給資本的利息和土地的地租以及支付給企業家才能的正常利潤。由此可見，在西方經濟學中，成本的含義很廣。

在進行具體的成本分析之前，需要明確經濟學中短期和長期的概念。在經濟學中短期和長期並不單純指時間的長與短，而主要是看在這個時期中，隨著產量的變化，是否所有的投入要素都可以調整。

短期是指在這個時期內，廠商不能根據它要達到的產量來調整其全部生產要素，只能調整部分可變要素。例如，你開一家製造廠，目前市場上對產品需求急速增長，但短期內由於時間太短，你一時間無法擴建廠房，只能增加工人，購買更多的原材料，要求員工加班加點，在現有規模下擠出更大的產量來，這就是短期調整。而長期調整中，你就可以多建廠房，招收工人，擴大現有設備規模，因此生產要素是可變的。

二、成本的分類

在微觀經濟學中，依據各種不同的標準，將成本劃分為許多種類。

(一) 顯性成本和隱性成本

按照其收回後的歸屬的不同，成本可分為顯性成本和隱性成本。

顯性成本是指廠商在生產要素市場上購買或租用所需要的生產要素的實際支出，如支付的場租費、支付給電力公司的電費、原材料費、工資費用等。

隱性成本是形式上沒有支付義務的，為使用自己提供的那一部分生產要素而支付的作為報酬的費用。在企業生產過程中，為了進行生產，除了要使用他人提供的生產要素，還可能要動用自己所擁有的生產要素，如自己的資金和房屋、土地，並可能親自進行管理。經濟學家認為，既然使用他人的資金需要付利息，租用他人的房屋、土地需要付房租、地租，聘用他人來管理企業需要付酬金，那麼同樣道理，當廠商使用了自有生產要素時，也需要支付相應的報酬，這筆報酬也應該計入成本之中。由於這部分費用在形式上沒有契約規定一定要支付，因此被稱為隱性成本。

由此可見，在會計上起支配作用的是顯性成本，而經濟學上的成本概念應當包括顯性成本和隱性成本，從而我們可以區分會計成本和經濟成本的不同，可以用下列公式表示：

會計成本＝顯性成本

經濟成本＝顯性成本＋隱性成本

(二) 機會成本和沉沒成本

機會成本是指做出一項決策時所放棄的其他可供選擇的最好用途。對於廠商而言，機會成本是指為了生產一定數量的產品而放棄的使用相同的生產要素在其他生產用途中所得到的最高收入。應該注意的是：第一，機會成本不同於實際成本，而是一種觀念上的損失。第二，當我們做出經濟選擇時，不能只考慮獲利，還必須考慮機會成本，這樣才能使

投資最優。

　　選擇有時很容易，有時很難，難就難在一種資源可能有多種用途，由於有多種選擇，用於某種用途就得放棄其他用途。

　　機會成本在實際運用中的計算原則如下：

　　（1）業主用自己的資金辦企業的機會成本等於把這筆資金借給別人使用可以得到的利息。

　　（2）業主自己管理自己企業的機會成本等於他在別處工作可以得到的工資報酬。

　　（3）機器設備原來是閒置的，現在用來生產某產品的機會成本等於0。

　　（4）機器如果原來生產A產品可得到一筆利潤X，現在該為生產B產品的機會成本等於生產A產品可得到的利潤X。

　　沉沒成本是指已經發生而無法收回的成本，經濟學家認為在進行決策時，必須忽略那些與決策無關的成本。

　　沉沒成本是與不可更改的過去決策有關的歷史成本，即當成本一經發生，就無法通過當前的決策予以改變並且無法收回時，這種成本就是沉沒成本。沉沒成本提供了與現在決策相關的信息，但是與具體成本本身無關。

　　在短期中，企業的固定成本就是沉沒成本，廠商決定生產多少產品時可以不考慮這些成本，即固定成本的大小對企業的經營決策無關緊要。

　　（三）固定成本和變動成本

　　按照其總額與產量的關係不同，成本可分為固定成本和變動成本。

　　固定成本（FC）是指在一定限度內不隨產量變動而變動的費用，是廠商在短期內不能隨意調整的固定生產要素投入的費用，比如管理人員的工資、辦公費、借入資金的利息、租用廠房和設備的租金、設備的折舊費、保險費、職工培訓經費等。

　　可變成本（VC）是指隨著產量變動而變動的費用，是廠家在短期內可以隨意調整的可變生產要素投入的費用，如原材料費、直接工人工資、銷售佣金等。

　　需要注意的是，只有在短期內，廠商的生產成本才有固定成本和變動成本之分，總成本等於固定成本和變動成本之和；而從長期來看，廠商全部投入都是可變的，因此廠商的全部成本都是變動成本。

　　（四）總成本、平均成本和邊際成本

　　總成本（TC）是生產一定量產品需要的成本總和。

　　平均成本（AC）是指生產每一單位產品平均需要的成本。

$$AC = \frac{TC}{Q}$$

　　邊際成本（MC）是指企業每增加一單位產量所增加的成本，是總成本增量除以總產量的增量所得的商。

如果以 MC 代表短期邊際成本，以 $\triangle Q$ 代表總產量的增量，以 $\triangle TC$ 代表短期總成本的增量，則有：

$$MC = \frac{\triangle TC}{\triangle Q} \text{ 或 } SMC = \frac{\mathrm{d}STC}{\mathrm{d}Q}$$

三、利潤

我們知道企業生產的目的是為了賺錢，那麼如何衡量企業是否賺錢呢？在經濟學上，我們使用利潤來進行核算。

經濟學中的利潤是指經濟利潤，等於總收入減去總成本的差額。而總成本既包括顯性成本也包括隱性成本。因此，經濟學中的利潤概念與會計利潤也不一樣。

從前面的介紹已經知道，隱性成本是指稀缺資源投入任一種用途中所能得到的正常的收入，如果在某種用途上使用經濟資源所得的收入還抵不上這種資源正常的收入，該廠商就會將這部分資源轉向其他用途以獲得更高的報酬。因此，在西方經濟學中，隱性成本又被稱為正常利潤。將會計利潤再減去隱性成本，就是經濟學中的利潤概念，即經濟利潤。企業追求的利潤就是最大的經濟利潤。可見正常利潤相當於中等的或平均的利潤，是生產某種產品必須付出的代價。因為如果生產某種產品連正常的或平均的利潤都得不到，資源就會轉移到其他用途中去，該產品就不可能被生產出來。而經濟利潤相當於超額利潤，即總收益超過機會成本的部分。

經濟利潤可以為正、負或零。在西方經濟學中，經濟利潤對資源配置和重新配置具有重要意義。如果某一行業存在著正的經濟利潤，這意味著該行業內企業的總收益超過了機會成本，生產資源的所有者將要把資源從其他行業轉入這個行業中。因為他們在該行業中可能獲得的收益，超過該資源的其他用途。反之，如果一個行業的經濟利潤為負，生產資源將要從該行業退出。經濟利潤是資源配置和重新配置的信號。正的經濟利潤是資源進入某一行業的信號；負的經濟利潤是資源從某一行業撤出的信號；只有經濟利潤為零時，企業才沒有進入某一行業或從中退出的動機。

上述利潤與成本之間的關係可用下列公式表示：

會計利潤＝總收益－顯性成本

經濟利潤＝＝總收益－（顯性成本＋隱性成本）＝會計利潤－隱性成本

正常利潤＝隱性成本

正常利潤是指廠商對自己提供的企業家才能支付的報酬。正常利潤是隱性成本中的一個組成部分。

任務十四　廠商收益分析

【學習目標】

1. 理解總收益、平均收益、邊際收益之間的關係。
2. 掌握對廠商利潤最大化的產量的決策。

任務描述

從杭州開往南京的長途車即將出發。無論哪個公司的車，票價均為 50 元。一個匆匆趕來的乘客見一家國有公司的車上尚有空位，要求以 30 元上車，被拒絕了。他又找到一家也有空位的私營公司的車，售票員二話沒說，收了 30 元允許他上車了。

思考：

請問哪家公司的行為更理性呢？

筆記：

任務精講

一、廠商收益

廠商收益是指廠商銷售產品得到的收入。廠商收益包括總收益、平均收益與邊際收益三個概念。

總收益指廠商按一定價格出售一定量產品時所獲得的全部收入。以 P 表示既定的市場價格，以 Q 表示銷售總量，總收益的定義公式為：

$$TR(Q) = P \times Q \tag{14.1}$$

平均收益指廠商在平均每一單位產品銷售上所獲得的收入。平均收益的定義公式為：

$$AR = \frac{TR}{Q} = \frac{P \times Q}{Q} \tag{14.2}$$

邊際收益指廠商增加一單位產品銷售所獲得的總收入的增量。商品的價格為既定時，邊際收益就是每單位商品的賣價。邊際收益的定義公式為：

$$MR(Q) = \frac{\triangle TR(Q)}{\triangle Q} \tag{14.3}$$

或者 $MR(Q) = \lim\limits_{\triangle Q \to 0} \dfrac{\triangle TR(Q)}{\triangle Q} = \dfrac{\mathrm{d}TR(Q)}{\mathrm{d}Q}$ （14.4）

由表14-1可見，MR始終是下降的，即廠商銷售的產品越多，其單位售價就越低，多售出一單位產品所增加的收入就越少。事實上，MR很容易變成負數，這意味著廠商降低價格造成的損失大於其增加銷售量帶來的收益。

表14-1　　　　　總收益、平均收益、邊際收益之間的關係

銷量（Q）	單價（P）	總收益（$TR=P \cdot Q$）	平均收益（$AR=TR/Q=P$）	邊際收益（$MR=\triangle TR/\triangle Q$）
0	—	0	—	—
1	21	21	21	21
2	20	40	20	19
3	19	57	19	17
4	18	72	18	15
5	17	85	17	13
6	16	96	16	11
7	15	105	15	9
8	14	112	14	7
9	13	117	13	5
10	12	120	12	3

【小知識】知識依賴型經濟與邊際收益遞增

1986年，經濟學家羅默在《政治經濟學》雜志上發表了《收益遞增和長期增長》一文，提出了「邊干邊學」模式，並指出由於技術進步實質上是內生於經濟增長過程，使邊際效益遞增，從而在此基礎上實現經濟的可持續增長。這個模型被稱為阿羅－羅默模型。隨著知識經濟的興起，越來越多的學者在研究美國「新經濟」現象時都提出了邊際收益遞增的現象普遍存在於知識依賴型經濟中。邊際收益遞增是指在知識依賴型經濟中，隨著知識與技術要素投入的增加，產出越多，生產者的收益呈遞增趨勢明顯。這一規律以知識經濟為背景，在知識依賴型經濟中生產要素簡化成知識性投入和其他物質性投入。

二、廠商利潤

廠商從事生產或出售商品的目的是賺取利潤。如果總收益大於總成本，就會有剩餘，這個剩餘就是利潤。值得注意的是，這裡講的利潤，不包括正常利潤，正常利潤包括在總成本中，這裡講的利潤是指超額利潤。如果總收益等於總成本，廠商不虧不賺，只獲得正常利潤，如果總收益小於總成本，廠商便要發生虧損。

假設 π 為利潤，Q 為廠商產量，TR 為廠商總收益，TC 為廠商總成本，則利潤計算公式為：

$\pi(Q) = TR - TC$

由於正常利潤已包括在總成本中，則 $TR-TC>0$，廠商獲得超額利潤；$TR-TC<0$，廠商虧損；$TR-TC=0$，超額利潤等於零，但廠商可以獲得正常利潤。

三、利潤最大化原則

在經濟分析中，企業實現最大利潤所要遵循的原則可以表述為：在其他條件不變的情況下，企業應該選擇最優的產量，使得最後一單位產品帶來的邊際收益等於付出的邊際成本。或者簡單地說，企業實現最大利潤的均衡條件是邊際收益等於邊際成本，即 $MR=MC$。

如果 $MR>MC$，則廠商每增加一單位產量所帶來的收益大於生產這一單位產量的成本，因此廠商增加產量有利於廠商利潤總額的提高；反之，如果 $MR<MC$，則廠商每增加一單位產量所帶來的收益小於生產這一單位產量的成本，因此廠商增加產量將導致利潤總額的減少。只有當 $MR=MC$ 時，雖然最後一單位的收支相同，無利潤可賺，但以前生產的產量使總利潤達到最高。因此，$MR=MC$ 是廠商利潤最大化的基本原則。

【小案例】 大商場平時為什麼不延長營業時間？

節假日期間許多大型商場都延長營業時間，為什麼平時不延長營業時間呢？我們可以用邊際分析理論來解釋這個問題。從理論上說，延長時間一小時，就要支付一小時所耗費的成本，這種成本既包括直接的物耗，如水、電等，也包括由於延時而需要的售貨員的加班費，這種增加的成本就是邊際成本。假如延長一小時增加的成本是1萬元（注意這裡講的成本是西方經濟學中成本的概念，包括成本和正常利潤），那麼在延時的一小時裡商場由於賣出商品而增加的收益大於1萬元，作為一名精明的企業家，他還應該將營業時間在此基礎上再延長，這是因為他還有一部分該賺的錢還沒賺到手。相反，如果商場在延長一小時裡增加的成本是1萬元，增加的收益不足1萬元，企業家在不考慮其他因素情況下就應該取消延時的經營決定，因為延長一小時成本大於收益。

技能訓練

一、單項選擇題

1. 機會成本是指（　　）。

　　A. 作出某項選擇時實際支付的費用或損失

B. 企業生產與經營中的各種實際支付

C. 作出一項選擇時所放棄的其他若干種可能的最好選擇的一種

D. 作出一項選擇時所放棄的其他任何一種可能的選擇

2. 固定成本是指（　　）。

A. 企業在短時期內必須支付的不能調整的生產要素的費用

B. 企業要增加的產量所要增加的費用

C. 企業購買生產要素所要增加的費用

D. 平均每單位產品所需要的費用

3. 某廠商每年從企業的總收入中取出一部分作為自己提供的生產要素的報酬，這部分資金被視為（　　）。

A. 顯性成本　　　　　　　　B. 隱性成本
C. 經濟利潤　　　　　　　　D. 沉沒成本

二、計算題

1. 在「下海」的浪潮中，某服裝公司的小王與其妻子用他們的 20 萬元資金辦了一個服裝廠。一年結束時，會計拿來了收支報表。當小王正在看報表時，他的一個經濟學家朋友小李來了。小李看完報表後說，我的算法和你的會計不同，小李也列出了一份收支報表。這兩份報表如表 1 所示。

表 1　　　　　　會計的報表和經濟學家的報表　　　　　　單位：萬元

會計的報表（會計成本）		經濟學家的報表（經濟成本）	
銷售收益	100	銷售收益	100
設備折舊	3	設備折舊	3
廠房租金	3	廠房租金	3
原材料	60	原材料	60
電力	3	電力	3
工資	10	工資	10
貸款利息	15	貸款利息	15
		小王及其妻子應得的工資	4
		自有資金利息	2
總成本		總成本	

請問核算出的會計利潤和經濟利潤分別是多少？

三、技能分析

經濟學中有一句話：「天下沒有免費的午餐。」這是說，要想得到什麼就必須付出一定的其他東西。應該說，「天下沒有免費的午餐」可以解釋許多行為和現象，但是尚不存在

金科玉律，任何概括都有例外。

請你聯繫實際情況，運用所學理論進行評析。

四、綜合實訓

綜合實訓項目：成本分析。

項目名稱：某商店的成本分析。

實訓目的：引導學生參加日常生活中成本理論的實踐訓練，在討論和撰寫報告中，訓練學生的團隊意識，同時增強學生對各類成本的認識。

實訓內容：學生分組，在調研的基礎上進行討論；集體分析，利用週末時間選取學校周圍的某商店為調研對象，歸納出該商店的各類成本。

實訓時間：結束本項目的學習後，課外進行。

操作步驟：

(1) 將班級每5名同學分成一組，每組確定一名負責人。

(2) 以小組為單位，在組長的帶領下，選取學校周圍的某商店作為調研對象，實地走訪調研。

(3) 運用成本理論，歸納出該商店的各類成本。

(4) 撰寫一篇綜合分析報告。

(5) 各組在班內進行交流和討論。

成果形式：撰寫一篇《某商店的成本分析》綜合分析報告，字數500字左右。

項目六　競爭和壟斷

【學習目標】

知識目標：

1. 熟悉市場的類型和劃分標準。
2. 掌握四種市場類型各自不同的特點。

能力目標：

1. 根據所學知識能較好地區分現實市場的類型。
2. 理解價格歧視。

【案例導入】　德比爾斯公司為什麼做廣告？

德比爾斯公司控制了全世界80%以上的鑽石礦（其他不足20%的鑽石礦分散於斯里蘭卡和俄羅斯，形不成規模），憑藉這種資源優勢，該公司成為世界市場的壟斷者。我們知道，壟斷者成功的關鍵在於尋找正確的定價原則。由於該市場上只有唯一的企業，因此其不用做廣告，即不用通過廣告來介紹和創造自己的產品特色。但德比爾斯公司每年都要花巨資在各國做廣告，它的廣告詞「鑽石恆久遠，一顆永流傳」已經家喻戶曉。作為壟斷者的德比爾斯公司為什麼還要做廣告呢？

形成壟斷的條件一是進入限制，即其他企業無法進入該行業，二是沒有相近替代品。如果沒有第一個條件就不能成為壟斷，但沒有第二個條件，壟斷只是一種無保障的壟斷——壟斷地位隨時可以被替代品打破。鑽石的替代品是寶石，作為裝飾品，鑽石與寶石有相當大的替代性。如果寶石可以替代鑽石，德比爾斯公司的壟斷地位就被打破了。

那麼，寶石能否替代鑽石呢？這就取決於消費者的偏好了。如果消費者認為，鑽石和寶石作為裝飾品是相同的，鑽石和寶石就可以相互替代，這時德比爾斯公司的壟斷地位就不存在了。在裝飾品市場上，德比爾斯公司只是一個寡頭，要與其他經營寶石的公司進行競爭。如果消費者認為，鑽石和寶石不能互相替代，德比爾斯公司就可以保持其壟斷地位，無保障的壟斷就能成為有保障的壟斷了。

影響消費者偏好的重要因素正是廣告。消費者容易受廣告的影響形成自己的偏好。無論廣告說的對還是不對，狂轟濫炸，持之以恒的廣告還是能左右消費者的偏好的。德比爾斯公司做廣告的目的正是讓消費者認識到，寶石不能替代鑽石——因為只有鑽石才有「永

恆」的含義，人們都追求婚姻的完滿，似乎只有鑽戒才最契合。如果消費者接受了這種宣傳，寶石不能替代鑽石，德比爾斯公司的壟斷就有保障了。從現實情況來看，德比爾斯公司的這個廣告是成功的，因為它在展銷會上對自己的鑽石實行一口價，不許討價還價，這顯然是壟斷者的做派。

任務十五　熟悉市場結構及其特點

【學習目標】

1. 瞭解市場及行業的概念。
2. 熟悉不同市場類型的劃分標準。

任務描述

一位動物學家對生活在非洲大草原奧蘭治河兩岸的羚羊進行過研究。他發現東岸羚羊群的繁殖能力比西岸羚羊群的繁殖能力強，奔跑速度也不一樣，東岸羚羊群的奔跑速度每分鐘要比西岸羚羊群的奔跑速度快13米。

對這些差別，這位動物學家曾百思不得其解，因為這些羚羊的生存環境和屬類都相同，飼料來源也一樣，全以一種叫鶯蘿的牧草為主。

有一年，在動物保護協會的協助下，這位動物學家在東西兩岸各捉了10只羚羊，把它們送往對岸。結果，運到西岸的10只來自東岸的羚羊一年後繁殖到14只，運到東岸的10只來自西岸的羚羊一年後僅剩下3只，另外7只全被狼吃了。

這為動物學家終於明白了，東岸的羚羊之所以強健，是因為在它們附近生活著一個狼群；西岸的羚羊之所以弱小，正是因為缺少這麼一群天敵。競爭對手是發展之源，沒有對手，就沒有競爭；沒有競爭，就沒有發展。

思考：

在經濟學的世界裡，是否存在自然界的競爭關係？請解釋。

筆記：
_____
_____
_____

任務精講

一、市場與行業的概念

每個家庭幾乎每天都要到市場上去買一些新鮮的蔬菜、魚肉、禽蛋等各種副食品。菜市場上充滿了大大小小的各種商販，仔細觀察我們會發現，雖然市場上的商販非常多，但相同的蔬菜的價格幾乎是沒有差異的，任何擅自抬高菜價的商販都將無人問津，而作為消費者的我們，對於購買哪一種蔬菜、要多要少，有著絕對的自主權。

再來看手機移動通信市場。現代社會，通信越來越發達，手機幾乎成為人們必備的一項日常工具，但在相當長的時間裡，我們卻只能在移動、聯通與電信這三家公司中來做出選擇。如果我們要使用手機，就必須接受它們提供的僅有的幾項業務服務，並為此支付它們所要求的報酬。在這個市場上，作為消費者的我們，失去了在菜市場上擁有的大部分權利。

微觀經濟學中的市場是指從事某一商品買賣的交易場所或接觸點。市場可以是一個有形的買賣商品的場所，也可以是一個利用現代化通信工具進行商品交易的接觸點。任何一種商品都有一個市場，有多少種商品，就有多少個市場。這種市場可以是大米市場、服裝市場、汽車市場、期貨市場等。

與市場這一概念緊密聯繫的另一個概念是行業。行業是指為同一商品市場生產和提供產品的所有廠商的總體。同一種商品的市場和行業的類型是一致的。例如，完全競爭市場對應的是完全競爭行業等。

市場結構是指市場的組織和構成，它會影響廠商的行為和活動。

二、市場結構劃分標準

從本質上講，市場是物品買賣雙方相互作用並得以決定其交易價格和交易數量的一種組織形式或制度安排。

任何一種交易物品都有一個市場。例如，有石油市場、土地市場、大米市場、自行車市場、電腦市場等。市場可以根據不同標準進行分類，如根據市場上交易產品的特點可分為產品市場和要素市場，要素市場又可分為勞動力市場、土地市場、資本市場和技術市場等。

市場競爭程度的強弱是西方經濟學劃分市場類型的標準。影響市場競爭程度的具體因素主要有以下四點：

第一，市場上廠商數量的多少。參與者越多，競爭程度可能就越高，否則競爭程度就越低。參與者多的市場，每個參與者交易量只占市場交易量很小的份額或比重，對市場價格缺乏控制能力，競爭能力比較小，廠商之間的競爭相對比較激烈；反之，如果市場上交

易者數量很少,每個廠商在市場上都佔有重要地位,廠商之間就缺乏競爭,容易形成壟斷。

第二,廠商生產的商品的差別程度。差別程度是指同一種產品在質量、形式、包裝等方面的差別。產品差異會引起壟斷,產品之間的差異越大,壟斷程度越高;產品之間的差異越小,甚至沒有差異,相互之間替代品越多,競爭程度就越強。

第三,單個廠商對市場價格影響的程度。凡是產品交易價格由市場供求關係來決定的市場,其競爭程度就越強;反之,凡是企業能夠用自己的力量在不同程度上決定產品的價格,其市場競爭程度就比較弱,在這樣的市場中就容易產生不同程度的壟斷。

第四,廠商進入或退出該行業的難易程度。一個行業的進入門檻越高,進入限制越多,企業就越難進入,從而壟斷程度越強;反之,一個行業的進入門檻越低,進入限制越少,企業就越容易進入,從而競爭程度越強。

依據以上劃分標準,經濟學中又把市場結構分為完全競爭市場、完全壟斷市場、壟斷競爭市場、寡頭壟斷市場。

關於這四個市場的類型和相應的廠商的區分及其特點可以用表15-1概括說明。

表 15-1　　　　　　　　　市場類型的劃分和特點

市場類型	廠商數目	產品差別程度	對價格控制的程度	進出一個行業的難易程度	舉例
完全競爭	很多	完全無差別	完全不能	非常容易	農產品
壟斷競爭	較多	有一定差別	一定程度	比較容易	輕工業產品,如空調、電腦產品
寡頭壟斷	很少	有一定差別或無差別	相當程度	比較困難	重工業產品,如汽車、石油
完全壟斷	唯一	唯一的產品,且無相近的替代品	很大程度,但經常受到管制	非常困難,幾乎不可能	公用事業,如水、電

任務十六　熟悉完全競爭市場

【學習目標】

1. 瞭解完全競爭市場的條件。
2. 區分完全競爭市場的需求曲線和完全競爭廠商的需求曲線的不同。

任務描述

在 20 世紀 80 年代，一些城市為了保證居民的菜籃子，由政府出資辦了大型養雞場，但成功者甚少，許多養雞場最後以破產告終。這其中的原因是多方面的，重要的一點則在於雞蛋市場是一個完全競爭市場。

政府建立的大型養雞場在這種完全競爭的市場上並沒有什麼優勢，其規模不足以大到能控制市場，產品也沒有特色。這種大型養雞場要以平等的身分與那些分散的養雞專業戶或把養雞作為副業的農民競爭。但這種大型養雞場的成本都要大於行業平均成本，因為這些養雞場的固定成本遠遠高於農民的固定成本。這種大型養雞場要建大雞舍，採用機械化方式，並且有相當一批管理人員，工作人員也是有工資的工人。這些成本的增加遠遠大於機械化養雞所帶來的好處，因為農民養雞幾乎沒有什麼固定成本，也不向自己支付工資，差別僅僅是種雞支出和飼料支出。大型養雞場由政府出資興辦，自然是國有企業，其同樣有產權不明晰、缺乏激勵機制、效率低的共性。從這種意義上說，政府出資辦大型養雞場是出力不討好的，動機也許不錯，但結果不好。

思考：

從市場結構的角度分析，為什麼政府辦養雞場是出力不討好的，賺得的收益怎麼還不如農民呢？

筆記：

_____

_____

_____

任務精講

一、完全競爭市場的特點

完全競爭也叫純粹競爭，是指一種不受任何阻礙和干擾，沒有外力控制和壟斷因素的市場結構。完全競爭市場是一個最為理想的市場，現實生活中很少見。要成為完全競爭市場必須具有以下四點條件：

（一）市場上有眾多的買者和賣者，其規模都很小

每一個消費者或每一個廠商都沒有能力影響甚至控制市場價格，其對市場供求的影響都是微不足道的，所有市場參與者都只能被動地接受既定的市場價格，因此它們被稱為價格接受者。

（二）產品是同質的，即任何生產者的產品都是無差別的

對於消費者來說，購買任何一家廠商的產品都是沒有區別的。在這種情況下，單個廠

商既沒有必要單獨降價，更不會單獨提價。因為降價意味著其利潤降低，而提價將使得其產品完全賣不出去。由此可見，這個條件進一步強化了在完全競爭市場上每一個買者和賣者都是被動的既定市場價格的接受者的說法。

（三）各種資源都可以完全自由地流動而不受任何限制

這意味著廠商進入或退出一個行業是完全自由的和毫無困難的。任何一種資源都可以及時地投向能獲得最大利潤的生產，並及時地從虧損的生產中退出。勞動力不僅可以在地區間自由流通，而且可以在不同的職業間自由流動，資本也可以自由地進入或退出某一行業。

（四）市場信息是完全的和對稱的，廠商與居民戶都可以獲得完備的市場信息

市場上的每一個買者和賣者都掌握與自己的經濟決策有關的一切信息。任何時候他們都能做出自己最優的經濟決策，從而獲得最大的經濟利益。這也就排除了由於信息不通暢而可能導致的一個市場同時按照不同的價格進行交易的情況。

【小知識】廣告的作用

完全競爭本身假定生產者和消費者具有完全的信息或知識，無需做廣告。廠商做廣告只會增大產品的成本，使所獲利潤減少甚至虧損。完全競爭廠商僅是價格的接受者，其能按市場決定的價格賣出其願意出售的任何數量的產品，因此廠商不願做廣告。

現實的市場中信息和知識不是完全的。即使是對其中一個非常不起眼的產品，市場交易也需要非常豐富的信息，如質量、價格變化、產地、需要量等，這些信息對需求者來說常常是稀缺的。而且很多時候，市場上充斥著虛假和無用的信息，這些情況越嚴重，信息的不完全性就越嚴重，市場偏離完全競爭也就越嚴重。在不完全信息的市場上，傳遞和獲取對交易有用的信息，肯定不會是不需要成本的。廣告的基本職能就在於傳遞這些信息，真正的完全競爭市場是不存在廣告的。

廣告的確是市場信息不完全的產物，然而廠商不惜重金地為自己的產品做廣告，絕不僅僅是在傳遞自己產品的信息，很多時候廠商是在宣示和製造自身產品的差異性。事實上，抽象的「完全信息」基本上是不現實的。即使是完全相同的產品，廠商也常常存在著製造差異，採取差異化競爭的衝動。常見的做法就是個性的包裝、個性的廣告以及個性的行銷。這些做法不僅僅是為了向消費者宣示自己的產品，更重要的是使自己的產品與眾不同，從而從市場上獲得在完全競爭市場中得不到的壟斷勢力，贏得平均利潤之外的某種壟斷利潤。可以說，廣告等行為創造了或者至少是加深了產品的差異，把完全競爭的市場轉變為不完全競爭的市場。

這些條件是非常苛刻的，在現實經濟生活中，真正符合以上四個條件的市場是不存在的。比較接近的是農產品市場，如大米市場、小麥市場等，但是現實中是否存在著真正意義上的完全競爭市場並不重要，重要的是從對完全競爭市場模型的分析中，可以得到關於市場機制及其配置資源的一些基本原理。

【小案例】近乎完全競爭的小麥市場

小麥市場是一個比較接近完全競爭的市場。因為這個市場有眾多買者和賣者，並且沒有誰能夠影響小麥的價格。相對於市場規模，每個小麥買者的購買量很小，以致無法影響價格，也就是說，其不可能因為自己的購買量較大，而以比別人低的價格進行購買，因為對於該買者來說，再大的購買量，對於市場規模來說仍然微乎其微。對於賣者來說，其提供的是幾乎同質的小麥產品，而且任何一個賣者提供的小麥數量對於市場規模來說也微不足道，每個賣者可以在現行價格水準上賣出其想賣的所有產量，其沒有什麼理由收取較低價格，如果其收取高價格，買者則會到其他地方購買。因此，在小麥市場上，小麥的價格由眾多的買者和賣者的需求和供給共同決定。買者和賣者都是價格的接受者，其必須接受市場供求所決定的價格，按照市場價格買賣。

與此同時，對於一個種植小麥的農民來說，是決定繼續種植小麥呢，還是改種蔬菜、水果甚至挖魚塘養魚，主要取決種植小麥的成本收益比較，即種植小麥與其他種植業和養殖業的淨收益比較。如果種小麥有利可圖，那麼總有農民願意繼續種植小麥，甚至有更多的農民加入種植小麥的行列；如果種植小麥是虧損的，或者種植小麥的淨收益比其他種植業的淨收益要小，長期中，農民就會改種其他作物。在農民決定繼續種植小麥還是改種其他作物時，他們的選擇基本是自由的，也就是說，農民進入或退出小麥種植的障礙很小。

略微不足的是，小麥市場上無法滿足信息完全的假定條件。這是大多數農產品市場化過程中存在的通病。當眾多的小生產者與大市場對接時，單個的小生產者無法及時準確地把握決策所需要的所有信息，而只能在有限的信息條件下做出決策，只能以上一時期的價格作為本期產量的決策依據。這樣決策的結果很可能導致其決策與整體市場的實際運行情況相反，從而遭遇價格波動所帶來的市場風險。小麥等農產品市場經常性出現「去年買糧難，今年賣糧難」的現象，就是信息不完全所致。

二、完全競爭市場的需求曲線

完全競爭市場的條件決定了單個廠商是既定市場價格的接受者，因此完全競爭市場的單個廠商的需求曲線只能是一條由既定市場價格水準出發的水準線，如圖 16-1（b）所示。

在完全競爭市場中，單個消費者和單個廠商無力影響市場價格，但這並不意味著完全競爭市場的價格是固定不變的。完全競爭市場的需求曲線是由眾多家庭的個別需求曲線橫向疊加而成的，自左上方向右下方傾斜，具有負的斜率，如圖 16-1（a）所示。也就是說，在完全競爭市場上，個別企業的需求曲線是與橫軸平行的，而整個行業的需求曲線卻還是向右下方傾斜的。（行業需求曲線向右下方傾斜是因為產品的邊際效用遞減原理和與其他產品之間的效用替代，這個原因和其他類型的市場上行業需求曲線向右下方傾斜的原因是一樣的。）

在完全競爭市場上，在圖 16-1（a）中，整個行業面對的市場的需求曲線 D 和供給曲線 S 相交的均衡點所決定的市場的均衡價格為 P_0，由於產品的無差異，它與圖 16-1（b）中單個代表性廠商的需求曲線中的 P_0 相等。

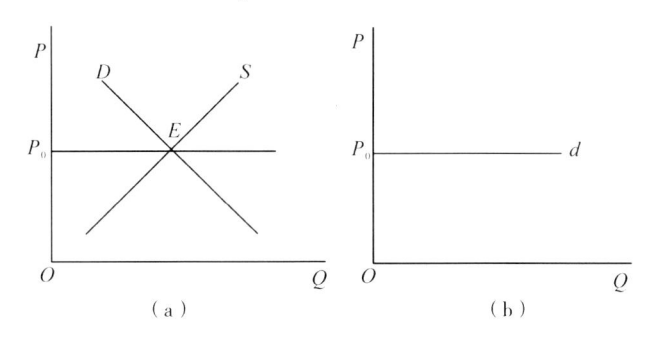

圖 16-1　完全競爭市場的需求曲線

當外來因素，如政府政策變化、居民收入變化等因素使得眾多消費者的需求量變化時，市場供求曲線的位置就有可能發生移動。在這種情況下，我們就會得到由新的均衡價格水準出發的一條水準線，如圖 16-2 所示。

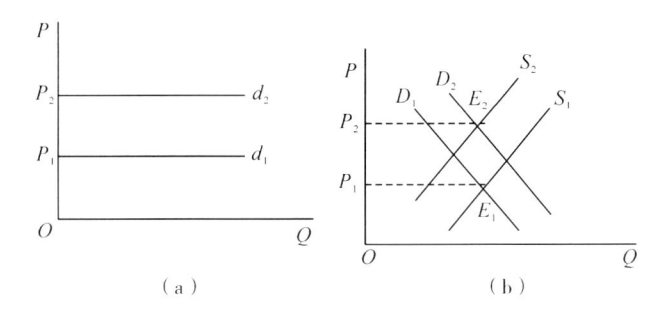

圖 16-2　完全競爭市場的需求曲線

在圖 16-2 中，開始時的需求曲線為 D_1，供給曲線為 S_1，市場的均衡價格為 P_1，相應的廠商的需求曲線是價格水準 P_1 出發的一條水準線 d_1。以後，當需求曲線的位置由 D_1 移至 D_2，同時供給曲線的位置由 S_1 移至 S_2 時，市場均衡價格上升為 P_2，於是相應的廠商的需求曲線是由新的價格水準 P_2 出發的另一條水準線 d_2。這裡廠商的數量可能已經發生了改變，也可能沒有變化。但只要市場完全競爭的幾個基本條件還存在，廠商所面對的需求曲線就還是與橫軸水準的，完全競爭的市場環境下，它們仍然是價格的被動接受者，沒有辦法獲得超過平均利潤水準的壟斷利潤。

任務十七　熟悉完全壟斷市場

【學習目標】

1. 瞭解完全壟斷市場的特點、壟斷市場形成的原因。
2. 瞭解價格歧視。

任務描述

最近20多年的中國季節性大遷徙——「春運」，已成為中國特色。「春運」市場提供了世界上罕見的爆發性最大的商機。國家鐵路部門為了緩解春運的高峰，在春運期間火車票價格上漲，有關人士解釋漲價是為了「削峰平谷」，以達到「均衡運輸」的目的。但我們看到的是漲價後，鐵路運輸並沒有減少乘客，並未達到「均衡運輸」的目的。因為對於大多數中國老百姓而言，火車是出遠門首選的交通工具，無論火車票漲不漲價，該回家的還要回家，漲價根本無法「削峰平谷」，只能是讓鐵路部門狠狠賺一筆。據北京一家報紙報導，春節前15天，北京西站和北京東站客票收入增長了50%，收入近3億元。春節給了鐵路部門一個極為厚重的大禮包。有輿論指責，這是「壟斷行業大發橫財」。

思考：

請用壟斷市場理論解釋這一現象。

筆記：

_____

_____

任務精講

一、壟斷市場的特點

【小案例】微軟公司為什麼被起訴？

美國司法部起訴微軟公司捆綁銷售IE瀏覽器軟件，涉嫌違反美國《反托拉斯法》，要求將其一分為二。哈佛大學教授格里高利·曼昆對分拆微軟公司計劃提出了質疑，並且在文章中講述了一個寓言故事：某人發明了第一雙鞋，並為此申請了專利，成立了公司。鞋很快賣瘋了，這個人成了最富裕的人，但是這時他變得貪婪了，把襪子和鞋捆綁銷售，還聲稱這種捆綁銷售對消費者有利。

對於微軟公司是否涉嫌壟斷，經濟學家們意見不一，產生意見分歧主要源於經濟學家們對壟斷的不同看法。像微軟公司這樣的企業是靠技術創新形成的，分拆了它對鼓勵創新沒有好處，應在一定時期內允許它擁有壟斷地位。

但是理論上純粹的完全壟斷市場要滿足什麼條件呢？

第一，市場上只有一家廠商生產和銷售這種商品，這意味著一個廠商就是一個行業。

第二，該廠商生產和銷售的商品沒有任何相近的替代品，消費者只能消費壟斷企業所生產的商品，沒有任何相關商品可替代。

第三，任何其他廠商進入這個行業都極為困難或者不可能。

由以上特點可知，壟斷廠商排除了任何競爭因素，這就造成了在這個行業中壟斷者一家獨大，它可以控制整個行業的生產和銷售，並通過生產和銷售來控制市場價格，即壟斷廠商是商品價格的操縱者。但值得注意的是，由於商品都具有一定的需求價格彈性，壟斷廠商不能隨意抬高價格，而是根據消費者的需求曲線進行「高價少銷」和「低價多銷」的方式來獲取最高利潤。

【注意】

完全壟斷廠商並不能控制消費者，即使是非買不可的壟斷產品，如果價格太高，消費者也可以盡量少買甚至不買。如果牙膏業被一家廠商完全壟斷了，一支牙膏可能賣20元錢，但是為什麼不賣1萬元錢呢？因為那樣的話，買的人就會大量減少——大家寧可改用鹽刷牙，或者用藥物來漱口，或是多嚼一些口香糖。因此，對壟斷產品的需求仍然符合需求定理：價格高，需求量小；價格低，需求量大。因此，一家完全壟斷的企業也並不是能夠達到它想達到的任何利潤水準的。

二、壟斷市場形成的原因

（一）資源獨占

資源獨占，即壟斷廠商控制了生產這種商品的全部資源或關鍵資源。例如，第二次世界大戰前的美國鋁業公司長期獨占美國製鋁行業，因為其控制了所有鋁土礦資源，而鋁土礦是生產鋁的關鍵和基本的資源。

（二）專利持有

專利持有，即廠商持有生產某種商品的知識產權、工藝技術或專利權。這是專利法為了保護發明者對其發明的成果擁有權的一種有期限的保護，使在一定期限內其他人不能無償使用這項成果。因此，廠商在這個期限內具有對這種商品的壟斷。例如，在一定時期內某電視臺具有獨家播放《新紅樓夢》的權利、某企業具有生產節能汽車電池的專利等。

（三）政府特許

政府特許，即政府往往在某些行業出抬壟斷性政策而特許一些部門獨立經營某個行業。例如，城市的自來水和天然氣的供應、中國郵政公司對郵政業務的壟斷、鐵路總公司

對鐵路運輸業務的壟斷等。

（四）自然壟斷

有一些行業的生產具有規模經濟的特點，即生產的前期需要投入大量的資本和設備，要想獲得利潤就要大量的生產和銷售，以至於整個行業的產量只要由一個企業來生產就能滿足整個市場或絕大部分市場的需求。這種行業在規模經濟的帶動下，市場競爭的自然結果就是壟斷，總會有某個廠商憑藉雄厚的經濟實力和其他優勢最先占領市場，壟斷整個行業或絕大部分行業的生產和銷售。這就是自然壟斷。

【小案例】鑽石恆久遠　一顆永流傳

產生於一種關鍵資源所有權壟斷的典型例子是南非的鑽石公司德比爾斯。1870年，17歲的羅德斯首次來到南非，經過幾年的奮鬥，他迅速建立起「德比爾聯合礦業公司」，壟斷了當時占全世界90％的南非鑽石礦業，成為鑽石大王。1884年和1886年，在德蘭士瓦兒境內又發現了世界上蘊藏量最豐富的金礦，羅德斯再次以過人的精明吞併其他公司，建立「南非礦金公司」，壟斷了南非的黃金礦業，成為南非最大的壟斷資本家。

德比爾斯公司控制了世界鑽石生產的80％左右。雖然這家企業的市場份額不是100％，但它也大到足以對世界鑽石價格產生重大影響的程度。那麼德比爾斯公司擁有多大的市場勢力呢？答案主要取決於有沒有這種產品的相近替代品。

如果人們認為翡翠、紅寶石和藍寶石都是鑽石的良好替代品，那麼德比爾斯公司的市場勢力就較小了。在這種情況下，德比爾斯任何一種想提高鑽石價格的努力都會使人們轉向其他寶石。但是，如果人們認為這些其他寶石都與鑽石非常不同，那麼德比爾斯公司就可以在相當大程度上影響自己產品的價格。

德比爾斯公司支付了大量的廣告費。乍一看，這種決策似乎有點奇怪。如果壟斷者是一種產品的唯一賣者，為什麼它還需要廣告呢？德比爾斯公司廣告的一個目的是在消費者心目中把鑽石與其他寶石區分開來。當德比爾斯公司的口號告訴你「鑽石恆久遠，一顆永流傳」時，你馬上會想到翡翠、紅寶石和藍寶石並不是這樣（要注意的是，這個口號適用於所有鑽石，而不僅僅是德比爾斯公司的鑽石——德比爾斯公司壟斷地位的象徵）。如果廣告是成功的，消費者就將認為鑽石是獨特的，不是許多寶石中的一種，而且這種感覺就使德比爾斯公司有更大的市場勢力。

三、價格歧視

價格歧視是一種差別定價法，即具有一定壟斷地位的銷售者在銷售同一種商品或提供同一種服務時，針對不同的需求者以不同的價格出售。例如，電力公司分時段計算電費、電話公司分時段計量話費、鐵路運輸公司在客流高峰期提高票價、航空公司對不同的顧客給予不同的票價折扣等。

實施價格歧視需要具備幾個條件：一是銷售者一定具有一定程度的壟斷地位。二是銷

售者能夠知道不同消費者的市場需求，即消費者的購買慾望和能力。三是採取價格歧視的市場是可以通過時間、空間或其他方式分離的。

價格歧視一般可以分為三類：一級價格歧視、二級價格歧視、三級價格歧視。

（一）一級價格歧視

一級價格歧視是指廠商對每一單位產品都按消費者所願意支付的最高價格出售。這種差別定價法將消費者的剩餘幾乎搜刮得干乾淨淨，因此又稱為完全的價格歧視。實施一級價格歧視有兩個前提條件：一是壟斷者知道每一個消費者對每一單位產品願意支付的最高價格；二是壟斷者銷售的產品不能被倒賣。由此可知，實行一級價格歧視的壟斷廠商最終將達到競爭性廠商的產量水準，從這個意義上說，一級價格歧視有利於提高壟斷行業的資源配置效率，但其剝奪了全部消費者剩餘。

在現實經濟中，實行一級價格歧視是很困難的，其要求廠商具有完全信息，瞭解每一個買者的情況，一般只有在買者很少的行業才有可能實施。現實中較常見的是二級價格歧視和三級價格歧視。

（二）二級價格歧視

二級價格歧視是指壟斷廠商針對消費者不同的購買數量段規定不同的價格。一般來說，廠商根據不同的購買量規定不同的折扣，一次性購買量越大，折扣越大，價格越低。從以上的分析我們瞭解到，壟斷廠商通過二級價格歧視可以佔有部分消費者剩餘，增加壟斷利潤。受經濟利益的驅使，壟斷廠商有可能將生產擴大到價格等於邊際成本的產量水準，實現資源的有效配置。

（三）三級價格歧視

三級價格歧視是指壟斷廠商在不同的市場（或針對不同的消費群體）收取不同的價格。在不同的國家或地區，人們的收入水準、生活習慣、消費偏好存在較大的差異，即使在同一地區也存在窮人和富人之分。因此，不同特徵的人群對同一種產品的需求存在較大的差異。壟斷廠商可以利用人們需求的差異，規定不同的價格。例如，學生乘火車的票價低於普通乘客的票價；在許多地方，白天的電價高於晚上的電價；許多產品在國內的銷售價格高於在國外的銷售價格；等等。

廠商之所以要實現差別定價，是因為不同的市場有不同的需求價格彈性。壟斷廠商聲稱在不同市場上實現差別定價，可以用高價市場所獲得的收入彌補低價市場所獲收入的不足，避免因整體市場需求的限制而損害整個行業的生產。

【小案例】

在廣州，我們能夠很容易地以750元左右的價格買到從廣州到濟南的經濟艙飛機票。但是，在濟南，我們往往只能買到1,400元左右的從濟南到廣州的經濟艙飛機票，乘坐是同一航空公司的飛機，甚至是同一架飛機、同樣的機組，時間里程也一樣，價格居然相差如此懸殊。

在發達的資本主義國家，這種事也是常有的。以美國為例，航空公司之間經常發生價格大戰，優惠票價常常只是正常票價的 1/3 甚至 1/4。然而，即使是價格大戰，航空公司也不願意讓出公差的旅客從價格大戰中得到便宜。但是，當旅客去買飛機票的時候，他臉上並沒有貼著是出公差還是私人旅行的標記，那麼航空公司如何區分乘客和分割市場呢？原來，購買優惠票總是有一些條件，如規定要在兩星期以前訂票，又規定必須在目的地度過一個甚至兩個週末等。老板派你出公差，往往都比較急，很少有在兩個星期以前就計劃好了的，這就避免了一部分出公差的旅客取得優惠。最厲害的是一定要在目的地度過週末的條件。老板派你出公差，當然要讓你住較好的旅館，還要付給你出差補助。度過一個週末，至少多住兩天，兩個週末更不得了。這筆開支肯定比享受優惠票價所能節省下來的錢多得多，更何況，過完週末才回來，你在公司上班的日子又少了好幾天，精明的老板才不會為了那點眼前的優惠，而貪小便宜、吃大虧。就這樣，在條件面前人人平等，這些優惠條件就把出公差者排除得八九不離十了。

任務十八　熟悉壟斷競爭市場

【學習目標】

瞭解壟斷競爭市場的特點。

任務描述

現如今，打開電視、撲面而來的廣告都是壟斷競爭市場的產品。通過這種大眾媒體做的廣告大多數是化妝品、洗滌用品、牙膏、藥品、家電等輕工業產品。而我們幾乎從來也沒有看到過石油、煤炭、鋼鐵的廣告，更沒有看到過大米、白面、電的廣告（不包括公益廣告）。

思考：

請用經濟學理論分析其中緣由。

筆記：

_____

_____

_____

任務精講

前面我們分析了兩個市場——完全競爭市場和壟斷市場，這是兩個極端的市場，即一

個是競爭程度最強的市場，一個是壟斷程度最強的市場。壟斷競爭市場是介於這兩種市場之間的市場類型，它既具有競爭因素又具有壟斷因素，但更偏重於競爭因素。

【小案例】書的市場

書的市場看來是極富競爭性的。當你觀察書店的書架時，你發現了許多吸引你的作者和書籍。這個市場上的買者都有可供選擇的成千上萬種競爭的產品。因為任何一個人都可以通過寫作和出版一本書而進入這個行業，所以經營書並不十分有利。對高收入的作家來說，總有數以百計的人在爭奪這一地位。但書的市場也是極有壟斷性的。因為每本書都是獨一無二的，出版商在某種程度上可以決定收取的價格。這個市場上的賣者是價格決定者，而不是價格接受者。實際上，書的價格大大超過了書的邊際成本。

在瞭解壟斷競爭市場前我們先介紹一下生產集團的概念，我們在完全競爭市場裡將生產無差別產品的廠商集合稱為行業。生產有差別產品的廠商集合顯然不能稱為行業，經濟學中將生產同類的有差別的產品的生產者集合稱為生產集團，以與完全競爭市場中的行業相區別。

壟斷競爭市場是指許多廠商在市場銷售相似但不完全相同的產品。其特點如下：

第一，壟斷競爭廠商之間是通過生產和銷售有差別的產品來參與競爭的，這些產品彼此之間的替代性較強，但又不能完全替代。例如，在日化行業，洗髮水就有無數種，不光它們的功能不同（去屑型、滋潤型、護理型、修護型等），還有品牌、包裝、商標、配方、檔次、廣告的不同，因此可替代但不可完全替代。由於壟斷競爭廠商生產的是有差別的產品，每種產品都有自身唯一的特點，因此壟斷競爭廠商對自己的產品的價格具有一定的壟斷力量，產品的差別越大，廠商的壟斷程度就越高，但由於大量替代產品的存在，每一種替代產品都是該產品的競爭者，因此市場中也有競爭的因素。

第二，由於市場中廠商數量多，以至於每個廠商都會認為自己的行為影響小，不會引起競爭對手的注意和反應，因而自己也不會受到競爭對手的任何報復措施的影響。

第三，壟斷競爭廠商的規模一般比較小，並且同一生產集團中的廠商數量非常多，因此新廠商或新品牌進入該行業或退出該行業比較容易，它們不需要很高的門檻或很大的規模。由於廠商數目非常多，單個廠商的行為也不會對該行業有很大影響。

【擴展知識】

壟斷競爭廠商的產品差別不大，怎樣才能改善利潤狀況呢？由於廠商影響價格、控制價格的能力相對較弱，因此會採取各種形式的非價格競爭手段，努力造成產品的差別，產品有了差別，就可以在一段時間內取得壟斷的好處。產品的差別可以從兩個方面來造成：一是從產品自身品質的差異上下功夫，這就是品質競爭；二是從消費者對產品的心理感覺上下功夫，這就是各種促銷活動的競爭。

（一）品質競爭

品質競爭就是企業在產品上引進新的、與競爭對手不同的、能更加迎合顧客需要的特

徵，以吸引更多的消費者。品質競爭包括提高產品質量、改進產品性能和結構、增加產品用途，也可以從包裝、售後服務上下功夫，千方百計製造產品差別來滿足不同消費者的需要。較小的廠商還可以把產品設計為只為市場上某一特定顧客群的特定需要服務，而不是面向整個市場，以求至少在這一細分市場上取得自己的優勢，從而在整個市場上為自己找到並占領適合的位置。

(二) 各種促銷活動的競爭

在完全競爭市場，產品同質，廠商不需要做廣告，只要按照市場價格，想賣多少就可以賣多少。但在壟斷競爭市場，廣告競爭、產品策劃以及一些別的促銷活動常常是品質競爭的重要補充。一般的消費者對於產品的結構、性能等品質差異的評價能力是有限的，通過廣告等促銷活動能向消費者提供產品信息，起到顯示以致強化產品差異化的作用。當然廣告費等支出也並不是越多越好，因為邊際收益遞減規律對廣告支出等也是適用的。

任務十九　熟悉寡頭壟斷市場

【學習目標】

1. 瞭解寡頭的含義及特徵。
2. 理解寡頭市場的優缺點。

任務描述

在中國的牛奶市場中，基本上是三家的天下：蒙牛、伊利和三元。南方的牛奶市場情況是蒙牛、伊利和光明三足鼎立。相似的產品，是寡頭市場的一大特徵。不管什麼牌子的牛奶，成分高度一致，產品的內在屬性是一致的。生產牛奶，似乎不是什麼了不得的科技，為什麼新牛奶品牌很難出現？

思考：

請用經濟學理論分析其中緣由。

筆記：

任務精講

寡頭市場也叫寡頭壟斷市場，指的是只有少數幾家廠商生產有差別或無差別的同類產

品，從而控制著整個行業大部分產品的生產和銷售的一種市場類型。現實中有很多行業的市場屬於或類似於這樣的類型，如飛機、鋼鐵、汽車製造、電信營運、石油化工等，這類市場的競爭程度和壟斷程度處於完全競爭市場與完全壟斷市場之間，更加偏重於壟斷因素。

【小案例】雷克航空公司的搏鬥

1977年，一個冒失的英國人雷克闖進航空運輸市場，開辦了一家名為「雷克」的航空公司。他經營的是從倫敦飛往紐約的航班業務，票價是135美元，遠遠低於當時的最低票價382美元。毫無疑問，雷克公司一成立便生意不斷，1978年雷克榮獲大英帝國爵士頭銜——「弗雷迪爵士」。到1981年，「弗雷迪爵士」的年營業額達到5億美元，簡直讓他的對手們（包括一些世界知名的老牌公司）氣急敗壞。但是好景不長，雷克公司於1982年破產，從此消失。

出了什麼事？原因很簡單，包括泛美公司、環球公司、英航公司和其他公司在內的競爭對手們採取聯合行動，一致大幅降低票價，甚至低於雷克公司。一旦雷克公司消失，它們的票價馬上回升到原來的高水準。更嚴重的是這些公司還達成協議，運用各自的影響力量阻止各大金融機構向雷克公司貸款，使其難以籌措借以抗爭的資金，進一步加速雷克公司的破產。

但「弗雷迪爵士」並不甘心，他依照美國反壟斷法提出起訴，指責上述公司聯手實施價格壟斷，為了驅逐一個不願意接受它們「遊戲規則」的公司，竟然不惜採用毀滅性價格來達到目的。1985年8月，被告各公司以800萬美元的代價同雷克達成庭外和解，雷克隨即撤回起訴。1986年3月，泛美、環球和英航三大公司一致同意設立一項總值3,000萬美元的基金，用於補償在雷克公司消失後的幾年中，以較高票價搭乘這幾家公司的航班飛越大西洋的20萬名旅客的損失。

賠款達成和解不等於認罪。從技術上講，官方沒有認定「弗雷迪爵士」是被壟斷價格驅逐出航空公司的。但是這個案例已經明顯地透露出威脅信號，那就是如果其他任何人企圖加入跨越大西洋的航空市場分一杯羹，必須認真考慮到其可能面臨的破產危險。從來沒有其他公司嘗試提供低廉的越洋機票，至少沒有做到雷克公司做到的地步。

這個例子告訴我們寡頭之間的競爭不適宜價格競爭。

根據寡頭市場生產的產品是否具有差異性，可將寡頭市場分為生產相同產品的純粹寡頭市場（如生產石油、鋼鐵的寡頭）和生產有差別產品的有差別寡頭市場（如生產汽車的寡頭）。根據寡頭市場廠商之間的關係，可以將寡頭市場分為有獨立行動的寡頭和有勾結行為的寡頭。

一、寡頭市場的特徵

(一) 廠商數量很少

寡頭壟斷市場的廠商只有少數幾家，每個廠商在其市場上都有相當大的份額和舉足輕重的地位。

(二) 各寡頭壟斷者之間相互依存

在寡頭壟斷行業中，由於廠商數目很少，當一家廠商決定削減產品售價時，會對其他廠商產生顯著影響，因此其他廠商也必然會做出相應的反應。在寡頭壟斷市場上，每個廠商的收益和利潤不僅取決於自己的產量，而且受到其他廠商產量的影響。因此，每個廠商總是首先推測其他廠商的產量，然後再根據最大利潤原則來決定自己的產量。在寡頭壟斷條件下，價格不是由市場供求決定的，而是由少數寡頭通過有形或無形的勾結，如價格領導、形式不同的協議或默契等方式來決定的。這種價格被稱為操縱價格或價格領導。寡頭價格一經確定，不易改變。為了最大利潤，面對其他廠商，寡頭的選擇是合作或競爭。

(三) 進出困難

寡頭壟斷市場在石油、鋼鐵、汽車等行業中普遍存在。由於規模、資金、信譽、市場、專利、法律等原因使其他廠商很難進入；由於投入巨大的緣故，寡頭退出困難。

(四) 產品同質或異質

寡頭壟斷廠商生產的產品有同質的或異質的。寡頭壟斷市場根據寡頭廠商的產品差異程度，可以分為純粹寡頭和差別寡頭。純粹寡頭是指產品同質、沒有差別的寡頭壟斷。例如，石油、鋼鐵、煉鋁、水泥等行業。這類寡頭廠商彼此關係密切，相互依存程度很高，壟斷性很強。差別寡頭是指生產的產品性質相同，但在產品規格型號、質量外觀、售後服務等方面各有特色，彼此有差別，各個廠商之間必然存在競爭。

由於寡頭壟斷行業中，相互競爭的寡頭很少且是相互依存的，因此以寡頭壟斷廠商通常相互合作，協調行動，以此來減少競爭和限制外來廠商的進入，以便保障利潤或增加利潤。

二、寡頭市場的優缺點

(一) 寡頭市場的優點

第一，寡頭市場可以實現規模經濟，從而降低成本，提高經濟效益。

第二，寡頭市場有利於技術進步。各個寡頭為了在競爭中獲勝，就要提高生產效率，創造新產品，這就成為寡頭進行技術創新的動力。

(二) 寡頭市場的缺點

各個寡頭之間經常相互勾結，往往會抬高價格，損害消費者的利益和社會經濟福利。

技能訓練

一、單項選擇題

1. 下列行為中最接近於完全競爭模式的一項是（　　）。
   A. 飛機製造業　　　　　　　　B. 菸草業
   C. 日用小商品製造業　　　　　D. 汽車製造業
2. 在完全競爭市場上，（　　）。
   A. 產品有差別　　　　　　　　B. 產品無差別
   C. 有的產品有差別，有的產品無差別　　D. 以上都對
3. 某企業的產品價格為常數時，其屬於的市場結構類型是（　　）。
   A. 完全競爭市場　　　　　　　B. 完全壟斷市場
   C. 壟斷競爭市場　　　　　　　D. 寡頭壟斷市場
4. 最需要進行廣告宣傳的市場是（　　）。
   A. 完全競爭市場　　　　　　　B. 完全壟斷市場
   C. 壟斷競爭市場　　　　　　　D. 寡頭壟斷市場

二、簡答題

為什麼說壟斷競爭市場兼有競爭和壟斷的因素？

三、技能分析

某一彩電製造商認為其所在的行業是完全競爭行業。該彩電製造商覺得其同其他彩電製造商之間存在激烈的競爭，其他彩電製造商一旦大做廣告、採取降價措施或提高服務質量時，該彩電製造商也及時做出反應。請你根據所學的有關完全競爭知識判斷該彩電製造商所在行業是完全競爭行業嗎？

四、綜合實訓

綜合實訓項目：壟斷與競爭的辯論。

項目名稱：辯論賽——是壟斷好，還是競爭好？

實訓目的：通過對於壟斷與競爭孰好孰壞的討論，讓學生更加深入地理解市場結構的概念，正確評判壟斷和競爭給市場與社會帶來的影響。

實訓內容：學生分組，在查閱資料的基礎上進行討論，開展辯論。

實訓時間：結束本項目的學習後，課外進行。

操作步驟：

（1）全班學生分成兩組，學生通過課下查找的資料，準備辯論素材。

（2）每組學生選出四位思路比較清晰、語言表達能力較強的學生進行辯論。

（3）根據辯論的程序，依次讓每組辯手進行發言。

（4）教師進行點評，並總結壟斷和競爭帶來的不同影響。

（5）各組在班內進行交流、討論。

成果形式：每名學生要針對辯題和辯論過程寫出心得報告，500字左右。

項目七　收入分配的奧秘

【學習目標】

知識目標：
1. 理解廠商面對的生產要素的需求曲線。
2. 掌握勞動市場、資本市場和土地市場中的要素需求、供給以及均衡。

能力目標：
1. 能分析各種生產要素均衡價格的形成。
2. 能夠運用分配理論解釋簡單的現實生活問題。

【案例導入】漂亮的收益

美國經濟學家丹尼爾·哈莫米斯與杰文·比德爾在 1994 年第 4 期《美國經濟評論》上發表了一份調查報告。根據這份調查報告，漂亮的人的收入比長相一般的人的收入高 5% 左右，長相一般的人的收入又比長相醜陋一點的人的收入高 5%～10%。為什麼漂亮的人收入高？經濟學家認為，人的收入差別取決於人的個體差異，即能力、勤奮程度和機遇的不同。漂亮程度正是這種差別的表現之一。

個人能力包括先天的稟賦和後天培養的能力，長相與人在體育、文藝、科學方面的天才一樣是一種先天的稟賦。漂亮屬於天生能力的一個方面，它可以使漂亮的人從事其他人難以從事的職業（如當演員或模特）。漂亮的人少，供給有限，自然市場價格高，收入高。

漂亮不僅僅是臉蛋和身材，還包括一個人的氣質。在調查中，漂亮由調查者打分，實際是包括外形與內在氣質的一種綜合。這種氣質是人內在修養與文化的表現。因此，在漂亮程度上得分高的人實際上往往是文化水準高、受教育程度高的人。兩個長相接近的人，也會由於受教育不同表現出來的漂亮程度不同。因此，漂亮是反應人受教育水準的標誌之一，而受教育是個人能力的來源，受教育多，文化高，收入水準高就是正常的。

漂亮也可以反應人的勤奮和努力程度。一個工作勤奮、勇於上進的人，自然會打扮得體、舉止文雅，有一種朝氣。這些都會提高一個人的漂亮得分。漂亮在某種程度上反應了人的勤奮，與收入相關也就不奇怪了。

最後，漂亮的人機遇更多。有些工作，只有漂亮的才能從事，漂亮往往是許多高收入工作的條件之一。就是在所有的人都能從事的工作中，漂亮的人也更有利。漂亮的人從

事推銷更易於被客戶接受，當老師會更受到學生歡迎，當醫生會使病人覺得更可親。因此，在勞動市場上，漂亮的人機遇更多，雇主總愛優先雇用漂亮的人。有些人把漂亮的人機遇更多、更易受雇稱為一種歧視，這也不無道理。但有哪一條法律能禁止這種歧視呢？這是一種無法克服的社會習俗。

漂亮的人的收入高於一般人，兩個各方面條件大致相同的人，由於漂亮程度不同而得到的收入不同。

收入分配不平等是合理的，但有一定限度，如果收入分配差距過大，甚至出現貧富兩極分化，既有損社會公正的目的，又會成為社會動亂的隱患。因此，各國政府都在一定程度上採用收入再分配政策以糾正收入分配中較為嚴重的不平等問題。

（資料來源：梁小民. 西方經濟學基礎教程 [M]. 北京：北京大學出版社，2014.）

任務二十　理解生產要素的需求曲線

【學習目標】

1. 瞭解引致需求、聯合需求。
2. 理解廠商的生產要素的需求曲線。

任務描述

小張與小王在某大學分別學習計算機專業和農業機械專業，兩人學習都很努力，成績也很優秀。畢業後，小張成為一名計算機維護員，小王在一家農機廠工作，同樣是優秀的員工，他們的收入水準卻有不小的差別。小李與小孫都是名牌大學畢業的博士研究生，小李是電子工程博士，小孫是文學博士，畢業後，兩人分別在不同的公司就職，小李的工資比小孫的工資高出4倍多。

思考：

為什麼不同專業的人的收入有如此大的差異呢？

筆記：

任務精講

一、生產要素的需求

（一）生產要素

生產要素是指進行物質生產所必需的一切要素及其環境條件。生產要素包括勞動、資本、土地和企業家才能四大類，但長期以來我們只強調勞動在價值創造和財富生產中的作用，而其他生產要素的作用及其對國民收入的分割則要麼被忽視了，要麼重視不夠，因而一直只強調勞動參與收入分配的問題。這其中特別要強調以下兩種要素的作用和回報：

一是人力資本。資本包括物質資本和人力資本兩種形式。各國的經濟發展實踐表明，人力資本的作用越來越大，教育對於國民收入增長率的貢獻正在大幅攀升，人的素質和知識、才能等對經濟發展越來越具有決定性意義。因此，如何使人力資本得到足夠的回報，對於經濟的持續發展以及國民收入的分配變得非常重要。

二是土地及資源性財產。土地及資源性財產對於財富生產的作用早已為人們所認識，但對於它們參與收入分配的必要性卻一直存在模糊認識，這表現在中國的土地和自然資源在很多情況下是被免費或低價使用的。在中國，土地和自然資源屬於國有或集體所有，它們的免費或低價使用，意味著它們的收益被少數人侵占了。這也是中國收入差距急遽擴大的一個重要原因。因此，土地和資源性要素如何參與分配，是在完善收入分配制度時應認真加以考慮的問題。

（二）生產要素需求的特點

生產要素的需求是指廠商在一定的時間內、一定的價格水準下，願意並且能夠購買的生產要素的數量。生產要素市場與產品市場相似，由生產要素的供給方和生產要素的需求方共同決定價格，並以此來實現對稀缺資源的有效配置。但是與產品的需求不同，生產要素的需求有自己的特點。

1. 生產要素的需求是一種引致需求

在產品市場上，需求來自消費者。消費者為了滿足自己的消費需求而購買產品，因此對產品的需求是直接需求。在要素需求市場上，需求來自廠商。廠商購買生產要素並不是直接用來消費的，而只是增加生產能力，從而生產出更多的產品用來出售給消費者，以便獲得利潤。因此，廠商對生產要素的需求是一種間接需求，或者叫做派生需求，這種需求被稱作引致需求。例如，消費者為了填飽肚子，需要的是麵包，而廠商為了獲得利潤，需要的是麵粉，從而製作出麵包，再賣給消費者賺取利潤。正是由於消費者對麵包的需求才導致了廠商對麵粉的需求，因此經濟學家就把對生產要素的需求稱為引致需求。

2. 生產要素的需求是一種聯合需求

任何生產行為需要的都不只是一種生產要素，而是將多種生產要素進行組合運用，即對生產要素的需求是共同的、相互依賴的需求。這個特點往往是生產要素不能單獨發生作用的技術因素決定的。例如，蛋糕廠商不能只雇用工人，準備原材料，租用廠房、機器，雇用有經驗的企業家等，只有將人與機器、原材料等結合起來才能起到生產產品的作用。

二、生產要素的需求曲線

廠商購買生產要素進行生產是為了獲取利潤，而廠商的利潤是總收益與總成本的差額，總收益是產品銷售量與產品價格的乘積，總成本則是要素使用量與要素價格的乘積。這樣廠商要獲取最大利潤，除了要考慮產品市場上產品的數量和價格外，還必須考慮要素市場上要素的使用量及其價格。

廠商的要素需求曲線討論的是廠商對應於不同的生產要素的數量願意支付的價格。廠商為了實現利潤最大化，依然要讓使用要素的「邊際成本」和相應的「邊際收益」相等。

（一）完全競爭產品市場的廠商對生產要素的需求曲線

完全競爭廠商對生產要素 L 的需求函數反應的是：在其他條件不變時，完全競爭廠商對要素的 L 的需求量與要素價格 W 之間的關係。這個關係可以用要素需求表來表示。如表 20-1 所示。其中，要素價格是不變的常數。為了保證利潤最大化，廠商使用的要素量必須使要素價格與要素的邊際產品價值相等。表 20-1 中的第一欄和最後一欄合起來就表示廠商的要素需求曲線。完全競爭廠商的要素需求曲線與其邊際產品價值曲線一樣，是向右下方傾斜的，並且兩條曲線完全重合。

下面來分析一下，為什麼這兩條曲線完全重合？根據要素市場完全競爭的假定，無論單個廠商如何改變要素使用量，要素價格均不受影響。因此，如圖 20-1 所示，給定一個要素價格 W_0，就有一條水準直線。同時，根據要素使用原則 $VMP = W$ 在圖形上的表示就是 VMP 曲線與 W_0 曲線的交點 A。

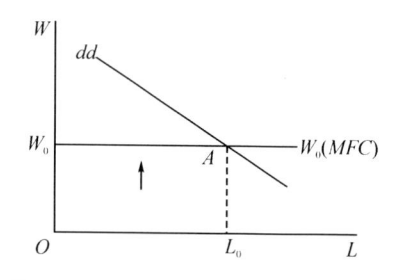

圖 20-1　完全競爭廠商要素需求曲線推導

A 點表明，當要素價格為 W_0 時，要素需求量為 L_0。同樣，如果給定另一個要素價格，則有另外一條水準直線與 VMP 相交於另外一點。根據同樣的分析可知，新的交點也是需求曲線上一點。因此，在使用一種生產要素的情況下，完全競爭廠商對要素的需求曲線與要素的邊際產品價值曲線恰好重合。

需要注意的是，雖然兩條曲線重合了，但變量 L 的含義卻不同。在邊際產品價值曲線上，L 表示要素使用量；在要素需求曲線上，L 表示要素需求量。

表 20-1　　　　　　　　　　完全競爭廠商的要素需求表

要素數量 L	邊際產品 MP	產品價格 P	邊際產品價值 $VMP=MP\times P$	要素價格 W
1	10	10	100	100
2	9	10	90	90
3	8	10	80	80
4	7	10	70	70
5	6	10	60	60
6	5	10	50	50
7	4	10	40	40
8	3	10	30	30
9	2	10	20	20
10	1	10	10	10

綜上所述，我們得出了完全競爭產品市場中廠商對要素的需求曲線。在完全競爭的市場條件下，$VMP=MRP$，因此生產要素的需求曲線 dd、MRP 曲線以及 VMP 曲線是同一條向右下方傾斜的曲線，表明隨著生產要素數量的增加，要素的邊際收益產品及邊際產品價值遞減，廠商對其願意支付的價格也隨之下降（見圖 20-2）。

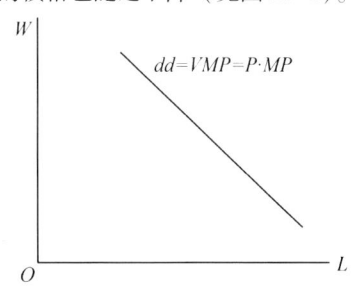

圖 20-2　完全競爭廠商要素需求曲線

（二）不完全競爭產品市場廠商對要素的需求曲線

在完全競爭市場中，根據廠商對要素的使用原則以及前面對完全競爭市場的分析，可以得知廠商對要素的需求曲線和廠商的邊際產品價值曲線相重合。但在不完全競爭市場上，產品的價格大於其邊際收益，即 $P>MR$，可以推出 $VMP=MP\cdot P>MRP=MR\cdot MP$。因此，在不完全競爭的市場條件下，$VMP>MRP$，$MRP$ 曲線，即要素的需求曲線 dd 位於 VMP 曲線的下方。

任務二十一　熟悉勞動市場和工資的決定

【學習目標】

1. 瞭解勞動市場的需求、勞動市場的供給。
2. 理解勞動市場均衡與工資的決定。

任務描述

2002 年下半年，用工緊張狀況已開始在浙江部分地區顯現。2004 年，不僅在杭州、溫州等大中型城市，就連富陽、象山、慈溪這樣的小城市，企業也頻繁遭遇「招工難」的尷尬局面。浙江杭州求職民工比 2003 年同期減少了 11%～20%。實際上，「民工荒」不僅是浙江一省的獨特現象。2004 年春季以來，福建首先出現了「招工難」的現象，整個珠江三角洲加工製造業工人缺口高達 200 萬人。就連勞務輸出大省江西、農業大省山東也都面臨著招工難的問題。以杭州的某企業為例，杭州立偉服裝有限公司從 2004 年春節開始，全年用工供給一直不足，人手最缺時，缺工數達到總用工需求的 30% 以上。「用工短缺」的不僅是立偉服裝公司——2004 年，整個浙江的勞動密集型製造行業幾乎一直在為「用工短缺」而犯愁。

思考：

幾年前湧動全國的「民工潮」為什麼變成了大面積的「民工荒」？

筆記：

任務精講

一、勞動市場需求

廠商對勞動的需求取決於勞動的邊際生產力，勞動的邊際收益產品 MRP 曲線就是廠商對勞動的需求曲線。由於勞動的邊際生產力遞減，因此勞動市場的需求曲線向右下方傾斜。將所有廠商的勞動需求曲線加總，就得到了市場的勞動需求曲線。勞動市場的需求曲線如圖 21-1 所示。

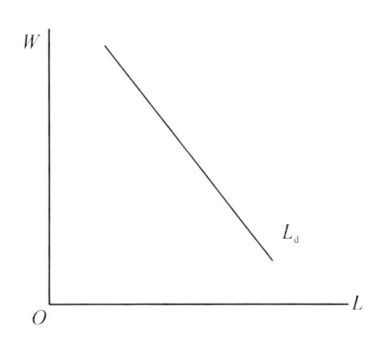

圖 21-1 勞動市場的需求曲線

二、勞動市場供給

勞動的供給取決於居民戶對時間的分配。居民戶擁有的全部時間通常可以分為兩部分：一部分是工作時間，在這段時間裡人們從事生產活動，並獲取相應的報酬，即工資；另一部分是閒暇時間，一天中除工作之外的其他時間均可歸為此類，主要用於睡眠、娛樂、旅遊等非生產活動。閒暇時間雖然不能帶來收入，但可以使人獲得滿足感，因而具有效用。居民戶將時間在工作和閒暇之間進行分配，同一時間，選擇閒暇就必然放棄工作，同時也放棄了相應的工資收入。因此，工資率，即閒暇的機會成本，相當於閒暇的「價格」。這樣居民時間的分配主要取決於工資水準。

不同於其他要素的供給，居民戶的勞動供給曲線是一條向後倒彎的曲線，如圖 21-2 所示。

在圖 21-2 中，橫軸表示勞動的數量，縱軸表示工資的水準，向後倒彎的 L_s 曲線表示勞動的供給曲線。在低工資階段，勞動的供給量與工資同方向變化；在中等工資階段，勞動的供給量不隨工資的變動而變動；在高工資階段，勞動的供給量與工資反方向變化，即工資增加，勞動的供給量反而減少。

勞動的供給量的這種變化是由工資變動所引起的替代效應和收入效應造成的。替代效

图 21-2　居民户的劳动供给曲线

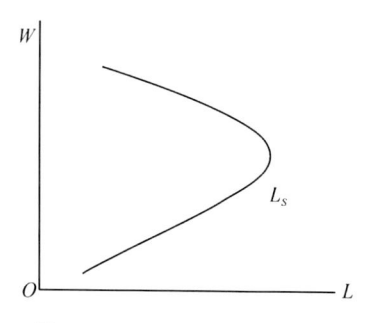

应是指工资率上升后，闲暇的代价增加，劳动者会用劳动来替代相对昂贵的闲暇，导致闲暇减少，劳动供给增加。收入效应是指工资率上升后，劳动者由于收入增加而更加富裕，相应地增加了对闲暇的需求，导致劳动供给减少。一般来说，当工资率处于较低水准时，替代效应大于收入效应，因此劳动供给量随工资率的上升而增加，二者正相关；当工资率处于中等水准时，替代效应与收入效应相等，这时劳动供给量不随工资率的变化而变化；当工资率处于较高水准时，替代效应小于收入效应，劳动供给量随工资率的上升反而减少。在替代效应和收入效应的作用下，居民户的劳动供给曲线向后倒弯。

【小知识】「SOHO 一族」

SOHO，即 Small Office Home Office，家居办公，大多指那些专门的自由职业者，如自由撰稿人、平面设计师、工艺品设计人员、艺术家、音乐创作人、产品销售员、平面设计、广告制作、服装设计、商务代理、网站等。SOHO 一族自由、浪漫的工作方式吸引了越来越多的中青年人加入这个行列，在这片天空里，他们的才华得到充分的展露。SOHO 跟传统上班族最大的不同是可不拘于地点，时间自由，收入高低由自己来决定。

SOHO 作为一种时尚、轻松、自由的生活方式和生活态度，既可以专注一职，也可以是兼职工作，都可以自豪地称自己是 SOHO 一族。于是，我们更愿意把 SOHO 叫成 Super Office (and) Human Office，即超级的办公室、人性化的办公室。

SOHO 一族的生活方式与传统的生活方式有很大差别。他们免掉了因上下班交通拥挤而浪费时间，他们远离了办公室的人事纠纷，他们从事着自己所喜爱的工作，他们更有人自己做了老板，他们是当今时代的新新人类。

三、劳动市场均衡与工资的决定

工资作为劳动要素的价格，是由劳动的供给和需求决定的。在完全竞争的劳动市场上，当劳动的供给和需求相等时，劳动市场就处于均衡状态，此时的工资便为均衡工资。劳动市场的均衡如图 21-3 所示。

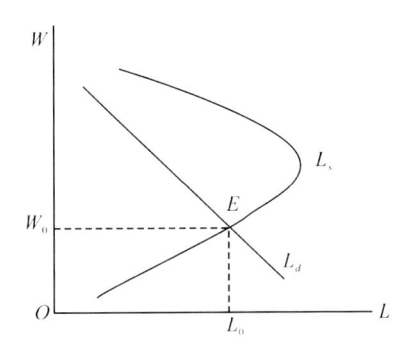

圖 21-3　勞動市場均衡與工資的決定

在圖 21-3 中，橫軸表示勞動的數量，縱軸表示工資，L_s 曲線表示勞動的供給曲線，L_d 曲線表示勞動的需求曲線。L_d 曲線與 L_s 曲線的交點 E 為勞動市場的均衡點，決定了勞動的均衡使用量為 L_0，均衡工資為 W_0。

需要注意的是，在完全競爭的市場條件下，勞動市場的均衡在價格機制的作用下可以自發實現，而無需外在力量的干預，但這並不意味著該均衡是穩定不變的，實際上，隨著時間的推移，勞動的供給曲線和需求曲線均會移動。相應地，勞動市場的均衡工資和均衡就業量都會發生變化。

【小知識】工資的來歷

蜜蜂的社會也由大量的蜜蜂個體組成。它們一只一只地離開蜂房去採集蜂蜜。雖然蜂蜜是每個蜜蜂的勞動所得，但是當它們將蜂蜜放入公共的倉庫以後，它們並沒有獲得什麼工資。這是為什麼呢？

這是因為同一個蜂房的蜜蜂雖然有許多個體，但是它們都是一家的。它們將蜂蜜放在公共的倉庫中就是放在自己家的倉庫中。它們可以隨時取用，就像人到自己的家的倉庫中取用食品一樣。因此，蜜蜂不需要獲得工資，否則就是多此一舉，難道左手給右手東西也要付錢嗎？

而人就不同了。人是分成許多家庭的，相應地，人的財產也是分開的，分成你的財產、我的財產。工人在工廠中上班，使工廠得以運行，而工廠卻是別人家的，不是工人的。因此，工廠主必須付給工人工錢，以便工人可以養活自己的家庭。這樣工資也就出現了。

所以如果要工人也像蜜蜂一樣不拿工資，那麼人類也就必須像蜜蜂一樣只有一個家庭，相應地財產也是屬於整個社會的。這樣整個社會也就成了一個工廠，工廠也就是工人自己的工廠。工人們需要什麼，也就可以從社會中隨時取用。工人們自然也就不再需要什麼工資了。

那麼是不是僅僅生產資料屬於工人們就可以了呢？不可以！因為只要工人們是分成家庭的，那麼就只有工人們自己家的財產才是工人們自己的。工人們也就不會認為工廠的財產是工人們自己的。因此，工人與工廠之間、工人與工人之間就會有隔閡。這樣工人們也根本不可能像蜜蜂那樣無私奉獻。社會也就根本不可能成為工人們不掙工資的社會。

那麼這個不可思議的天下一家的社會是什麼社會呢？這就是博愛的社會。

四、工資的差別及其原因

在現實中，勞動報酬的差別是廣泛存在的，我們稱之為差別性工資。引起工資差別的原因主要有以下幾種：

（一）勞動質量的工資差別

這是由於勞動者天生的能力差別，再加上在學校和工作中累積起來的技術與訓練成果的差別所造成的。例如，社會對高級經濟分析師、註冊會計師的需求量大，但是供給量小，因而工資水準高，但是對會計專業的普通人才需求量小，供給量大，因而工資水準低。

（二）補償性的工資差別

這是指支付給那些接受差的或艱苦的工作條件的工人的額外工資，這是由勞動條件的不同帶來的。例如，經常在野外工作的石油工人、礦井下的挖煤工人、企業中常年駐外的工作人員等。

（三）特殊的工資差別

這是指那些具有很高天賦或擁有非凡才能的人，因具有一種在目前經濟中被高度償付和定價的特殊技能而獲得特別高的收入從而形成的工資差別。例如，對有特殊貢獻的科學家的獎勵、對體育界的世界冠軍的獎勵、對著名明星給付高額的出場費等。

（四）非競爭性工資差異

現實生活中的市場是一個非完全競爭市場，由於不完全信息、不完全勞動流動性、市場分割、非競爭群體等競爭因素的存在，也會導致工資差異。例如，勞動市場按職業被分割為若干子市場，醫生和飛行員要進入對方的市場是困難的與代價昂貴的，因此就是飛行員的工資再高，醫生也是望塵莫及，反之亦然。這就造成了行業工資水準的差異。

【小案例】

在深圳，華為公司新建的華為城分為生活區、科研開發區和生產廠房三個部分，均由來自美國、德國和香港的工程師規劃與設計。這個設施齊全、技術先進、環境優美的現代化工業城為員工提供「比這個城市的其他人相對優越的生活和待遇」。

華為公司是個創造商界神話的企業。華為公司不僅創造超過 20 億元的年銷售額，而且創造出一批敬業高效、貼著「華為創造」標籤的華為人。3 萬名華為員工用自己的全部青春和熱情，日復一日地過著兩點一線的生活。

據獵頭公司介紹，摩托羅拉公司和貝爾公司等外資企業要想挖華為公司的人很難，但華為公司要挖它們的人就容易多了。其中，錢是重要的因素。一名剛畢業的碩士生可拿到10萬美元的年薪；一位剛工作兩年、本科畢業的技術人員或市場人員可派發8萬股內部股票；對於一個總監級的員工（約占公司人數的2%），平均擁有300萬股的內部股票。華為公司的基本管理費用都比競爭對手要高。

總之，高薪和一個巨大的持股計劃，使得華為員工都很關心公司的市場前景和發展，也使員工願意用自己的努力創造企業的神話。

【小案例】美國CEO年薪幾何？蘋果總裁以2.19億美元奪魁

美國財經資訊公司彭博於2003年8月13日公布的一份報告顯示，2002年，美國243家大型企業的CEO平均年薪已經達到了1,200萬美元。其中，年薪最高的CEO是蘋果公司的斯蒂夫·喬布斯，年薪高達2.19億美元。

喬布斯於1977年1月與合夥人一起創辦了蘋果公司，並且在3年後成功地讓其在華爾街上市。但是，1985年，為人驕傲粗暴的喬布斯在一場權力爭奪戰中被人掃地出門。離開蘋果公司後，喬布斯遭遇過不少失敗。他創立的Next公司一直不景氣，最終在1996年被蘋果公司收購。

1997年，正是蘋果公司遭遇嚴重危機的時候，無論是個人電腦還是商業電腦，蘋果公司的市場份額都被競爭對手搶得一干二淨。就在這時，身為蘋果公司顧問的喬布斯當上了臨時CEO。重回蘋果公司領導職位的喬布斯一反常態，他虛心向公司其他負責人請教，共商挽救蘋果公司的大計，還出人意料地提出，自己在1997年只拿1美元薪水。在喬布斯的領導下，蘋果公司1998年成功推出iMac電腦，並且使其迅速成為美國最暢銷的個人電腦。1999年，蘋果公司乘勝追擊，接連推出iBook、G4和iMacDV產品。到了2001年，蘋果公司推出平面式iMac電腦，搶回了更多的市場。

因此，2002年喬布斯拿到2.19億美元的薪水，與他5年來的巨大貢獻有直接關係。

微觀經濟理論認為，生產要素劃分為四種類型，分別是勞動、資本、土地以及企業家才能。企業家才能是指企業家的經營管理能力和冒險、創新精神，其價格為利潤。而大型公司的CEO就是企業家，其對一個公司的成功來說至關重要。其對公司的貢獻越大，創造的利潤率越高，那麼給其的報酬就應該越高。另外，企業家才能作為生產要素之一，其價格應與其他要素一樣，由供求關係來決定。一方面，由於企業家才能是決定企業成敗的關鍵要素，因此市場對其需求是極大的；另一方面，由於企業家不僅需要天賦，而且需要經過特殊訓練培養，因此企業家才能的供給又是很小的。這樣一來也決定了企業家的高報酬。

任務二十二　熟悉資本市場和利息的決定

【學習目標】

1. 瞭解資本市場的需求、供給。
2. 理解資本市場均衡與利息的決定。

任務描述

假設你是千萬富翁，遇上大洪水，正在急流中，就要被巨浪淹沒了，你的一個好朋友從你旁邊經過，可以救你，而且是舉手之勞。除了他之外沒有人知道你危險，沒有人能救你。你的朋友給你兩個方案供你選擇：第一，馬上救你，但是你必須給他你的全部財產；第二，明天早上再來救你，只需要給他100元。

思考：

此時的你將如何選擇？試分析資本和利息的關係。

筆記：

___

___

___

任務精講

一、資本和利息的概念

資本的含義，從生產的角度看，是指資本物，即在生產過程中使用的廠房、機器、設備、原材料等。資本的物質形態多種多樣，難以計算它們在使用過程中的代價。因此，一般講「資本的價格」時的「資本」，不是指資本物，而是指的貨幣資本。

利息是資本這種生產要素的價格，形成了資本所有者的收入。與其他要素不同，資本的價格通常用利息率來表示。在市場上，利息率是由資本的需求與供給決定的。

利息如何被決定，關於這個問題概括起來，主要有以下幾種觀點：

（一）時間偏好論

時間偏好論認為，人類的生命有限，而未來的情況不可測，因此人們對於目前擁有的財物的估價，要比將來擁有這些財物的價值大。人們之所以借貸，是要使在將來收回時的價值至少等於現在的價值。由於人們對未來財物的估價比現在要低，所以就產生了利息，

而利息的高低取決於時間偏好率的大小。如果時間偏好率高，利率則高；如果時間偏好率低，利率則低。

（二）節欲論

節欲論認為，貸款者把自己的資金借出，就是犧牲了當前的消費，而人們在犧牲了當前的消費時，就等於犧牲了當前慾望的滿足，有慾望不能得到滿足，則必有痛苦，而利息則是對節制慾望產生的痛苦的補償。節欲過程中產生的痛苦越大，利息越高，反之則越低。但是，也有些經濟學家認為，能有錢借貸給別人者，其收入必然較高，當這些人把錢出借時，不會忍受慾望不能滿足的痛苦。當這些人借出錢時即準備等待將來能夠得到應有的報酬，因而持有這種觀點的人把「等待」看成經濟活動中的重要因素，即利息是等待的報酬。

（三）投資和儲蓄論

利息是對儲蓄的報酬，利率的高低決定於投資與儲蓄相等的一點。這就是說，投資是利率的函數。利率越低，投資量越大，反之亦然。儲蓄也是利率的函數。利率越高，則儲蓄越多，反之亦然。利率水準取決於社會的投資量等於社會的儲蓄量，即社會的投資曲線和社會的儲蓄曲線相交的均衡水準。這和市場均衡價格取決於需求曲線和供給曲線相交的點一樣。

（四）均衡價格理論為基礎的利息理論

這種理論是從資本的需求和資本的供給兩方面來解釋利息是如何決定的。將資本的需求曲線和供給曲線放在一起考慮，便可決定市場均衡利率，其原理同根據市場供給曲線和市場需求曲線求出市場均衡價格理論一樣。資本的需求曲線和供給曲線的交點便是均衡點，該點對應的利息率便是均衡利率，這時資本的需求量與資本的供給量一致。當資本的供給量大於其需求量時，利率必然下降，反之必然上升。只有當供給量等於其需求量時，利息率才能穩定下來。

二、資本的需求

資本的需求主要是企業的投資需求，因此通常用投資來代表資本的需求。任何社會的經濟發展都與投資密切相關，投資意味著放棄部分當前產出的消費，以換取將來的產出。廠商的投資需求取決於預期投資收益率和投資成本的比較，只有當預期收益大於投資成本時，廠商進行投資才是值得的。預期投資收益率也稱為資本的邊際效率，即廠商每追加一單位資本預期可以獲得的利潤率，該利潤率使得廠商在某一時期內恰好收回投資。廠商的投資成本是利息率，它是廠商使用資本的代價，利息率的高低對廠商的投資決策具有決定性的作用。

在資本邊際效率不變的情況下，利息率越高，預期收益與投資成本的差越小，廠商的投資需求越少；相反，利息率越低，二者相差越大，廠商的投資需求越多。因此，廠商對資本的需求曲線是一條向右下方傾斜的曲線，表示廠商對資本的需求量與利息率反方向變

動。廠商的資本需求曲線如圖 22-1 所示。

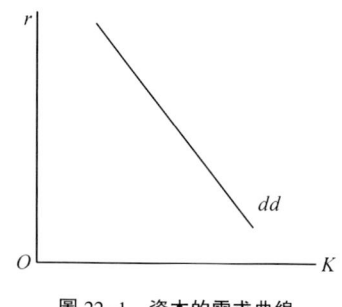

圖 22-1　資本的需求曲線

在圖 22-1 中，橫軸表示資本數量，縱軸表示利息率，dd 表示資本的需求曲線，它是一條向右下方傾斜的曲線，表示當利息率上升時，投資需求減少；當利息率下降時，投資需求增加，投資需求與利息率負相關。

同樣，將所有廠商的資本需求曲線水準相加，就可以得到市場的資本需求曲線，與單個廠商的資本需求曲線相同，市場的資本需求曲線也是一條向右下方傾斜的曲線。

三、資本的供給

資本的供給來自家庭的儲蓄，儲蓄意味著犧牲當期消費以用於未來消費。因此，家庭的儲蓄決策實際上是家庭在當期消費與未來消費之間的跨期選擇，影響這種選擇的主要因素是利息率。

儲蓄雖然以犧牲當期消費為代價，但可以獲得利息收入，因此可以將利息率看成當期消費的機會成本。在其他條件不變的情況下，利息率上升，當期消費的成本增加，人們會減少消費而增加儲蓄，使資本供給增加；利息率下降，當期消費的成本減少，人們會增加消費而減少儲蓄，使資本供給減少。因此，家庭的資本供給與利息率成同向變動關係，家庭的資本供給曲線是一條向右上方傾斜的曲線。家庭的資本供給曲線如圖 22-2 所示。

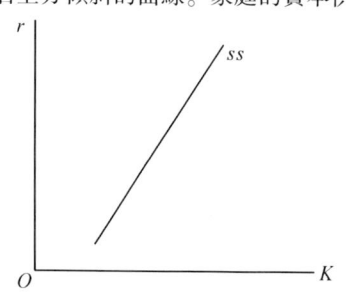

圖 22-2　資本的供給曲線

在圖 22-2 中，橫軸表示資本數量，縱軸表示利息率，ss 表示資本的供給曲線，它是一條向右上方傾斜的曲線，表示當利息率上升時，資本供給量增加；當利息率下降時，資本供給量減少，資本供給量與利息率正相關。將所有家庭的資本供給曲線水準相加，就可以得到市場的資本供給曲線，與單個家庭的資本供給曲線相同，市場的資本供給曲線也是一條向右上方傾斜的曲線。

四、資本市場的均衡與利息率的決定

資本市場的均衡由資本的供給和需求決定。當資本的供給和需求相等時，就實現了資本市場的均衡，由此決定了資本的均衡價格，即均衡利息率。資本市場的均衡如圖 22-3 所示。

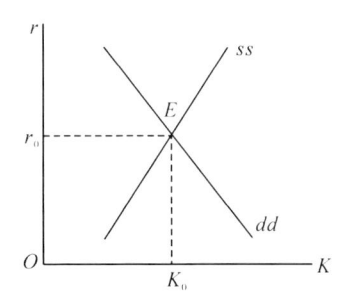

圖 22-3 資本市場的均衡

在圖 22-3 中，橫軸表示資本的數量，縱軸表示資本的價格利息率，ss 曲線表示市場的資本供給曲線，dd 曲線表示市場的資本需求曲線。ss 曲線與 dd 曲線的交點 E 為資本市場的均衡點，決定了均衡的利息率為 r_0。

資本市場的均衡過程與其他市場的均衡決定一樣，是在價格機制的作用下自發實現的，只要資本的供求不相等，利息率就會上升或下降，並進而調整資本的供給和需求，直至兩者相等，資本市場實現均衡。

任務二十三　熟悉土地與地租的決定

【學習目標】

1. 瞭解土地市場的需求、土地市場的供給。
2. 掌握地租的決定。

任務描述

土地肥沃程度與交通位置對土地產量有比較大的影響。從土地肥沃程度看，甘肅省1979年全省平均畝產小麥110.5千克，而水利灌溉條件較好的酒泉地區平均畝產小麥292千克，水利灌溉條件中等的慶陽地區平均畝產小麥107千克，臨夏自治州平均畝產小麥124.5千克；而干旱缺水的定西地區平均畝產小麥只有51千克。從1979年甘肅省農村人口人均收入的梯度可以看出土地位置差別的影響：省會蘭州市（按三縣六區計算）平均92.57元，隴南地區的武都縣只有27.27元。蘭州市市郊各區依次排列是城關區233.50元，安寧區201.39元，西固區145.80元，白銀區131元，紅古區125元，表現為離市區距離遞進收入遞增。

思考：

出現這種情況是為什麼呢？

筆記：

_____

_____

任務精講

一、土地和地租

地租是土地這種生產要素的價格，形成土地所有者的收入。這裡所說的土地是指在生產過程中使用的自然資源，包括山川、江河、海洋、礦藏、陽光、風雨等。土地是大自然賦予的，不是人為因素作用的結果。經濟學中把可以人為地進行再生產的物質稱為資本，把非人為因素的大自然賦予的物質稱為土地。地租可以理解為使用這些自然資源的租金。

二、地租的決定

(一) 土地的需求

廠商對土地的需求取決於土地的邊際生產力。由於邊際生產力遞減規律，因此廠商對土地的需求曲線是一條向右下方傾斜的曲線。廠商對土地的需求曲線如圖23-1所示。

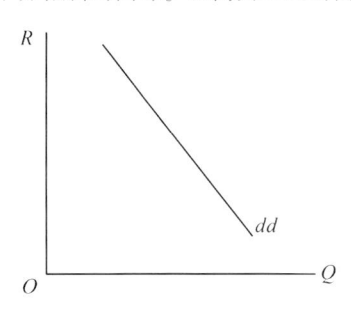

圖23-1　廠商對土地的需求曲線

在圖23-1中，橫軸表示土地的數量，縱軸表示土地的價格地租，dd曲線表示廠商對土地的需求曲線，它是一條向右下方傾斜的曲線，表示當地租上升時，對土地的需求減少；當地租下降時，對土地的需求增加，對土地的需求與地租負相關。

(二) 土地的供給

由於土地是大自然賦予人類的，從整個社會的角度來看，土地的數量基本上是固定的，不會隨土地價格的波動而增減。因此，土地的供給曲線是一條垂直於橫軸的直線。土地的供給曲線如圖23-2所示。

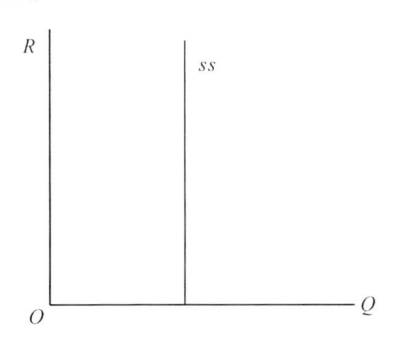

圖23-2　土地的供給曲線

在圖23-2中，橫軸表示土地的數量，縱軸表示土地的價格地租，ss曲線表示土地的供給線，它是一條垂直於橫軸的直線，表示無論地租怎樣變化，土地的供給量始終不變。

【小知識】

在中國，土地市場是指國有土地使用權單獨或連同其地上建築物、其他附著物以價值形態流通及流通過程的集合。中國土地市場有以下幾個特點：

土地市場中交易的是國有土地使用權而非土地所有權。按照《中華人民共和國憲法》和《中華人民共和國土地管理法》及其他有關法律法規的規定，城市土地屬於國家所有，其所有權不能出讓，只能出讓使用權，因此在中國，土地市場交易的只是國有土地使用權。這種使用權不同於一般的使用權，它包含了一定時期內對土地處置、收益、使用的權利。

土地市場中交易的土地使用權具有期限性。按照《中華人民共和國城鎮國有土地使用權出讓和轉讓暫行條例》和《中華人民共和國城市房地產管理法》的規定，國有土地使用權出讓是有期限的，最高期限按用途分為：居住用地70年，工業用地50年，教育、科技、文化、衛生、體育用地50年，商業、旅遊、娛樂用地40年，綜合或者其他用地50年。

土地價格分為期限價格和用途價格。因為出讓的土地使用權具有期限性，所以同一地塊由於使用期限不同，造成出讓價格也不相同。另外，由於中國對不同用途的土地在地價上給予了不同的標準，因此同一塊土地因為用途不同，其地價也不同。

由於中國土地市場分為土地使用權出讓市場和土地使用權轉讓市場兩個層次，而且這兩個層次的市場在運行上各有特點，因此不能以一種市場模式對中國土地市場作出評價。

土地使用權出讓市場是完全壟斷市場，在這個市場中，賣方只有一個，即國有土地使用權的出讓方——國家。這個市場的運行分為兩個過程，第一個過程是政府徵用農村集體土地和收回國有土地使用權。第二個過程是政府將其掌握的國有土地使用權出讓給土地使用者。

(三) 土地市場的均衡與地租的決定

土地市場的均衡是由土地的供給和需求決定的。當土地的供給和需求相等時，就實現了土地市場的均衡，由此決定了土地的均衡價格，即均衡地租。土地市場的均衡如圖23-3所示。

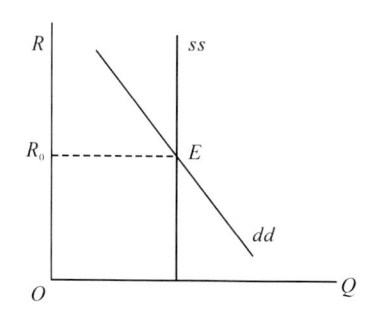

圖23-3　土地市場的均衡

在圖23-3中，橫軸表示土地的數量，縱軸表示土地的價格地租，ss 曲線表示土地的

供給曲線，dd 曲線表示土地的需求曲線。ss 曲線與 dd 曲線的交點 E 為土地市場的均衡點，決定了均衡的地租為 R_0。

由於土地的供給量基本為一常數，因此地租水準主要取決於土地的需求。隨著經濟的發展和人口的增加，人們對土地的需求不斷增加，地租也在不斷上升。

【小案例】黑死病的經濟學

14 世紀的歐洲，鼠疫的流行在短短幾年內奪去了大約 1/3 人口的生命。這個被稱為黑死病的事件為檢驗我們剛剛提出的要素市場理論提供了一個可怕的自然試驗。我們來看看黑死病對那些幸運地活下來的人的影響。你認為工人賺到的工資和地主賺到的租金會有什麼變動呢？

為了回答這個問題，我們來考察人口減少對勞動的邊際產量和土地的邊際產量的影響。在工人供給減少時，勞動的邊際產量增加了（這只是邊際產量遞減在相反方向起作用）。因此，我們估計黑死病提高了工資。

由於土地和勞動共同用於生產，工人供給減少也影響土地市場，土地是中世紀歐洲另一種主要生產要素。由於可用於耕種土地的工人少了，增加一單位土地所生產的額外產量少了。換句話說，土地的邊際產量減少了。因此，我們可以認為黑死病降低了租金。

實際上，這兩種判斷都與歷史證據相一致。在這一時期，工資將近翻了一番，而租金減少了 50%，甚至更多。黑死病給農民階級帶來了經濟繁榮，而減少了地主階級的收入。

技能訓練

一、單項選擇題

1. 在完全競爭市場上，生產要素的邊際收益取決於（　　）。
   A. 該要素的邊際生產力　　B. 該要素的平均收益
   C. 該要素的價格水準　　　D. 該要素的需求量
2. 工資分為貨幣工資和實物工資是按照（　　）。
   A. 計算方式劃分的　　　　B. 支付手段劃分的
   C. 購買力劃分的　　　　　D. 以上都不對
3. 在完全競爭市場上，廠商對勞動的需求主要取決於（　　）。
   A. 勞動的價格　　　　　　B. 勞動的邊際生產力
   C. 勞動的邊際產品價值　　D. 勞動在生產中的重要性

4. 如果產品需求下降，用於生產產品的勞動需求曲線將（　　）。
   A. 左移　　　　　　　　　　　　B. 右移
   C. 上移　　　　　　　　　　　　D. 下移
5. 使地租不斷上升的原因是（　　）。
   A. 土地的供給與需求共同增加
   B. 土地的供給與需求共同減少
   C. 土地的需求日益增加，而供給不變
   D. 土地的供給不斷減少，而需求不變
6. 土地的供給曲線是一條（　　）。
   A. 向右上方傾斜的線　　　　　　B. 與橫軸平行的線
   C. 與橫軸垂直的線　　　　　　　D. 與縱軸垂直的線

二、簡答題

1. 勞動的供給曲線為什麼向後彎曲？
2. 土地的供給曲線為什麼垂直？

三、單項實訓

單項實訓項目：資料分析——收集近五年來深圳市城市不同行業的收入數據資料。
實訓要求如下：
（1）此次實訓項目以個人形式完成。
（2）記錄資料的來源。
（3）形成書面的分析報告，分析近五年來深圳市城市不同行業的收入變動趨勢，並進一步探析其結構及變化原因。

項目八　市場失靈

【學習目標】

知識目標：
1. 理解市場失靈的定義。
2. 理解公共物品、外部性、壟斷和信息不完全的定義。
3. 理解由公共物品、外部性、壟斷和信息不完全引起的市場失靈。
4. 掌握政府干預的理由及方式。

能力目標：
1. 對市場失靈現象的認識。
2. 對政府微觀經濟政策的理解與應用。

【案例導入】職業砍價人的出現

如果你還在為買東西時的討價還價而苦惱的話，就去找我們的職業砍價人——鄒誠摯吧。他可是大名鼎鼎的砍價高手，5 萬元的鑽戒他能砍價到 2.3 萬元，120 元的衣服他能砍價到 90 元……如今的鄒誠摯已經專門成立了自己的砍價公司，幹起了職業砍價人的行當。

鄒誠摯用「突發靈感」來形容他成為職業砍價人的原因。以前，鄒誠摯曾經營過建材、化妝品、酒水飲料等生意。其間，他經常受朋友委託幫朋友買東西，並給朋友省了不少錢。多年飄忽不定的行銷生活使鄒誠摯感到厭倦，於是有朋友就提醒他：「何不發揮你的砍價特長，做個職業砍價手吧。」

說做就做，鄒誠摯先到商場外發宣傳單，但大多人都不屑一顧，隨手就扔掉了。幾天的空手而歸並沒有令鄒誠摯心灰意冷。一天，機會終於來了。一位婦女想買件貂皮大衣，售價 17,000 元，她自己已經砍價到了 9,800 元，她讓鄒誠摯再試試，並答應砍下價格的 30% 就是鄒誠摯的佣金。接到電話的當天晚上，鄒誠摯這個對服裝一竅不通的年輕人先到圖書城查看了貂皮的有關知識，諮詢了經營服裝生意的朋友。第二天，鄒誠摯胸有成竹地到商場去「砍」了。經過 40 分鐘的討價還價，最終以 4,800 元成交。

第一次的成功堅定了鄒誠摯做職業砍價手的信心。憑著自己不懈的努力，鄒誠摯作為中國職業砍價的先行者，名聲越來越大，業務也越來越多。

鄒誠摯曾對自己成功的「秘訣」進行了總結：首先要抓住商家與客戶的心理，搞心理戰術。其次，要熟悉市場行情。最後，還要為客戶提供除砍價之外的更周全的服務。

實際上，我們可以用經濟學中信息不完全的理論來解釋鄒誠摯做職業砍價人的成功秘訣。商家與客戶作為交易的雙方，從對產品信息的掌握程度上看，商家佔有優勢。而處於信息劣勢的顧客如果要取得較大的利益（比如說降低產品的價格），就必須通過各種手段搜集信息，增加自己的信息量，以此來降低信息不完全的劣勢。而現實生活中，每個人不可能掌握各種產品的所有信息，因此他們利用掌握的較少的信息同處於信息優勢的商家進行討價還價，獲取利益的機會不會太大。

鄒誠摯是作為交易的第三方出現的，即充當了商家與客戶的中間人的角色。作為買方的代理人，他以前的經歷和對特定專業知識的快速學習使他具有了較強的信息優勢，這既包括專業知識和買賣交易時的信息，也包括賣家的心理活動等信息，而這些信息是普通人所不具備的。正是這些信息優勢，使鄒誠摯作為交易的第三方在一定程度上降低了商家與客戶交易雙方的信息不完全的程度，並最終取得了砍價的成功。

這一部分是連接「微觀行為」和「宏觀現象」的一個過渡部分。在這一部分，我們會探討市場機制作用未發揮好，即市場失靈的情況。市場失靈（Market Failure）是指由於市場價格機制在某些領域、場合不能或不能完全有效發揮作用而導致社會資源無法得到最有效配置的情況。導致市場失靈的因素主要有四個，即公共物品、外部性、壟斷和信息不完全。下面，我們將對其一一進行分析。

任務二十四　認識公共物品

【學習目標】

1. 瞭解公共物品的含義、特徵以及分類。
2. 瞭解公共物品誘發市場失靈的原因。
3. 掌握政府對公共物品導致市場失靈的干預方式。

任務描述

15、16世紀的英國，草地、森林、沼澤等都屬於公共用地，耕地雖然有主人，但是莊稼收割完以後，要把柵欄拆除，敞開作為公共牧場。一群牧民一同在一塊公共牧場上放牧。每一位牧民都想多養一只羊增加個人收益，雖然其明知草場上羊的數量已經太多了，再增加羊的數目，將使草場的質量下降。牧民將如何取捨？結果是每人都從自己的私利出

發，選擇多養羊獲取收益，因為草場退化的代價由大家負擔。每一位牧民都如此思考時，「公地的悲劇」就上演了——草場持續退化，直至無法養羊，最終導致所有牧民破產。之後，一些貴族通過暴力手段非法獲得土地，開始用圍欄將公共用地圈起來，據為己有。這就是我們歷史書中學到的臭名昭著的「圈地運動」。「圈地運動」使大批的農民和牧民失去了維持生計的土地，歷史書中稱之為血淋淋的「羊吃人」事件。

思考：
「公地的悲劇」為什麼會發生？
筆記：

任務精講

在我們的日常生活中，從隔壁鄰居養的狗深夜狂吠、公交車上刺鼻的異味或香水味這些小事，到國防、教育、交通這些大事，實際上都是人與人之間相處的問題。如何處理這些層次不一樣、大小不同的人與人之間的共同問題呢？下面我們來研究公共物品的相關問題。

一、公共物品

（一）公共物品的含義

公共物品（Public Goods）是指私人不願意或無能力生產而由政府提供的具有非排他性和非競爭性的物品。一國的國防、警務、公共衛生、道路、廣播電視等都屬於公共物品。一種物品要成為公共物品，必須具備以下特性：

第一，非排他性。公共物品的非排他性是指無論是否付費，任何人都無法排除他人對該物品的消費。之所以會出現免費消費，是因為要麼技術上不允許，要麼由於收費的成本太大而放棄收費。

第二，非競爭性。公共物品的非競爭性是指任何人對某一物品的消費，都不會給他人對該物品的消費造成影響，即人們無法排斥別人對同一物品的共同享用，也不會由於自己的加入而減少他人對該公共物品享用的質量與數量。

第三，不可分割性。公共物品的不可分割性是指公共物品的供給與消費不是面向哪一部分人或利益集團，而是面向所有人的；公共物品也不能分成細小的部分，只能作為一個整體被大家享用。

（二）公共物品導致市場失靈

公共物品本身具有的特性使得任何私人部門都不願意或不能充分提供。因此，其產量

會低於合理的水準，即達不到帕累托最優狀態下的產量水準，由此會造成社會福利的減少和資源的浪費。此時，市場機制在公共物品的提供上不能較好地發揮作用，導致市場失靈。

1. 公共物品的非排他性導致市場失靈

非排他性使得任何購買公共物品的人都不能獨自佔有該產品所能提供的全部效用或收益，都不能阻止別人去無償地享用該產品。因此，儘管公共物品的社會潛在收益大於它給單個購買者帶來的收益，但潛在的購買者在做出支付決策時並不會將他人的潛在收益考慮在內，公共產品的提供者就要獨自承擔提供該物品的全部成本。這樣一來，任何人都想無償地去享用別人提供的公共物品，繼而出現「搭便車」行為。搭便車者的增多，就會使得公共物品的提供者減少或幾乎沒有，最終導致資源配置效率的低下，造成市場失靈。

假如你為一個社區考慮一個除滅蚊蠅計劃。你估計社區成員對實現該計劃帶來的環境改善的真實總支付意願遠遠大於實施該計劃需要的成本 5 萬元。然而，這並不能保證你能夠通過私人投資從中獲得贏利。因為你不能強迫人們為這一計劃付費，更不可能讓人們按照他們對環境改善的真實主觀評價來支付費用。由於蚊蠅到處飛動，沒有一種提供該服務又排除不交費用的人獲得利益的辦法，於是人們會有一種「搭便車（Free Rider）」心理和行為，即便我不支付費用，其他人支付以後我可以照樣享受到利益。由於支付意願被壓低，因而市場配置缺乏效率。

因此，我們需要政府公共部門提供公共物品。政府的特徵之一是具有強制性權力，因而有可能超越「搭便車」問題。向社會有效提供公共物品是政府公共部門的一項基本職責。

【小知識】「搭便車者」一詞的由來

「搭便車者」一詞的英文是「Free Rider」，它來源於美國西部城市道奇城的一個故事。當時，美國西部到處是牧場，大多數人以放牧為生。在牧場露天圈養的大量馬匹對一部分人產生了誘惑，於是出現了以偷盜馬匹為業的盜馬賊。在道奇城這個城市，盜馬賊十分猖獗。為避免自己的馬匹被盜，牧場主就聯合組織了一支護馬隊伍，每個牧場主都必須派人參加護馬隊伍並支付一定的費用。但是，不久就有一部分牧場主退出了護馬隊，因為他們發現，即使自己不參加，只要護馬隊存在，他也可以免費享受別的牧場主給他們帶來的好處。這種個別退出的人就成了「Free Rider」（「自由騎手」）。後來，幾乎所有人都想通過自己退出護馬隊來占集體的便宜。於是，護馬隊解散了，盜馬賊又猖獗起來。後來，人們把這種為得到一種收益但避開為此支付成本的行為稱為「搭便車」，把這樣的人稱為「搭便車者」。

2. 公共物品的非競爭性導致市場失靈

俱樂部物品雖然具有非競爭性，但是可以實現排他性使用。例如，高速公路的修建者

實行收費管理，不付費不能消費。這種排他性使用，雖然可以收回提供公共物品的成本，提高其生產者的積極性，增加供給，但是不能使所有人免費使用，致使公路的社會效用得不到有效、充分的發揮，從而降低了資源的配置效率，也會造成市場失靈。

二、政府對公共物品造成的市場失靈的干預

針對公共物品原因導致的市場失靈，政府干預主要是決定是否提供公共物品以及提供多少公共物品的問題。

政府在如何確定某一公共物品是否值得提供及提供多少時，往往採用成本－利益分析的方法。

首先，估算提供某一公共物品的成本及獲得的收益；其次，將兩者加以比較；最後，根據結果確定該公共物品是否值得提供。如果有幾個可供選擇的公共物品，則分別比較各自的成本與收益，最後選擇提供社會淨收益較大的公共物品。

具體來說，政府往往通過以下方式提供公共物品：

第一，由中央政府直接經營公共物品。例如，在西方國家，造幣廠和中央銀行通常是由中央政府直接經營的。除此之外，各國之間的差異較大。例如，美國在公共物品生產方面會更多地偏向由私人提供；有一些國家的中央政府直接生產軍工、醫院、學校、圖書館、自來水、煤氣等產品。

第二，政府與私人部門簽訂合同，共同提供公共物品。採用與私人企業簽訂合同共同經營公共物品是發達國家使用最普遍、範圍最廣的一種形式。適用於這一類的公共物品主要是具有規模經濟的自然壟斷型產品，大部分為基礎設施，也包括一些公共服務行業。

第三，政府以授權、許可的形式委託私人部門提供公共物品。在發達國家，許多公共領域都以這種方式委託私人公司進行經營，如自來水公司、電話公司和供電公司等。此外，還有很多公共項目也是由這種方式經營生產的，如電視臺、廣播電臺、航海燈塔、報紙和雜誌等。

第四，政府參股。政府參股的方式主要有四種：收益分享債券、收購股權、國有企業經營權轉讓以及公共參與基金。政府參股的方法主要應用於橋樑、水壩、發電站、高速公路、鐵路、電信系統、港口和飛機場項目。比較引人注目且效果較好的參股領域之一是高科技開發研究領域。

第五，政府對私人部門提供補貼，鼓勵其提供公共物品。鑒於公共物品市場低收益的特性，政府往往對私營企業生產公共物品進行經濟資助。這種資助表面上看付給了私營企業，實際上有利於公眾。對私人企業提供經濟資助的途徑和方法非常多，主要形式有補助津貼、優惠貸款、無償捐贈和減免稅收等。享受財政補貼的公共領域主要有科學技術、住宅、教育、衛生、保健、圖書館和博物館等。

【小案例】公共物品「豪華化」

近來有關公共物品「豪華化」甚至「奢侈化」的現象再度引起社會的廣泛關注。例如，各地競相興建豪華的大型公共文化設施（如新型大劇院、歌劇院、藝術中心等），還有一些城市公交車的競相「空調化」等。這些做法不僅與公共物品服務的基本性質相違背，也是對公共財政的浪費，應該引起職能部門的高度警惕。

毫無疑問，公共物品或者準公共物品的主要功能就是滿足絕大多數普通百姓的基本生活需求和公益性需求，因此公共物品具有很大的「外部正效應」或「公益性」。也正因為如此，生產公共物品和公共設施需要由政府財政投入或資助。公共文化設施和公共交通工具是比較典型的公共物品或準公共物品，理所當然地得到了政府財政的大量投入和補助。從這個角度來講，公共物品作為一種本來應該大眾化的、平民化的產品，它們的「豪華化」和「奢侈化」就是對普通大眾的背離。

不僅如此，盲目追求公共物品的「豪華化」還會帶來不少負面作用，加重了公共財政的負擔，降低了公共財政的使用效率。公共財政出現嚴重的支出不平衡，特別是在教育、住房、養老、醫療等關係百姓切身利益的方面，不僅總量上捉襟見肘，分配結構上也嚴重失衡。中國早在20世紀90年代初期就提出了國家財政性教育經費占國內生產總值的比例必須達到4%，而目前還不到3%；社會保障支出，僅養老保險資金的缺口就高達數千億元，「窟窿」巨大；普及性的圖書館、博物館等公共設施更是投入寥寥。例如，目前全國的公共圖書館不到3,000個，平均40多萬人才一個；博物館不到1,500個，平均80多萬人才一個。這些數據均大大低於發達國家的水準，比如人口僅有500多萬人的丹麥卻擁有200多個各種類型的博物館，英國倫敦平均每5萬人就有一個博物館。城市與農村公共物品的供給也有很大差距。

任務二十五　認識外部效應

【學習目標】

1. 瞭解外部性的含義和種類。
2. 瞭解外部性導致市場失靈的原因。

任務描述

20世紀初的一天，列車在綠草如茵的英格蘭大地上飛馳。車上坐著英國經濟學家庇古（A.C.Pigou）。他一邊欣賞風光，一邊對同伴說：「機車在田間經過，機車噴出的火花（當時是蒸汽機車）飛到麥穗上，給農民造成了損失，但鐵路公司並不用向農民賠償。」

這正是市場經濟的無能為力之處，稱為「市場失靈」。

將近70年後的1971年，美國經濟學家喬治・斯蒂（G.J.Stigler）和阿爾欽（A.A.Alchian）同遊日本。他們在高速列車（這時已是電氣機車）上見到窗外的禾苗，想起了庇古當年的感慨，就問列車員，鐵路附近的農田是否受到列車的損害而減產。列車員說，恰恰相反，飛速奔馳的列車把吃稻穀的飛鳥嚇走了，農民反而受益。當然，鐵路公司也不能向農民收「趕鳥費」。這同樣是市場經濟無能為力的，也稱為「市場失靈」。

思考：

1. 同樣一件事情在不同的時代和地點結果不同，案例中的兩個故事中的農民的結果有什麼不同呢？

2. 分析一下該案例中產生市場失靈的原因。

筆記：

任務精講

一、外部性的含義

外部性（Externality）是指經濟活動的當事人對其他人造成的無法通過價格體系反應的影響。當市場交易對交易雙方以外的第三者產生影響，並且這種影響又不能反應為市場價格時，就會出現外部性。外部性是一方對另一方的非市場影響。通過市場發生的影響不是外部性。在現實生活中，很多活動都具有外部效應。例如，周圍人吸菸會給你帶來危害，但你卻不能要求賠償；當你欣賞到鄰居家陽臺的鮮花時，會有一種美的享受，但卻無需付費。這些都是外部性的表現。

二、外部性的種類

根據外部性對他人福利造成的影響，可以將其分為正外部性和負外部性；根據外部性發生的領域，可以將其分為生產外部性和消費外部性。

（一）生產正外部性

當某個廠商的生產經營活動給其他廠商或別人產生有利的影響，即帶來收益時，生產正外部性就產生了。例如，在你的公司接受過業務培訓的職工跳槽到其他單位，此時你的公司就給其他單位提供了技術更高的勞動力，有利於其他單位的生產，但卻不能從該單位索要培訓費用。

(二) 消費正外部性

當某個消費者的行為給他人產生有利的影響，即帶來收益時，產生消費正外部性。例如，某人進行了肝炎疫苗接種，不但可以使自己不患肝炎，並且由於減少了肝炎傳染源而使他人感染此病的概率大大降低，有利於他人的身體健康。

(三) 生產負外部性

當某個廠商的生產經營活動給其他廠商或別人產生不利的影響，即帶來損失時，會產生生產負外部性。例如，上游化工廠排放的污水導致下游魚苗死亡，漁民卻無法追償損失。

(四) 消費負外部性

當某個消費者的行為給他人產生不利的影響，即給他人造成損失或不利影響時，產生消費負外部性。例如，私人轎車方便了個人的出行，但汽車尾氣的排放會污染環境，損害他人的身體健康。

外部性的以上分類可以用表 25-1 來表示。

表 25-1　　　　　　　　　　　　外部性的分類

分類標準		發生領域	
		生產	消費
對他人影響	收益	生產正外部性	消費正外部性
	損失	生產負外部性	消費負外部性

【小案例】

近些年來，補鈣之風刮遍了市場的每一個角落，各大媒體有關補鈣產品的廣告更是形形色色。此時，人們在日常生活中的飲食結構也發生了改變，人們開始通過吃肉骨頭來補鈣，使曾備受冷落的肉骨頭成為菜市場中最暢銷的商品之一。經過各個廠家大肆宣傳補鈣對人體的重要性，人們意識到了「吃什麼補什麼」的原理，覺得吃肉骨頭才是最補鈣的，並且吃肉骨頭比吃補鈣藥品要便宜，還能避免藥品所帶來的副作用。

由於觀念的改變，也因為肉骨頭含鈣量豐富，所以人們在買菜時開始將目光停留在豬骨頭上。特別是豬的腳筒骨，因為其骨髓多，所以大家都爭相搶購。但是一隻豬身上的腳筒骨僅有約 1 千克，供應滿足不了需求，於是腳筒骨的價格一路上漲，甚至比里脊肉的價格還要高。各家飯店也紛紛推出了各種骨頭湯，並名列菜單「點擊率」的首位。這種現象是那些補鈣產品生產廠商始料不及的，它們沒想到自己的廣告費為飯店做了嫁衣。想一想：這屬於哪種類型的外部性現象？

任務二十六　認識壟斷與反壟斷

【學習目標】

1. 瞭解壟斷、反壟斷的含義。
2. 瞭解壟斷的低效率。
3. 掌握政府對壟斷造成的市場失靈的干預方式。

任務描述

2008 年 10 月，來自中國商業聯合會石油流通委員會的消息說，在 2006 年年底，中國民營石油批發企業 663 家，民營加油站 45,064 座，但到 2008 年年底，中國民營石油批發企業關門、倒閉 2/3，加油站關門、倒閉 1/3。倒閉潮自 1999 年開始，集中於 2007 年，民營油企兵敗如山倒，經營只能用慘淡來形容。這些年究竟發生了什麼？中國的石油經營格局是較為典型的壟斷經營。由於資源產品的稀缺性和投入、產出、運輸成本高昂，加上石油對國計民生的重要性，中國一直採取對成品油銷售市場特許經營的體制。這個市場實際上是封閉的，潛在競爭完全被消除。這也直接導致三大石油集團在石油開採、提煉、進口、成品油經營、成品油零售上是全過程、全方位壟斷。石油的產業鏈比較長，對上述各個環節的一個環節不放開，就影響民營企業的真正進入。雖然中國的原油進口市場已經開放，但是原油的煉化必須納入中石化、中石油，即「兩油」的排產計劃。不到「兩油」煉化，就難以進入其排產計劃。沒有排產計劃指標，在國內運輸也是違法違規的，也就是不準運輸。

思考：

試分析壟斷將會給市場帶來哪些不好的影響？

筆記：

任務精講

一、壟斷及其影響

壟斷（Monopoly）是市場不完善的表現，壟斷市場是一個產量較低而價格較高的市

場。它的存在，不僅造成資源浪費和市場效率低下，而且使社會福利減少。

在完全壟斷的情況下，一個廠商就是一個行業，該廠商的產量便是整個行業的產量，其產量的多少將直接對價格造成影響。壟斷廠商銷售的商品沒有任何類似的替代品，別的任何廠商如果想進入這個行業將十分困難，這就消除了市場中所有的競爭因素。因此，壟斷廠商可以掌控和壟斷市場價格。

比如在一些自然壟斷行業，如電信、供電、供水等行業，壟斷者憑藉自身的壟斷優勢，往往使產品的價格和產出水準偏離社會資源配置的要求，從而影響市場機制自發調節經濟的作用，降低了資源的配置效率。

(一) 壟斷造成市場效率低下

在壟斷市場條件下，壟斷廠商為實現自身利益最大化，也會像競爭廠商一樣努力使生產定在邊際收益等於邊際成本的點上，但與競爭企業不同的是，壟斷市場的價格不是等於而是大於邊際收益，因此壟斷廠商最終會選擇在價格大於邊際成本的點上組織生產。壟斷廠商不需要被動地接受市場價格、降低成本，而可以在既定的成本水準之上加入壟斷利潤形成壟斷價格。因此，壟斷市場的價格比競爭市場高，產量比競爭市場低。

這樣，一方面，導致廠商喪失了降低成本、提高效率的動力；另一方面，抬高的壟斷定價成為市場價格，扭曲了正常的成本價格關係，對市場資源配置產生誤導，造成一種供不應求的假象，導致更多的資源流向該行業。

(二) 壟斷造成社會福利損失

壟斷對社會福利造成損失主要表現為使消費者剩餘大大減少。消費者剩餘是指消費者願意為某種商品或服務支付的最高價格與其實際支付的價格之差。

(三) 壟斷造成尋租

尋租（Rent-seeking）通常指那些通過公共權力參與市場經濟從而謀取非法收益的非生產性活動。在壟斷市場條件下，壟斷廠商為獲取壟斷利潤，就必須保持其壟斷地位，為此而付出的花費和開支就是尋租成本。比如向政府遊說或賄賂立法者、採取合法手段規避政府的管制以及進行反壟斷調查等發生的費用都屬於尋租成本。由於尋租成本未用於生產性經營活動，因此會造成社會資源的浪費和社會福利水準的降低。例如，在藥品的銷售與採購中，尋租腐敗的現象非常嚴重。由於各家醫院擁有獨立的藥品採購權，其權利行使過程中很難受到控制與監督。在患者難以承受的高昂醫藥費用中，有相當大的一部分作為藥品的銷售費用流入個人手中。

【小案例】航線資源稀缺導致權力尋租

《第一財經日報》2010年6月14日報導：對於中國民航來說，一場前所未有的反腐風暴已經降臨。2009年年底至今，已先後有多位民航高官要員落馬，包括民航局副局長宇仁錄、民航局華北局局長黃登科、首都機場原董事長張志忠、發改委民航局原處長匡新等。這些人腐敗案發，大半是與「航線時刻」審批制度有關。

航空時刻資源是一種稀缺的資源，一直以來都被各種力量爭奪，如首都機場高峰時每小時最高容量是83架次，現在的航線時刻早已經比黃金還金貴。業內專家表示，由於天空資源必然被國家掌握，而最終這種權利的分配又必須由國家職能部門來進行，甚至於由某一兩個部門來主要負責分配。權利的過於集中，很容易導致在上述利益鏈條中出現尋租。

在民航內部，航線往往被稱為「生命線」，擁有航線和時刻的好壞，可以直接決定航空公司的經濟效益。在民航內部，爭取更多、更好的航線和航班時刻資源，是各航空公司不約而同的目標。這也導致每年的兩季航班時刻協調會被稱為不少人利益的「交易會」，航空公司都會採取各種辦法，為獲得優質資源而努力。其中，與地區管理局、空管局的有關人員疏通關係，已經成為公開的秘密。例如，已經落馬的黃登科曾管理的民航華北局是民航局下設的7個地區管理局之一，主要負責北京、天津、內蒙古、河北等地的航空事務管理，其中也包括對上述省（市、區）的航線、航班時刻審批。航線、航班時刻的審批制度給予了獲得申請者的壟斷權力，為了這種壟斷權力申請者一定會對審批者實施尋租，這是導致民航多位高官落馬的根本原因。

二、政府對壟斷造成的市場失靈的干預

針對壟斷原因導致的市場失靈，政府干預的方式主要有：

（一）制定反托拉斯法

當壟斷有損於消費者時，政府可以採取通過立法來打破壟斷或禁止壟斷的措施。政府可以通過制定反壟斷法，即反托拉斯法，來實施對壟斷行為的管制。例如，國家可以縮短專利的期限或使專利的延期更加困難。西方很多國家都不同程度地制定了反托拉斯法，最為突出的就是美國。這裡以美國為例詳細介紹。

19世紀末和20世紀初，美國企業界出現了第一次大兼併，形成了一大批經濟實力雄厚的大企業。例如，在20世紀早期，安德魯·卡內基和J.P.摩根將很多較小的鋼鐵公司結合在一起形成了美國鋼鐵公司。這些大企業被叫做壟斷廠商或托拉斯。

1890—1950年，美國國會通過一系列法案，反對壟斷。例如，美國國會先後制定並頒布實施了《謝爾曼法》（1890年）、《克萊頓法》（1914年）、《聯邦貿易委員會法》（1914年）、《羅賓遜-帕特曼法》（1936年）、《惠特-李法》（1938年）、《塞勒-凱弗維爾法》（1950年）等反托拉斯法。這些法律可以起到削弱或分解壟斷企業、防止壟斷產生的目的。

我們假設全球最大的兩個軟飲料供應商，可口可樂公司和百事可樂公司想合併，那麼在合併之前一定會受到美國聯邦政府的嚴格審查。美國司法部的經濟學家、律師們可能認為，這兩家大型軟飲料公司合併會形成更大的壟斷勢力，這會使得美國軟飲料市場的競爭

性大大減弱，使整個市場消費者利益下降。如果這樣的話，法院將會判決不同意可口可樂公司和百事可樂公司的合併。

【小案例】拆分美國鋁業公司

美國鋁業公司發明了現代化的鋁生產工藝，許多年來，它一直是美國鋁市場的唯一生產商（美國鋁業公司不是純粹壟斷的唯一原因在於部分鋁來自國外進口）。1937年，美國鋁業公司成為美國政府反托拉斯法的實施目標。美國鋁業公司的價格高出邊際成本60%，鋁市場明顯屬於非完全競爭市場。政府的訴訟是：美國鋁業公司通過阻止新的生產者進入該市場來維持其近乎壟斷的地位。例如，鋁生產需要大量的電能，而美國鋁業公司與電力公司簽署協議，禁止電力公司向其他的鋁生產者提供電能。

由於美國鋁業公司有諸如此類的行為，因此美國最高法院宣判美國鋁業公司違反了反托拉斯法，命令其必須進行拆分。之後，美國鋁業公司加拿大分部變成了一個獨立的、競爭性的公司。同時，政府建立了兩家新的競爭者——雷諾鋁業公司和凱薩鋁業公司。

兩個政策——實施反托拉斯法和政府組建新公司——的結果是：鋁市場變得更具競爭性。從美國鋁業公司的經歷中我們可得出如下結論：通過將壟斷市場變成具有多家企業競爭的市場，可以降低市場價格，使市場更具競爭性。

（二）公共管制

政府對壟斷的管制主要是政府對壟斷價格進行管制並進而影響到價格。價格管制就是使管制之下的壟斷廠商制定的價格等於邊際成本。這樣可以將壟斷造成的社會福利損失減少到最低限度，以實現資源的優化配置。例如，在自來水和電力公司中，這種價格管制是常見的。政府不允許它們任意收取高價格，而是對它們的定價進行限制。又如，一個壟斷廠商在正常情況下索取150元的價格，那麼政府可以實施一個120元的最高限價，以便降低消費者使用該產品的成本。在一定條件下，對壟斷價格的強制限制，可能會導致壟斷產量的提高。

【小案例】價格管制

價格管制通常會阻止價格體系分配供給，因此必然要有其他的分配機制來代替。排隊，這一在東歐計劃經濟下常見的情形，是一種可能。當美國在1973—1979年間設置汽油價格上限時，商人以「先到先得」的理念銷售汽油，這讓司機們略微嘗到了當時人們生活的滋味：他們不得不排著長隊等待購買汽油。汽油的真實價格，包括人們為汽油付出的貨幣以及他們花費在排隊上的時間，往往比價格管制以前的價格還要高。例如，在1979年的某個時候，政府把汽油價格固定在每加侖1美元（1加侖=3.785升，下同）。如果市場價格是每加侖1.2美元，一個買了10加侖汽油的司機表面上省了2美元，但如果這個司機必須花費半個小時用來排隊，而他的時間每小時價值8美元，那麼他真正花費的就是10美元汽油費加4美元時間成本，最終汽油的價格變成了每加侖1.4美元。逃避管制的激

勵一直存在，逃避的方式也是多種多樣的。具體方式有依賴於物品或服務的特點、產業的組織形式和政府的行政力度等。

任務二十七　認識不完全信息

【學習目標】

1. 瞭解信息不完全的含義
2. 瞭解信息不完全的風險
3. 掌握政府對信息不完全導致市場失靈的干預方式

任務描述

2002年11月16日，中國廣東佛山發現第一起後來稱為非典型肺炎（SARS）的病例。2003年2月，廣東地區SARS發病率進入高峰。此後，非典型肺炎迅速在全國傳播。到2003年6月底，非典型肺炎疫情得到控制。

非典型肺炎讓我們看到了典型的市場失靈。引人注目的首先是商品價格的不正常上漲。以北京為例，起初是與治療非典相關的藥品和醫療器械、用品的價格迅速上漲，人們熟知的中草藥板藍根、醫用口罩、消毒劑、體溫表等價格飛漲。後來，4月23日、24日，以蔬菜、糧食為主的生活必需品大幅度漲價。

應該說漲價有正常成分。由於人們對部分「非典」關聯的商品需求增加，供求關係在短時間內發生了較大的變化，不少商品從供過於求變為供不應求。然而，從稍長時段看，這些商品的大幅度漲價不正常因素更多。因為就全國來看，大多數商品（包括中草藥）供過於求，這種供求關係並未發生根本的變化。一些藥品、蔬菜價格的成倍上漲甚至十幾倍上漲缺乏內在理由。

思考：

為什麼這些商品的價格能夠扶搖直上，達到平時人們想都想不到的高價？

筆記：

任務精講

相信同學們都有過上市場買水果、蔬菜的經驗。在市場裡買蘋果的時候，我們都會挑

挑揀揀，貨比三家，選那些看起來比較香甜可口的蘋果。但是你能確保你挑選出來就是香甜可口的嗎？怎樣避免選出的是金玉其外而敗絮其中的壞蘋果呢？下面我們一起來搜尋克服信息不完全的方法。

一、信息不完全

（一）信息不完全的含義及原因

完全競爭市場上能夠實現帕雷托最優狀態的一個重要假定就是完全信息，即市場交易雙方對交易產品具有充分的信息。然而，在現實生活中，人們對信息的掌握是不完全的，而這種不完全又往往表現為信息的不對稱。信息不完全（Asymmetric Information）是指參與經濟活動的當事人擁有不同信息的狀況，即有些人擁有比其他人更多的相關信息。例如，商品的賣方要比買方掌握更多的關於產品質量和數量等方面的信息。

信息不完全的產生是多種因素造成的。首先，獲取信息需要成本。其次，由於人們認識能力的局限性和差異性使其不可能掌握全部的信息。此外，充分佔有信息的一方會為了自身利益而對對方隱藏信息。

（二）逆向選擇

逆向選擇（Adverse Section）是指市場的一方不能知曉市場另一方的商品的類型或質量時，市場中大量的劣貨會排擠好貨並最終佔領市場的過程。逆向選擇最經典的例子是二手車市場。在該市場上，既有質量較好的二手車也有質量很差的二手車，但只有賣者掌握車的質量信息，而購買者對其缺乏瞭解。因此，在該市場上，雙方的信息是不對稱的。購買者此時的出價會介於質量較好的二手車價格與質量很差的二手車價格之間。這樣一來，質量較好的二手車，質量高於價格，車主會不願進入此市場或退出此市場；而質量很差的二手車，價格高於質量，車主願意進入此市場或留在此市場，最終導致該市場上的車都是質量較差的二手車。但是，當購買者知道他要買到的車是質量較差的二手車時，他會降低自己的出價，這又會使得比質量最差的二手車稍好一些的二手車退出市場，最後質量最差的二手車佔據了整個市場。

（三）道德風險

道德風險（Moral Hazard）是指在合約條件下，代理人憑藉自己擁有的私人信息優勢，可能採取「隱蔽信息」「隱蔽行為」等方式，以有利於自己而有損於委託人的一種經濟現象。根據信息經濟學的觀點，擁有私人信息優勢的參與者被稱為代理人，不擁有私人信息優勢的參與者被稱為委託人。

道德風險並不等同於道德敗壞，違背職業道德並不屬於道德風險。道德風險產生的原因在於代理人與委託人之間存在信息不完全。例如，簽訂了勞動合同後的員工不再像以往一樣勤勉地工作，而是在領導不在時偷懶或工作不認真負責；購買了汽車保險後的車主開車時不再小心翼翼，也不再像以前那樣小心保管自己的車子了；等等。因此，道德風險是

在交易或合約達成後，因為信息多的一方的行為難以被信息少的一方察覺，所以信息多的一方以損害對方的利益為代價獲得自己的利益。

【小知識】

1996年諾貝爾經濟學獎獲得者詹姆斯・莫里斯在信息經濟學理論領域做出了重大貢獻，尤其是針對不對稱信息條件下的「經濟激勵理論」的論述，讓他榮膺了諾貝爾經濟學獎。詹姆斯・莫里斯提出：「當保險賠償金數額龐大的時候，就會出現試圖故意肇事之後獲取保險賠償金的人，這就是道德風險。」

二、政府對信息不完全造成的市場失靈的干預

針對信息不完全原因導致的市場失靈，政府干預的方式主要如下：

（一）解決逆向選擇問題的措施

一是由政府規定企業對自己出售的產品提供質量保證。政府可以制定各種質量及各種技術安全質量標準並監督生產廠商實施。

二是由政府引導企業對自己出售的產品提供不同的產品包修年限。例如，在家用電器空調市場上，空調保修期一般為3年，但是個別品牌推出了10年甚至更長的保修期限，這就是一個市場信號，說明該品牌空調的質量更優秀，也反應了企業對自身產品質量的信心。

【小知識】市場信號

市場信號是信息多的一方向信息少的一方發出的傳遞質量等方面的信息的信號，以便於信息少的一方區分出不同的情況。例如，有些產品為消費者展示其各種級別（如ISO9000體系、QS14949體系）的鑒定證書或是被某種大型活動（如奧運會或世博會）指定的專用產品等等，這些都是在向消費者傳遞市場信號，有助於消費者做出判斷和選擇產品。

三是政府鼓勵企業對自己的產品樹立品牌，通過「聲譽」來分辨優質產品與劣質產品。一些公司為了在市場中樹立良好的形象，實行了不滿意就退貨的銷售政策。例如，某些大型商場規定，購買後一星期內可以無條件退貨（只要物品沒有受損）。有些消費者利用這一退貨政策，免費使用商場的商品，之後「不滿意」退貨。

四是政府鼓勵企業通過廣告等宣傳方式來區分優質產品與劣質產品。企業可以通過電視、報刊、網絡、活動等方式來打廣告，達到樹立企業的形象、宣傳企業的產品的目的。例如，耐克品牌資助的街頭籃球賽、漢帛品牌資助的設計師大賽、李寧品牌資助的中國體育隊領獎隊服等。因為參與或關注人群眾多，並且能夠較為有針對性地將品牌形象推向目標受眾人群，此舉有利於企業產品市場認知度的提升。

五是政府鼓勵企業實現產品標準化。政府可以設立消費者權益保護部門，制定保護消費者合法權益的法令，一旦出現商品買賣或勞務糾紛，消費者可以進行投訴來維護自身的

合法權益。

(二) 解決道德風險問題的措施

解決道德風險問題的措施主要是一些制度安排：一是預付保證金，二是訂立合同，三是樹立品牌聲譽，四是激勵制度、效率工資。

道德風險產生的原因是因為個人不必承擔其行動的後果。例如，員工偷懶不被發現的話就不會被扣工資；購買了健康保險的人不再像以往一樣注重鍛煉身體，因為生病了有保險公司支付治療費用。如果能讓製造風險的人承擔一部分的後果，那麼道德風險的問題就能夠解決。例如，效率工資，大多數企業都會規定員工在一段時期內的任務額度，沒有完成就扣發相應的工資，超額完成加發獎金。多勞多得，超額越多，員工賺的就越多，以此來激發員工的工作積極性。有的企業會分給員工小額度的企業股份，一方面讓員工有主人翁意識，另一方面使員工認識到自身的收入直接和企業的效益掛勾，因此而努力工作。

技能訓練

一、單項選擇題

1. 一般來說，公共物品的生產低於社會理想的水準，可能的原因在於（　　）。
   A. 人們不願意說真話　　　　　B.「搭便車」的傾向
   C. 人們的覺悟不高　　　　　　D. 上面的說法都說得過去
2. 下列可能出現「搭便車」問題的物品是（　　）。
   A. 收費的高速公路　　　　　　B. 提供九年義務教育
   C. 公共路燈　　　　　　　　　D. 私人經營的商店
3. 周圍人吸菸會給你帶來危害，這屬於（　　）。
   A. 正外部性　　　　　　　　　B. 道德約束
   C. 負外部性　　　　　　　　　D. 外部性的內在化
4. 下列市場最有可能存在信息不對稱問題的是（　　）。
   A. 牙膏市場　　　　　　　　　B. 電器市場
   C. 二手車市場　　　　　　　　D. 香皂市場

二、判斷題

1. 同國防、外交一樣，有線電視也屬於純公共物品。　　　　　　　　　（　　）
2. 所有給交易雙方之外的第三方造成的影響都屬於外部性。　　　　　　（　　）
3. 逆向選擇和道德風險問題普遍存在的原因是外部性。　　　　　　　　（　　）

三、技能分析

2003年7月14日，家住北京市東城區四八條37號院的朱大爺因發現院內水管漏水，便在沒有徵得鄰居同意的情況下，自行請人對自來水管線進行了檢測，並繳納了檢測費100元。為了收回每戶該分攤的7.14元檢測費，朱大爺費盡口舌卻沒有結果，於是便將一些鄰居告到了法院。東城區法院審理後，從法理上認定朱大爺在未得到他人授權的情況下，「擅自主張」檢測水管，鄰居完全有理由拒絕朱大爺分攤檢測費的要求。然而，從更深的層面上講，朱大爺的敗訴是由公共物品自身性質決定的。

提問：

（1）漏水的水管是否屬於公共物品？為什麼？

（2）公共物品何以導致市場失靈？

（3）用經濟學原理解釋朱大爺敗訴的原因。

四、綜合實訓

綜合實訓項目：負外部性調研。

項目名稱：污染影響了誰——關於負外部性的調研。

實訓目的：通過對負外部性對周邊影響情況的實地調研，讓學生更加深入地理解負外部性的概念，並且能夠正確認識到負外部性市場給社會帶來的影響。

實訓內容：學生分組，在查閱資料的基礎上進行市場調研，撰寫調研報告。

實訓時間：結束本項目的學習後，課外進行。

操作步驟如下：

（1）將班級每5名同學分成一組，每組確定一名負責人。

（2）以小組為單位，在組長的帶領下，小組成員進行分工，確定一個具有負外部性的經濟個體或組織作為調研目標。

（3）每個小組根據調研目標做好調研準備工作，包括負外部性來源、周圍有哪些經濟個體或組織可能受到影響及受到何種影響。

（4）以小組為單位進行實地調研，調查負外部性來源對於周圍哪些人或組織會造成影響及實際影響有哪些，記錄調查結果，拍攝相關照片。

（5）調查結束後，進行調查結果整理，小組討論，並且撰寫調研報告。

成果形式：撰寫一篇調研報告，字數1,000字左右。

項目九　推開宏觀經濟之窗

【學習目標】

知識目標：
1. 瞭解國內生產總值、國民生產總值、國民收入等概念。
2. 掌握消費、儲蓄與投資的關係。

能力目標：
1. 能運用所學原理解讀國家的經濟運行。
2. 能運用所學原理對重大投資項目對社會的發展做出初步的預測。

【案例導入】中國國內生產總值超越日本

2010年，中國國內生產總值（GDP）同比增長10.3%，超過39.7萬億元，在金融危機後重拾兩位數增長。在西方經濟分析人士看來，這一數據有些「出人預料」。美聯社說，在中國國家主席胡錦濤成功訪美之際，該消息凸顯了復甦強勁的中國與依然步履蹣跚的美歐經濟體之間的差異。兩位數的增速足以確保中國從日本頭上搶過其戴了42年的「世界第二大經濟體的帽子」。雖然國際上近年來對「GDP」爭議頗多，認為其不夠全面和科學，有批評者甚至將其形容為讓美國製造出原子彈的「曼哈頓計劃」，不過日本輿論對「中日經濟地位逆轉」的沮喪是實實在在的。在更科學的統計方式出來之前，GDP仍被看成衡量各國實力的最「硬」指標。

任務二十八　瞭解國民收入核算體系

【學習目標】

1. 瞭解國內生產總值的定義，能理解國內生產總值的概念。
2. 瞭解國民收入指標體系的內容和相關概念以及它們之間的關係。

項目九 推開宏觀經濟之窗

任務描述

2007年剛剛開始,廣州便傳出了一條「振奮人心」的消息:廣州市2006年的地區生產總值達到6,236億元,人均GDP將超過11,000美元。

一夜之間,廣州「站在了現代化的門檻上」,各大媒體的重要版面紛紛為「廣州的發達」留出一席之地。一時之間,因了廣州率先邁入「發達」之列,神州大地也跟著一片歡騰。然而這歡騰中卻也不乏反對之音,許多人士指出,廣州的這一統計數字是以戶籍人口為分母,而忽略了對GDP同樣做出貢獻的外來勞動者,即占廣州近一半的外來勞動者只被作為創造GDP的分子,而不作為這一「人均數字」的分母享受分配。於是,廣州的人均GDP過萬元的神話被人直指虛假,輿論又是一片嘩然。

贊成也好,反對也罷,引起這軒然大波的就是這向來為國人馬首是瞻的GDP。

思考:

什麼是GDP?它能衡量什麼?不能衡量什麼?GDP有缺陷嗎?

筆記:

任務精講

眾所周知,美國是當今世界上經濟實力最強的國家,屬於發達國家,而中國則屬於發展中國家,但是經濟發展非常快,經濟實力正在不斷增強。在日常生活中,人們經常談到一個國家的經濟實力,經常把多個國家的經濟實力進行比較。那麼我們評價一個國家經濟實力強弱的依據是什麼呢?

宏觀經濟學以整個國民經濟活動作為考察對象,其核心理論是國民收入決定理論。要想從總體上把握整個國民經濟活動,就必須要有一套定義和計量總產出或總收入的方法,這套方法便是通常所說的國民收入核算體系。經濟學已經建立了一整套相對科學、系統和合理的國民收入核算體系,目前世界上絕大多數國家均採用1993年經聯合國修訂的國民經濟核算體系。

一、國內生產總值的含義

國內生產總值(Gross Domestic Product,GDP)是指在一定時期內(一個季度或一年),一個國家或地區的經濟中生產出的全部最終產品和勞務的價值。GDP常被公認為衡量國家經濟狀況的最佳指標。GDP不但可以反應一個國家的經濟表現,還可以反應一個國家的國力與財富。GDP這個定義,包含以下幾個方面的意思:

第一，國內生產總值是一個市場價值的概念。各種最終產品的價值都是用貨幣加以衡量的。產品市場價值就是用這些最終產品的單位價格乘以產量而獲得的。假如某個國家一年生產 10 萬件上衣，每件上衣售價 50 美元，則該國一年生產上衣的市場價值就是 500 萬美元。

第二，國內生產總值測度的是最終產品的價值，中間產品的價值則不計入國內生產總值，否則就會造成重複計算。一般根據產品的實際用途，可以把產品分為中間產品和最終產品。所謂最終產品，是指在一定時期內生產的可供人們直接消費或使用的物品和服務。這部分產品已經到達生產的最後階段，不能再作為原料或半成品投入其他產品和勞務的生產過程中去，如消費品、資本品等。中間產品是指為了再加工或轉賣用於供別種產品生產使用的物品和勞務，如原材料、燃料等。

舉個例子說，假定一件上衣從生產到消費者最終使用共要經過 5 個階段：種棉、紡紗、織布、制衣、銷售。假設棉花的價值為 15 美元，並假定它都是當年新生產價值，不再包含為生產棉花花費的化肥、種子等價值。再假定紡紗廠買進棉花紡織成紗售價為 20 美元，於是紡紗廠生產的新價值就是 5 美元，即增值 5 美元。織布廠買進棉紗織成布售價為 30 美元，於是織布廠生產的新價值是 10 美元，即增值 10 美元。制衣廠買進布匹制成成衣賣給售衣商為 45 美元，於是制衣廠生產的新價值是 15 美元，即增值 15 美元。售衣商將成衣賣給消費者為 50 美元，於是售衣商在銷售中增值了 5 美元。這樣，衣服的這種最終產品的價值恰好等於服裝生產銷售所經歷的五個階段所增加的價值，這可以從表 28-1 中看出。

表 28-1　　　　　　　　　服裝生產過程中的價值增值　　　　　　　單位：美元

	棉花	棉紗	棉布	制衣	銷售
投入的中間產品的價值	0	15	20	30	45
產品的售價	15	20	30	45	50
新增的價值	15	5	10	15	5

由表 28-1 可見，這件上衣在 5 個階段中新創造價值共計 15+5+10+15+5＝50 美元，正好等於這件上衣的最後售價。因此，如果我們要計算這一時期生產的價值可以採用兩種方法：一是計算生產出來的最終產品的價值，二是計算這一最終產品生產過程中新增加的價值，二者一定相等。

如果我們把投入的中間產品的價值也計算進去，必然會產生重複計算的問題。例如，如果把棉花、棉紗、棉布以及制衣的價值都算進這個時期的生產價值，則其總額就會變為 15+20+30+45+50＝160 美元。結果，棉花的價值被重複計算四次，棉紗的價值被重複計算三次，棉布的價值被重複計算兩次，制衣的價值被重複計算一次。要避免這一弊病，只要

從這個時期出售的全部產品的價值中減去中間產品的價值，就能得到這一時期生產的最終產品的價值。在上例中就是 160-(15+20+30+45)= 50 美元。

在這裡弄清楚什麼是最終產品、什麼是中間產品是極其重要的。在上例中，出售給消費者的服裝就是最終產品。可見二者不是從產品的本身物質屬性來區分的，而是從它在生產循環流轉中的功能來區分的。一塊布賣給制衣廠作原料，是中間產品，賣給家庭主婦直接制衣就是最終產品了。根據不重複出售這個定義，一般把用作個人消費、投資、政府購買和出口的產品稱為最終產品。作為投資用的產品，如一臺機器賣給某個企業作為設備，看來似乎是用於生產別的產品的中間產品，但是由於它不再出售，因而還是最終產品，這和用作原料的中間產品不同。此外，企業年終盤存的時候庫存貨物也被當成最終產品，它可以看成企業自己最終買給自己的最終產品，計算國內生產總值時也應該把庫存的產品的價值計入。

第三，國內生產總值是一定時間內生產的而不是銷售的最終產品的市場價值。假定今年某國銷售的貨物為 1,000 億美元，但是其中 50 億美元的產品是去年生產的，則計算今年的國內生產總值時，這 50 億美元的產品的價值就不能計算在內，而應該從 1,000 億美元中扣除出去。因為這 50 億美元已經作為去年的存貨投資計算到去年的國內生產總值中去了。同樣，假如今年生產了 1,000 億美元的產品，只賣掉 900 億美元的產品，則所餘的 100 億美元庫存同樣應該計入今年的國內生產總值。根據上述道理，假定某國今年出售的最終產品為 1,000 億美元，上年留下的庫存為 50 億美元，今年留作庫存為 100 億美元，則可知今年生產的國內生產總值為 1,050 億美元。總之，今年生產的最終產品價值等於今年售賣的最終產品的價值減去上年庫存，而加上今年庫存的價值。

國內生產總值是計算期內生產的最終產品的價值，因而是流量而不是存量。流量是指一定時期內發生的變量，存量是指一定時點上存在的變量。例如，某人花 20 萬美元買了一幢舊房，這 20 萬美元就不能計入國內生產總值，因為在它的生產年份，其價值已經被計入國內生產總值了。但是買賣這幢舊房的經紀人的手續費則可以計入國內生產總值，因為這筆費用是經紀人買賣舊房的過程中提供的勞務報酬。

第四，國內生產總值是指一個國家領土內生產的產品和勞務，既包括本國企業生產的產品和勞務，也包括外國企業在本國生產的產品和勞務。例如，日本公民在中國工作獲得的收入就應該計入中國的國內生產總值中，但是它不計入日本的國內生產總值中。

第五，國內生產總值一般僅僅是指為了市場而生產的物品和勞務的價值，而非市場活動不包括在內。在我們的現實生活中，許多產品和勞務雖然對人們經濟福利也很有關係，但是如果不是市場交換活動，就不能包括在國內生產總值中。自給自足的生產、慈善機構的活動、在家中做飯和打掃衛生的活動等，都不能計入國內生產總值中。例如，一個人花錢請人做保姆，那麼保姆的收入就應該計入國內生產總值中；而如果這個人和保姆結婚了，妻子的生活費也許和她當保姆時的收入一樣多，但是由於不再是市場交易活動，因此

就不能夠再計入國內生產總值。

第六，國內生產總值僅僅是一定時期內生產的價值，包含時間的因素。因為國內生產總值統計的複雜性，所以一般來說各個國家都採用一年的時間作為一個統計週期。當然，在不同的地區有時也會採用季度、月作為統計週期。

【小資料】20 世紀最偉大的發現之一

美國著名的經濟學家保羅‧薩繆爾森說：「GDP 是 20 世紀最偉大的發現之一。」沒有 GDP，我們就無法進行國與國之間經濟實力的比較、貧窮與富裕的比較，我們就無法知道中國 2011 年的 GDP 總量排在全世界的第二位，而美國的 GDP 幾乎是中國 GDP 的 2 倍。沒有 GDP 這個總量指標，我們無法瞭解中國的經濟增長速度是快還是慢，是需要刺激還是需要控制。因此，GDP 就像一把尺子、一面鏡子，是衡量一國經濟發展和生活富裕程度的重要指標。如果你要判斷一個人在經濟上是否成功，你首先要看他的收入。高收入的人享有較高的生活水準，同樣的邏輯也適用於一國的整體經濟。當判斷經濟富裕還是貧窮時，要看人們口袋裡有多少錢，這正是國內生產總值的作用。

二、名義國內生產總值和實際國內生產總值

一個社會經濟體系生產千千萬萬種的物品和勞務，它們之所以能加總統計，就是因為都用貨幣來衡量其價值。例如，每千克香蕉 12 元，每千克柑橘 8 元。這樣，各種不同的貨物的價值才可以比較並合計。每種最終產品的市場價值就是用各種產品和勞務的單位價格乘以產量獲得的。把所有最終產品的市場價值加總起來就是國內生產總值。

由於國內生產總值的核算中有價格乘以產量的關係，因此產量和價格的變動都會使國內生產總值變動。但是人們的物質福利只與所生產的物品和勞務的數量和質量有關係。如果產品和勞務的數量和質量不變，而價格提高一倍，國內生產總值就會增加一倍，但人們的物質福利並未增加。為此，我們有必要把國內生產總值變動中的價格因素抽象出來，只研究產品和勞務的數量變化。這就要區別名義國內生產總值和實際國內生產總值這兩個概念。

名義國內生產總值是指用生產物品和勞務當年的價格計算的全部最終產品的市場價值。實際國內生產總值是指用以前某年價格作為基期的價格來計算出來的全部最終產品的市場價值。假設某國最終產品以香蕉和上衣代表。兩種物品在 2018 年（現期）和 2008 年（基期）的價格分別如表 28-2 所示，則以 2008 年價格計算的 2018 年實際國內生產總值為 260 萬美元。

表 28-2　　　　　　　　　　　名義 GDP 和實際 GDP

	2008 年的名義 GDP	2018 年的名義 GDP	2018 年的實際 GDP
香蕉	15 萬單位×1 美元 = 15 萬美元	20 萬單位×1.5 美元 = 30 萬美元	20 萬單位×1 美元 = 20 萬美元
上衣	5 萬單位×40 美元 = 200 萬美元	6 萬單位×50 美元 = 300 萬美元	6 萬單位×40 美元 = 240 萬美元
合計	215 萬美元	330 萬美元	260 萬美元

某個時期名義國內生產總值和實際國內生產總值之間的差可以反應出這一時期和基期相比的價格變動程度，因為通過計算名義國內生產總值的比率，可以計算出價格變動的百分比。

在上例中，$\dfrac{330}{260}$ = 126.9%，說明從 2008 到 2018 年該國的價格水準上漲了 26.9%。

三、國民收入指標體系

國民收入的指標體系中，除了上面說過的國內生產總值（GDP）之外，還包括國民生產總值（GNP）、國內生產淨值（NDP）、國民收入（NI）、個人收入（PI）、個人可支配收入（PDI）。它們之間也存在一定的關係，下面分別討論。

（一）國民生產總值（GNP）

國民生產總值是指一個經濟社會在某一給定的時期內由一國擁有的全部生產要素所生產的全部最終產品和勞務的市場價值總和，簡稱 GNP。國民生產總值和國內生產總值這兩個統計指標在統計思想上反應了是按國民原則還是按國土原則進行統計的區分。國民生產總值測量一國居民的收入，是按國民原則進行統計，包括本國公民從國外取得的收入，但不包括外國居民在本國取得的收入。

國民生產總值和國內生產總值的關係如下：

國民生產總值＝國內生產總值＋本國公民在國外生產的最終產品的價值總和－外國公民在本國生產的最終產品的價值總和

在 1991 年 11 月之前，美國一直是用 GNP 作為對經濟總產出的基本衡量指標，後來改用了 GDP。現在大多數國家都採用 GDP 指標，主要原因如下：

第一，一般來說，一個國家的對外開放程度越高，用 GDP 作為衡量指標就越具有科學性。在當今世界，國際貿易在各國經濟中越來越重要，許多國家對外貿易的比例在不斷增加。因此，大多數國家都採用 GDP。

第二，由於國外要素收入的數據不足，而 GDP 的數據則比較容易獲得，於是採用 GDP。

第三，GDP 相對於 GNP 來說是國內就業潛力的更好的衡量指標（本國使用外資的時

候解決的是本國的就業問題)。

(二) 國內生產淨值 (NDP)

國內生產淨值 (Net Domestic Product, NDP) 是指一個國家或地區在一定時期內生產的最終產品和勞務按市場價格計算的淨值及新增加的產值。NDP 是按市場價格計算的國內生產淨值的簡稱,等於國內生產總值減去所有常住單位的固定資產折舊,即 NDP = GDP − 資本折舊 (Depreciation)。

(三) 國民收入 (NI)

這裡說的國民收入是狹義的國民收入,是指一個國家在一定時期內用於生產產品和提供勞務的各種生產要素獲得報酬和收入的總和。國民收入與國民生產淨值的區別是:從理論上來講,前者是從分配的角度考察的。後者是從生產的角度考察的。從數量上來講,國民收入等於國民生產淨值減去企業間接稅加上政府津貼。間接稅從形式上看是由企業負擔的,實際上間接稅附加在成本上,在銷售的時候轉移了出去。間接稅作為產品的價格附加,既不是任何生產要素提供的,也不能為任何生產要素獲得,因此計算國民收入時要扣除。政府津貼是國家對產品售價低於生產要素成本價格的企業的補貼,目的是彌補企業的損失來維持這種產品的生產。這種補貼可以看成一種賦稅(即倒付的稅),屬於企業生產要素的收入。因此,計算國民收入要從間接稅中扣除政府補貼。

國民收入用公式表示為:

國民收入=國民生產淨值−企業間接稅+政府津貼

(四) 個人收入 (PI)

個人收入是指一個國家所有個人在一定時期內從各種來源得到的收入的總和。個人收入包括勞動收入、企業主收入、租金收入、利息和股息收入、政府轉移支付收入和企業轉移支付收入等。個人收入與國民收入的區別在於:國民收入中有一部分不分配給個人,如利潤收入中要向政府繳納公司所得稅,公司還要留下一部分利潤,另外職工收入中也要有一部分以社會保險費的形式上繳有關機構,這些都不構成個人收入。而個人收入中通過再分配的渠道取得的部分,如人們以各種形式從政府和企業那裡得到的轉移支付,則不屬於國民收入。

個人收入的構成可用公式表示為:

個人收入=國民收入−(公司未分配利潤+公司所得稅+公司和個人繳納的社會保障費)+(政府對個人支付的利息+政府對個人的轉移支付+企業對個人的轉移支付)

(五) 個人可支配收入 (DPI)

個人可支配收入是指一個國家所有的個人在一定時期內得到的收入總和中減去個人或家庭納稅部分後實際得到的由個人自由使用的收入。個人收入並不是人們實際得到的、可任意支配的款項,它必須扣除個人所得稅後才能歸個人自由支配。

個人可支配收入一方面是用於個人消費,包括食品、衣物、居住、交通、文娛和其他

雜項方面的支出；另一方面用於個人儲蓄，包括個人存款、個人購買債券等。個人可支配收入用公式表示為：

個人可支配收入＝個人收入－個人所得稅＝個人消費支出＋個人儲蓄

四、國內生產總值的核算方法

GDP核算有三種方法，即支出法、生產法和收入法。三種方法從不同的角度反應國民經濟生產活動成果。

（一）用支出法核算GDP

支出法核算GDP，就是從產品的使用出發，把一年內購買的各項最終產品的支出加總而計算出的該年內生產的最終產品的市場價值。這種方法又稱最終產品法、產品流動法。從支出法來看，國內生產總值包括一個國家（或地區）所有常住單位在一定時期內用於最終消費、資本形成總額以及貨物和服務的淨出口總額，反應本期生產的國內生產總值的使用及構成。

如果用代表各種最終產品的產量，代表各種最終產品的價格，則使用支出法核算GDP的公式是：

$$Q_1P_1 + Q_2P_2 + \cdots + Q_nP_n = GDP$$

在現實生活中，產品和勞務的最後使用，主要是居民消費、企業投資、政府購買和出口。因此，用支出法核算GDP，就是核算一個國家或地區在一定時期內居民消費、企業投資、政府購買和淨出口這幾方面支出的總和。

居民消費（用字母C表示）包括購買冰箱、彩電、洗衣機、小汽車等耐用消費品的支出，購買服裝、食品等非耐用消費品的支出以及用於醫療保健、旅遊、理髮等勞務的支出。建造住宅的支出不屬於居民消費。

企業投資（用字母I表示）是指增加或更新資本資產（包括廠房、機器設備、住宅以及存貨）的支出。投資包括固定資產投資和存貨投資兩大類。固定資產投資指新造廠房、購買新設備、建築新住宅的投資。為什麼住宅建築屬於投資而不屬於消費呢？因為住宅像別的固定資產一樣是長期使用、慢慢地被消耗的。存貨投資是企業掌握的存貨（或稱成為庫存）的增加或減少。如果年初全國企業存貨為2,000億美元而年末為2,200億美元，則存貨投資為200億美元。存貨投資可能是正值，也可能是負值，因為年末存貨價值可能大於也可能小於年初存貨。企業存貨之所以被視為投資，是因為它能產生收入。從國民經濟統計的角度看，生產出來但沒有賣出去的產品只能作為企業的存貨投資處理，這樣使從生產角度統計的GDP和從支出角度統計的GDP相一致。

計入GDP中的投資是指總投資，即重置投資與淨投資之和，重置投資也就是折舊。

投資和消費的劃分不是絕對的，具體的分類則取決於實際統計中的規定。

政府購買（用字母G來表示）是指各級政府購買物品和勞務的支出，包括政府購買軍

火、軍隊和警察的服務、政府機關辦公用品與辦公設施、舉辦諸如道路等公共工程、開辦學校等方面的支出。政府支付給政府雇員的工資也屬於政府購買。政府購買是一種實質性的支出，表現出商品、勞務與貨幣的雙向運動，直接形成社會需求，成為國內生產總值的組成部分。政府購買只是政府支出的一部分，政府支出的另一部分如政府轉移支付、公債利息等都不計入GDP。政府轉移支付是政府不以取得本年生產出來的商品與勞務的作為報償的支出，包括政府在社會福利、社會保險、失業救濟、貧困補助、老年保障、衛生保健、對農業的補貼等方面的支出。政府轉移支付是政府通過其職能將收入在不同的社會成員間進行轉移和重新分配，將一部分人的收入轉移到另一部分人手中，其實質是一種財富的再分配。有政府轉移支付發生時，即政府付出這些支出時，並不相應得到什麼商品與勞務，政府轉移支付是一種貨幣性支出，整個社會的總收入並沒有發生改變。因此，政府轉移支付不計入國內生產總值中。

淨出口（用字母 $X-M$ 表示，X 表示出口，M 表示進口）是指進出口的差額。進口應從本國總購買中減去，因為進口表示收入流到國外，同時也不是用於購買本國產品的支出；出口則應增加進本國總購買量之中，因為出口表示收入從外國流入，是用於購買本國產品的支出。因此，淨出口應計入總支出。淨出口可能是正值，也可能是負值。

把上述四個項目加起來，就是用支出法計算GDP的公式：

$GDP = C + I + G + (X - M)$

（二）用收入法核算GDP

用收入法核算GDP，就是從收入的角度，把生產要素在生產中所得到的各種收入相加來計算的GDP，即把勞動所得到的工資、土地所有者得到的地租、資本所得到的利息以及企業家才能得到的利潤相加來計算GDP。這種方法又叫要素支付法、要素成本法。

在沒有政府的簡單經濟中，企業的增加值即其創造的國內生產總值，就等於要素收入加上折舊，但當政府介入後，政府往往徵收間接稅，這時的GDP還應包括間接稅和企業轉移支付。間接稅是對產品銷售徵收的稅，包括貨物稅、週轉稅。這種稅收名義上是對企業徵收，但企業可以將其計入生產成本之中，最終轉嫁到消費者身上，因此也應視為成本。同樣，企業轉移支付（即企業對非營利組織的社會慈善捐款和消費者呆帳）也不是生產要素創造的收入，但要通過產品價格轉移給消費者，故也應看作成本。

資本折舊也應計入GDP，因為資本折舊雖不是要素收入，但包括在總投資中。

此外，非公司企業主收入也應計入GDP中。非公司企業主收入是指醫生、律師、小店鋪主、農民等的收入。他們使用自己的資金，自我雇用，其工資、利息、租金很難像公司的帳目那樣，分成其自己經營應得的工資、自有資金的利息、自有房子的租金等，其工資、利息、利潤、租金常混在一起作為非公司企業主收入。

這樣，按收入法計算的GDP公式就是：

GDP＝工資＋利息＋利潤＋租金＋間接稅和企業轉移支付＋折舊

也可看成：

GDP＝生產要素的收入＋非生產要素的收入

從理論上講，用收入法計算出的 GDP 與用支出法計算出的 GDP 在量上是相等的。

【小知識】

美國 2002 年 GDP 的構成及其比重（收入法）

國內生產總值的構成	金額（10億美元）	百分比（％）
1. 工資、薪水和津貼	4,427	57.97
2. 淨利息	425	5.57
3. 個人租金收入	146	1.91
4. 企業間接稅、調整與統計誤差	553	7.24
5. 折舊	830	10.86
6. 非公司業主收入	520	6.81
7. 公司稅前利潤	736	9.64
國內生產總值	7,637	100.00

（三）用生產法核算 GDP

用生產法核算 GDP 是指按提供物質產品與勞務的各個部門的產值來計算國內生產總值。生產法又叫部門法，這種計算方法反應了國內生產總值的來源。

運用這種方法進行計算時，各生產部門要把使用的中間產品的產值扣除，只計算增加的價值。商業等部門按增值法計算，衛生、教育、行政、家庭服務等部門無法計算其增值，就按工資收入來計算其服務的價值。

按生產法核算國內生產總值，可以分為下列部門：農、林、漁業，礦業，建築業，製造業，運輸業，郵電和公用事業，電、煤氣、自來水業，批發、零售商業，金融、保險，不動產業，服務業，政府服務和政府企業。把以上部門生產的國內生產總值加總，再與國外要素淨收入相加，考慮統計誤差項，就可以得到用生產法計算的 GDP 了。

從理論上說按上述三種方法核算出來的 GDP，應該是完全相等的。但在國民經濟核算的實踐中，由於受資料來源、統計口徑等因素的限制，三種方法的計算結果往往不相等。特別是支出法得出的 GDP 數值與生產法、收入法的核算結果之間經常存在一定的出入。在中國國民經濟核算實踐中，生產法和收入法計算的 GDP 數值相等。這是因為生產法和收入法都是對各個產業部門增加值的計算。支出法核算的 GDP 則與前兩者存在一定的統計誤差。

在實際統計中，一般以國民經濟核算體系的支出法為基本方法，即以支出法計算出的

國內生產總值為標準。

一個國家片面追逐 GDP 的快速增長，在經濟總量快速增長的同時會帶來一系列的負面效應。例如，高失業率、通貨膨脹加劇、環境污染、居民安全感及幸福指數下降。國民經濟增長在追求「更快、更高、更強」的同時，忽視了貨幣政策和財政政策的同步，使人民存在銀行裡的存款大幅縮水，這是通貨膨脹導致的結果。近幾年房價漲聲一片及醫療費、學費猛漲直接降低了人民的幸福指數。

這一切都說明，GDP 指數高不是靈丹妙藥，不是「神仙一把抓」，並非可以衡量一切，有很多方面 GDP 不僅無能為力，而且還可能適得其反。GDP 的這些不足之處，早些年就引起了輿論的廣泛關注，國人並非沒有理解，但為什麼人們直到現今一提 GDP 就興奮，對 GDP 頂禮膜拜呢？

一些人士指出，GDP 崇拜的原因乃是其被人為地抬到了太高的政治高度，有的官員幾乎把 GDP 看成執政合法性的象徵。於是，GDP 從政策上、體制上、文化上，獲得了全面支持。任何其他指標，如教育、文化、衛生、環保、拆遷居民安置等等，統統要為 GDP 讓路。對官員的考核，別的指標都是軟約束，GDP 卻是硬家伙！

從現在開始，我們一方面要認識到 GDP 的重要性，另一方面也要看淡 GDP，看淡指標，加緊「內功」的鍛煉，增強衝擊抵抗力，在波濤洶湧、變幻莫測的世界競爭中，真正實現國富民強。

任務二十九　熟悉國民經濟的流轉過程

【學習目標】

1. 熟悉兩部門、三部門、四部門經濟中的主體和運轉條件
2. 掌握兩部門、三部門、四部門經濟中的收入流程模型與恒等式

任務描述

國民經濟如何正常運行？

2002 年中國國家的調查數據顯示，當年中國 86% 的商品供過於求，企業找不到賺錢的投資項目。而當時有 11 萬億元銀行儲蓄，這說明了家庭掙來的錢沒花出去，直接導致了企業大量的商品沒有賣出去，這樣經濟的正常循環就出現了問題。為了保證經濟的正常循環國家想了很多的辦法刺激消費和投資，如擴大財政支出、調整貨幣政策、加大出口等。

思考：
一個國家的經濟怎樣才能平穩地正常運轉呢？宏觀經濟怎樣才能達到平衡？
筆記：
_____
_____

任務精講

一、兩部門經濟中的收入流程模型與恒等式

凱恩斯假設，一國的宏觀經濟中有兩個部門，即只有家庭（居民戶）和企業（廠商）兩個部門。家庭出賣勞動，到企業去做工，掙來錢去購買企業生產產品；企業生產的產品，把產品賣出去，收回錢來繼續生產。一國的宏觀經濟要想平衡，其條件是家庭掙的錢全部花了，企業生產的產品全部賣了，這樣宏觀經濟就能正常運行了。但是現實問題是家庭掙的錢沒有都花出去，企業生產的產品也沒有全部賣出去。那麼宏觀經濟還能正常運轉嗎？

現實經濟中沒有一個家庭會把掙來的錢都花出去，其一般是把一部分錢花出去，一部分錢存起來。同時，企業也不可能一直都是簡單再生產，企業想擴大再生產，就需要投資。家庭不花的錢存進銀行，有了儲蓄。企業加大投資時向銀行貸款，有了投資。於是，宏觀經濟中出現了投資和儲蓄，只要把企業的投資和家庭的儲蓄相等，宏觀經濟也能正常運轉。因此，宏觀經濟平衡最重要的條件是儲蓄等於投資。在兩部門經濟中，總需求分為居民的消費需求和企業的投資需求，消費需求和投資需求可以分別用消費支出和投資支出來代表，所以有：

總需求＝消費＋投資

如果以 AD 代表總需求，C 代表消費，I 代表投資需求，上式可以寫成：

$AD = C + I$

【注意】

這裡所說的兩部門是指一個假設的經濟社會，其中只有家庭（消費者）和企業（即廠商），因而不存在企業間接稅，在兩部門經濟中，沒有稅收、政府支出以及進出口貿易。

總供給是全部產品和勞務供給的總和，產品和勞務是由各種生產要素生產出來的，因此總供給是各種生產要素供給的總和，即勞動、資本、土地和企業家才能供給的總和。生產要素供給的總和可以用各種生產要素得到的相應的收入的總和來表示，即用工資、地租、利息、利潤的總和來表示。工資、地租、利息、利潤是消費者得到的收入，這些收入分為消費和儲蓄兩部分。

總供給＝消費+儲蓄

如果以 AS 代表總需求，C 代表消費，S 代表投資需求，上式可以寫成：

$AS=C+S$

總需求和總供給的恒等式就是：

$AD=AS$

即 $C+I=C+S$，於是有 $I=S$，即消費等於投資。這也是宏觀經濟學中最基本的恒等式。兩部門經濟循環模型如圖29-1所示。

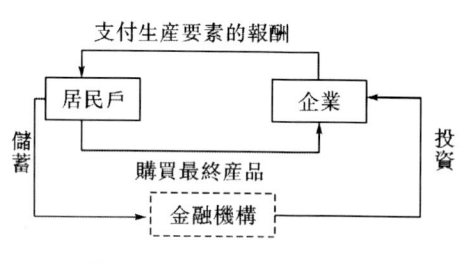

圖 29-1　兩部門經濟循環模型

【注意】

①上述的投資恒等式是國民收入恒等式的簡化形式，二者是屬於定義性的恒等式，都是根據國民收入以及投資與儲蓄的定義得出的。在兩部門的情況下，國內生產總值等於消費加投資，國民收入等於消費加儲蓄，而國內生產總值又等於國民收入，所以有了投資-儲蓄恒等式。

②這種恒等關係就是兩部門經濟的總供給（$C+S$）和總需求（$C+I$）的恒等關係。只要遵循儲蓄和投資的這些定義，儲蓄和投資一定相等，而不管經濟是否充分就業或通貨膨脹，即是否均衡。

③需要說明的是，這裡講的儲蓄等於投資，是對整個經濟而言的，至於某個人、某個企業或某個部門，則完全可以通過借款或貸款，使投資大於或等於儲蓄。

按照凱恩斯的理論，如果要讓兩個部門的經濟運轉起來，儲蓄一定要等於投資，但我們國家現實的情況是一般儲蓄大於投資，很多人喜歡把錢存起來，他們要存錢給孩子交學費、看病和養老等，這些導致中國的儲蓄率一直居高不下。大家減少消費，商家積壓在倉庫的東西就賣不出去，這樣經濟就會偏離正常運行的軌道，經濟就會出問題。因此，政府一直都在努力擴大內需，希望大家把儲蓄的錢拿出來消費，只有大家花錢，經濟才有希望增長。

為什麼要儲蓄等於投資的時候經濟才會平穩呢？這是因為當儲蓄大於投資時，通貨就在緊縮，因為東西賣不出去，這樣企業只能降價賣，甚至賠本賣；當投資大於儲蓄時，大家都想賺錢，這時需求多了，東西少了，企業就會提價賣商品，於是就會出現通貨膨脹。

因此，兩部門經濟平衡的條件是儲蓄一定要等於投資。

二、三部門經濟中的收入流程模型

在社會經濟生活中，政府是一個不可缺少的經濟主體，政府一方面向廠商與家庭徵稅，構成政府的稅收收入，另一方面購買廠商生產的商品與家庭的生產要素，構成政府支出。政府支出分為對產品的購買與轉移支付兩部分。政府購買是指政府為了滿足政府活動的需要而進行的對產品的購買，轉移支付是政府不以換取產品為目的的支出，如各種補助金、救濟金等。個人有了收入要繳納個人所得稅，企業要繳納企業所得稅，還有增值稅等；政府有了收入後就要支付出去。這樣整個宏觀經濟才能運轉。如果政府的財政收入和財政支出不相等的話，就會出現財政赤字，或者出現財政盈餘。

【小知識】政府的轉移支付

政府的轉移支付大都具有福利支出的性質，如社會保險福利津貼、撫恤金、養老金、失業補助、救濟金以及各種補助費等，農產品價格補貼也是政府的轉移支付。由於政府的轉移支付實際上是把國家的財政收入還給個人，因此有的西方經濟學家稱之為負稅收。

三部門經濟流程模型如圖 29-2 所示。

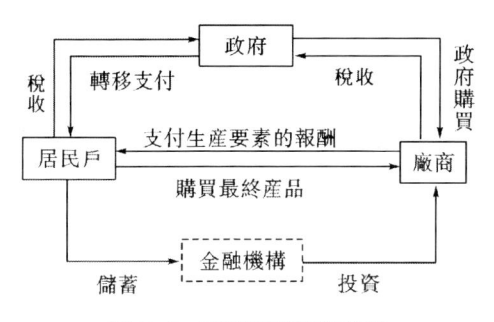

圖 29-2　三部門經濟流程模型

在模型中，社會總需求項目下又增加了一個政府需求，即政府購買，用 G 表示，於是有：

總需求＝消費＋投資＋政府支出

即 $AD = C + I + G$

從總供給來看，除了居民供給的各種生產要素之外，還有政府的供給。政府供給是指政府為整個社會提供的國防、立法和基礎設施等「公共物品」。政府要提供這些「公共物品」就必須有相應的收入，也就是稅收。因此，在價值上可以用政府稅收來代表政府的供給。社會總供給項目下增加了一個政府稅收，用 T 來表示。

總供給＝消費＋儲蓄＋稅收

$AS = C + S + T$

在社會總供求均衡時，有 $I+G=S+T$。移項後 $I-S=T-G$，$T-G$ 是政府收支差額，差額為正表示財政盈餘，差額為負表示財政赤字。上式可以寫為 $I = S + (T - G)$。此時，如果私人儲蓄不能滿足私人投資的要求，則可以用公共儲蓄彌補。

三、四部門經濟中的收入流程模型

現代社會經濟都是開放經濟。隨著經濟全球化進程的不斷發展，對外經濟關係在各國經濟中處於越來越重的地位。因此，我們把宏觀經濟置於世界市場中考察。四部門國民經濟是由企業、居民、政府和國外部門這四種經濟單位組成的經濟社會。在這種經濟系統中，國外部門作為供給者向國內三部門提供產品，就是進口；國外部門作為需求者購買國內產品，就是出口。當國外部門加入進來時，宏觀經濟平衡的條件是進口等於出口。

如果一國的出口大於進口，就會出現貿易順差；如果一國的進口大於出口，就會出現貿易逆差。無論是貿易順差還是貿易逆差，都是宏觀經濟不平衡的表現。

四部門經濟中的收入流程模型如圖 29-3 所示。

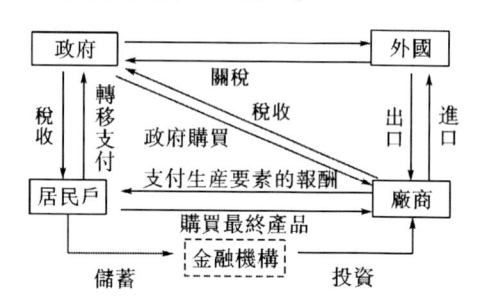

圖 29-3　四部門經濟中的收入流程模型

圖 29-3 表明了四部門經濟的循環流程，即居民戶、企業、政府和國外之間的經濟聯繫。這時總需求不僅包括居民的消費需求、企業的投資需求與政府的購買需求，而且還包括國外的需求。國外的需求對國內來說就是出口，於是用出口來代表國外需求。因此：

總需求＝消費+投資+政府支出+出口

如果用 X 代表出口，則上式可以寫為：

$AD = C + I + G + X$

四部門經濟的總供給中，除了居民供給的各種生產要素和政府的供給外，還有國外的供給，國外的供給對國內來說就是進口。這樣有：

總供給＝消費+儲蓄+政府稅收+進口

如果以 M 代表進口，則上式可以寫為：

$AS = C + S + T + M$

在社會總需求和總供給實現均衡時有：

$C + I + G + X = C + S + T + M$

移項後，可變為：

$I + G + X = S + T + M$

在國民收入核算中，這種恒等式是一種事後的恒等關係，即在一年的生產與消費之後，從國民收入核算表中反應出來的恒等關係，但在一年的生產活動中，總需求和總供給並不總是相等的，有的總需求大於總供給，有時總需求小於總供給。在接下來的國民收入決定理論中，我們將詳細分析總需求與總供給之間的這種關係。

總結起來，兩部門、三部門和四部門經濟中的收入流程模型與恒等式如表29-1所示。

表29-1　　　　　　　　國民經濟流程模型及其恒等式

類型	含義	儲蓄-投資恒等式
兩部門經濟	消費者（居民）和廠商	$I = S$
三部門經濟	消費者（居民）、廠商、政府部門	$I = S + (T-G)$ 表示了整個社會的儲蓄（私人儲蓄和政府儲蓄之和）和整個社會的投資的恒等關係
四部門經濟	消費者（居民）、廠商、政府部門和國外部門	$I = S + (T-G) + (M-X)$ 其中，$(M-X)$可以代表外國在本國的儲蓄

技能訓練

一、單項選擇題

1. 下列哪一項不列入國內生產總值的核算？（　　）
   A. 出口到國外的一批貨物
   B. 經紀人為一座舊房買賣收取的一筆佣金
   C. 政府給貧困家庭發放的一筆救濟金
   D. 保險公司收到一筆家庭財產保險
2. 在下列情況中，應該計入當年國民生產總值的是（　　）。
   A. 去年生產而在今年銷售出去的計算機
   B. 當年生產的計算機
   C. 張山去年購買而在今年轉讓給他人的計算機
   D. 某計算機廠商當年計劃生產的計算機
3. 下列產品中能計入當年GDP的有（　　）。

A. 紡紗廠購入的棉花

B. 某人花 10 萬元買了一幢舊房

C. 家務勞動

D. 某企業當年生產沒有賣掉的 20 萬元產品

4. 在三部門模型中，居民儲蓄＝（　　）。

A. 淨投資　　　　　　　　　　B. 總投資

C. 總投資-政府開支+折舊　　　D. 淨投資-政府儲蓄

二、簡答題

1. 試述名義 GDP 和實際 GDP 的區別，為什麼估計一個國家的經濟增長狀況通常使用實際 GDP？

2. 國內生產總值與國民生產總值有何區別？

3. 乘數理論的適用條件有哪些？

三、單項實訓

單項實訓項目：資料分析——收集近五年來世界主要國家的 GDP 數據資料。

實訓要求如下：

（1）此次實訓項目以個人形式完成。

（2）記錄資料的來源。

（3）形成書面的分析報告，數據應包括世界主要的經濟實體，報告分析世界主要國家 GDP 的變動趨勢，並進一步探析其結構及變化原因。

項目十　認識失業與通貨膨脹

【學習目標】

知識目標：
1. 瞭解失業和通貨膨脹的定義。
2. 熟悉失業的種類及其影響、失業率的計算。

能力目標：
掌握具體分析世界各國失業原因的能力。

【案例導入】20世紀80年代阿根廷的惡性通貨膨脹

20世紀80年代，阿根廷年均通貨膨脹率達到450%，1989年1~12月其通貨膨脹率更飆升至20,000%。在這種情況下，經濟活動的主要目的只是避免通貨膨脹吞噬一切。一位阿根廷商人約格這樣描述：「通貨膨脹使你終日戰戰兢兢。我們公司所在的產業只能給你4~5天的賒帳。人們不再關心生產力乃至技術，保護你的流動資產比包括技術在內的長期目標更重要，儘管你希望兩者兼顧。這是通貨膨脹不可避免的惡果，即貨幣疾病，你的錢分崩離析。當通貨膨脹率每天超過1%時，你別無選擇。你放棄計劃，只要可以支撐到週末就會感到滿足。然後我就會待在公寓裡閱讀有關古代板球比賽的書籍。人均而言，目前我們比1975年貧窮25%。真正的受害者是你看不見的窮人、老人和年輕人。他們被趕出大型火車站……那些人是阿根廷生活中的棄兒，像大海的浪花。」阿根廷的高通貨膨脹終於出現了一個充滿希望的轉機。1989年，剛剛當選總統的梅內姆宣布了反通貨膨脹計劃。此外，該計劃還支持許多以市場為導向的經濟改革。梅內姆在1991年年初任命由哈佛大學培養的經濟學家卡瓦洛為經濟大臣。到20世紀90年代中期，通貨膨脹率已降為每年30%左右。

失業與通貨膨脹理論成了現代西方宏觀經濟學的重要組成部分。

任務三十　熟悉失業理論

【學習目標】

1. 熟悉失業理論。
2. 熟悉失業的種類及其影響、失業率的計算、失業的治理方法。

任務描述

中國正面臨世界上最大的就業問題

美國經濟學家奧肯發現，在3%的GDP增長率水準上，GDP增長速度每提高2個百分點，失業率便下降1個百分點；反之，GDP每下降1個百分點，失業率便上升1個百分點。奧肯定律被發達國家的經驗證明，也就成為調控宏觀經濟、解決失業問題的主要依據。

但是，統計分析顯示，20世紀80年代，中國GDP每增長1個百分點可拉動就業增長0.32個百分點，「九五」期間就業增長速度不足「六五」期間就業增長速度的1/3。為什麼中國在1997年以後進入穩定增長的階段，勞動力市場卻失衡加劇，失業率逐年增加，就業問題越來越突出呢？

思考：

中國目前失業率居高不下的原因是什麼？

筆記：
_____
_____
_____

任務精講

一、失業理論

【小案例】職業人因此而恐慌——失業現象

21世紀的紐約街頭，一個因失業而沒辦法養活全家的中年人徘徊在街頭，每天都在馬路上東跑西躥，希望能找到一份工作。一天，當他經過一處中產階級的別墅時，他看見有很多政府人員上門收繳該戶人家因為失業未支付別墅的分期付款而抵押給政府的資產。該戶人家只能黯然搬出自己的別墅，去社會環境極度不安定、生活條件極差的貧民窟

生活。

該中年人見到此景,感到深深的悲哀。他慢慢地離開了別墅區,決定從明天開始要加倍努力尋找工作,然後賺取錢財來維持現有生活。

(一) 傳統經濟學的失業理論

傳統經濟學認為,在完全競爭條件下,如果工資可以按照勞動力供求變化而自由漲落,那麼通過市場機制的調節,可以使一切可供使用的勞動力資源都被用於生產,實現充分就業。也就是說,工人只要按照現行工資率受雇於雇主,都會有工作做,不會存在非自願性的真正失業。

(二) 現代失業理論:凱恩斯的失業理論

凱恩斯學派的失業理論主要體現在凱恩斯的失業理論中,凱恩斯的失業理論的基礎是有效需求原理。

有效需求是指商品的總供給價格和總需求價格達到均衡的社會總需求。在凱恩斯看來,僅僅靠市場發動的力量,不能達到供給與需求的均衡狀態,從而不能形成足以消除非自願失業和實現充分就業的有效需求。凱恩斯認為,非自願性失業存在的根本原因在於有效需求不足,而有效需求不足主要與三個基本心理規律,即邊際消費傾向遞減規律、資本邊際效率遞減規律和靈活偏好規律有關。

綜上所述,凱恩斯認為,由於資本主義社會存在的上述三大基本心理規律,導致了投資需求與消費需求的不足,因此在資本主義社會,有效需求是不足的,失業的存在便是必然的。

有效需求不足是失業產生的根源,因此凱恩斯認為,只要國家積極干預經濟,設法刺激「有效需求」,就可能消除失業,實現充分就業。凱恩斯提出的主要措施有:第一,刺激私人投資,為個人消費的擴大創造條件。第二,促進國家投資。凱恩斯主張國家調節利息率和實行「可控制的通貨膨脹」以刺激私人投資,增加流通中的貨幣量以促進生產的擴大和商品供給的增加。凱恩斯還強調擴大軍事開支對增加國家投資、減少失業所起的積極作用。

(三) 貨幣學派的失業理論

貨幣學派的失業理論可以簡單歸結為「自然失業率」假說。弗里德曼說的「自然失業率」是指在沒有貨幣因素干擾的情況下勞工市場和商品市場自發供求力量發揮作用時應有的出於均衡狀態的失業率。也就是在任何情況下都存在著與實際工資率結構相適應的某種均衡失業水準,這種均衡失業水準就是「自然失業率」。弗里德曼認為,「自然失業率」在現代社會普遍存在,但是並不是一個固定的量。

(四) 發展經濟學派的失業理論

發展經濟學派是指研究和解決發展中國家經濟問題與經濟發展的經濟學流派,其代表人物是劉易斯、費景漢和拉尼斯以及托達羅等。劉易斯等人主要探討了二元結構發展模式

下的失業問題。所謂二元結構，是指發展中國家的經濟由兩個不同的經濟部門組成：第一，傳統農業部門；第二，現代工業部門。發展經濟學派認為，傳統農業部門的勞動生產率很低，邊際勞動生產率為零甚至為負數，這裡有大量的非公開性失業，而現代工業部門的勞動生產率相對較高，但是就業人數少，其相對較高的工資水準可以吸引傳統農業部門勞動力的轉移。發展經濟學派強調在現代工業部門資本累積的重要性，認為加快現代工業部門的資本累積，可以增強其吸納傳統農業部門勞動力的能力，最終達到解決二元結構失業的問題。

二、失業及其類型

（一）失業的定義及衡量

失業這一概念是指有勞動能力並且想工作的人找不到工作的情況，即勞動的完全閒置狀態。沒有勞動能力的人不存在失業問題。有勞動能力的人雖然沒有職業，但自身也不想就業的人，不稱為失業者。對失業的規定，在不同的國家往往有所不同。在美國，失業者是指那些失去工作，而且屬於以下三種情況之一者：第一，尋找工作達四周的人；第二，暫時被解雇正在等待恢復工作的人；第三，正等待在四周之內到新工作崗位報到的人。

1. 勞動力

勞動力是指年齡在16週歲以上的正在工作與不在工作但正在尋找工作或被暫時辭退並等待重返工作崗位的人（不包括正在上學、退休、因病而無法工作或由於各種原因不願尋找工作的成年人）。

2. 就業者

就業者是指那些從事有報酬工作的人，包括那些有工作但由於生病、罷工或休假而暫時不在工作崗位的人，也包括沒有報酬的家庭成員在家庭企業等工作。

2. 失業者

失業者是指在一定的年齡範圍內（如16~65歲），有工作能力，願意工作並積極尋找工作而未能按當時通行的實際工資水準找到工作的人。

失業率＝失業者人數÷勞動力總數×100%
　　　＝失業者人數÷（失業者人數＋就業者人數）×100%

（二）失業的種類

一般來說，失業按其形成的原因大體可以分為以下幾種類型：

1. 自願性失業

自願性失業是指勞動者不願意接受現行貨幣工資和現行工作條件而引起的失業。由於這種失業是由於勞動人口主觀不願意就業而造成的，因此稱為自願性失業。自願性失業無法通過經濟手段和政策來消除，因此不是經濟學研究的範圍。

2. 摩擦性失業

摩擦性失業是指勞動者正常流動過程中產生的失業。摩擦性失業是一種求職性的失業,僅僅是因為勞動市場的信息不完備性,廠商找到需要的雇員和失業者找到合適的工作都需要花費一定的時間。摩擦性失業是一種短期失業。

3. 週期性失業

週期性失業是指經濟週期中的衰退或蕭條時,因社會總需求下降而造成的失業。當經濟發展處於一個週期中的衰退期時,社會總需求不足,因而廠商的生產規模也縮小,從而導致較為普遍的失業現象。週期性失業對於不同行業的影響是不同的,一般來說,需求的收入彈性越大的行業,週期性失業的影響越嚴重。

也就是說,人們收入下降,產品需求大幅度下降的行業,週期性失業情況比較嚴重。通常用緊縮性缺口來說明這種失業產生的原因。緊縮性缺口是指實際總需求小於充分就業的總需求時,實際總需求與充分就業總需求之間的差額,圖 30-1 說明了緊縮性缺口與週期性失業之間的關係。

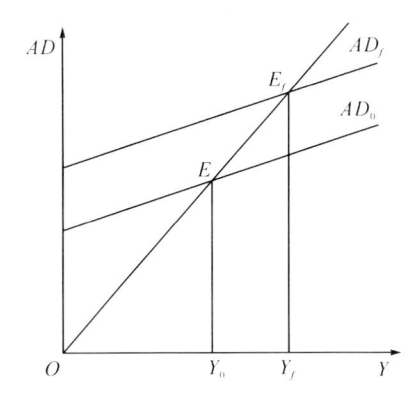

圖 30-1　緊縮性缺口

4. 非自願失業或需求不足失業

非自願失業的概念是凱恩斯提出來的。非自願失業是指勞動者願意接受現行貨幣工資率與現行的工作條件但仍然找不到工作。這主要是因為一個社會的有效需求太低,不能為每一個想工作的人提供就業機會,即想就業的人數超過了以現行工資率為基礎的職位空缺,由此而產生的失業便為非自願失業或需求不足失業。非自願失業或需求不足失業包括兩種類型:一是經濟循環失業,即經濟週期運行在衰退與蕭條階段因為社會總需求不足而引起的失業;二是增長不足型失業,即因為需求的增長速度慢於勞動的增長速度和勞動生產率的提高速度而產生的失業。

5. 結構性失業

結構性失業是指勞動力的供給和需求結構不一致而造成的失業，其特點是既有失業，也有職位空缺，失業者或者沒有合適的技能，或者居住地點不當，因此無法填補現有的職位空缺。結構性失業是一種長期性的失業，一般是由於經濟結構的變化與勞動力在職業、技能、產業、地區分佈等方面不協調造成的失業。

【小知識】失業的好處與壞處

失業的好處如下：

第一，有利於提高勞動生產率。失業率增加也就意味著失業人數增多，在一定的社會條件下，做相同工作量的工作人數減少，工作量大，從而迫使勞動生產率提高。

第二，就業者的壓力增大。失業率增加使工作崗位的供不應求的關係進一步加劇，使工作崗位的競爭壓力增大，從而加大就業者的壓力。

第三，促進就業者素質的整體提高。失業率增加，失業人數增多，使得更多失業者進入「蓄水池」，不斷地參加培訓，累積知識，提高勞動素質，以實現再就業，從而使就業者的勞動素質整體提高。

失業的壞處如下：

第一，浪費大量的人力資源。失業人數增多，使得大量的社會人力資源不能夠得到充分利用，不能夠使社會得到最大限度的發展。

第二，財政負擔增加。失業人數增多，使得國家必須拿出大量的錢用來保障失業者的最低生活水準，從而使政府的轉移支付增加，增加財政負擔。

第三，影響社會的安定團結。失業率增加，失業人數增多，使得社會無業遊民增多，從而影響社會的安定團結。

（三）充分就業

充分就業是一個有多重含義的經濟術語。充分就業的概念是英國經濟學家凱恩斯在《就業、利息和貨幣通論》一書中提出的，是指在某一工資水準之下，所有願意接受工作的人，都獲得了就業機會。充分就業並不等於全部就業，而是仍然存在一定的失業。所有的失業均屬於摩擦性失業和結構性失業，而且失業的間隔期很短。通常把失業率等於自然失業率時的就業水準稱為充分就業。

三、失業的影響

失業會產生諸多影響，一般可以將其分成兩種：社會影響和經濟影響。

（一）失業的社會影響

失業的社會影響雖然難以估計和衡量，但失業最易為人們所感受到。失業威脅著作為社會單位和經濟單位的家庭的穩定。沒有收入或收入遭受損失，戶主就不能起到應有的作用。家庭的要求和需得不到滿足，家庭關係將因此而受到損害。西方有關的心理學研究

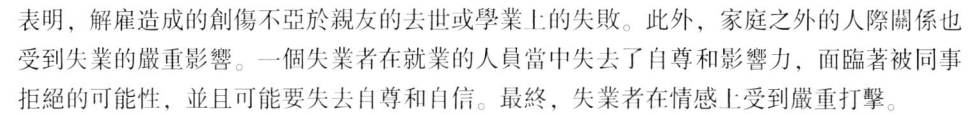

表明，解雇造成的創傷不亞於親友的去世或學業上的失敗。此外，家庭之外的人際關係也受到失業的嚴重影響。一個失業者在就業的人員當中失去了自尊和影響力，面臨著被同事拒絕的可能性，並且可能要失去自尊和自信。最終，失業者在情感上受到嚴重打擊。

（二）失業的經濟影響

失業的經濟影響可以用機會成本的概念來理解。當失業率上升時，經濟中本可由失業工人生產出來的產品和勞務就損失了。衰退期間的損失，就好像是將眾多的汽車、房屋、衣物和其他物品都銷毀掉了。從產出核算的角度看，失業者的收入總損失等於生產的損失，因此喪失的產量是計量週期性失業損失的主要尺度，因為其表明經濟處於非充分就業狀態。

四、失業的治理

因為失業既是一個經濟問題，又是一個社會問題，所以即便是發達國家，其政府也非常重視失業問題的治理。由於失業對經濟社會發展的巨大影響，可以說失業的影響要比通貨膨脹的影響嚴重許多，如果治理不善，其結果將直接影響國家大局的穩定，影響宏觀經濟的正常運行，因此各國政府都高度重視對失業問題的治理。

（一）摩擦性失業的治理

摩擦性失業經常被看成一種自願失業，其原因就在於這種失業局面的出現往往和求職者的不同要求有關，另外也和雇傭信息不暢有關，因此對摩擦性失業的治理應該從以下兩個方面入手：

其一，對於勞動者來說，勞動者要對自身的情況有很清楚的瞭解，要清楚自己在社會上的處境和能夠勝任的大致工作目標與就業方向。勞動者只有對自身有清楚的瞭解，才能減少尋找工作時需要的時間，同時也會相應減少變動工作崗位的頻率。

其二，對於社會而言，社會應該設立較規範的職業介紹機構，定期發布勞動力需求信息，即要以盡可能多的傳播途徑傳播就業的有關信息，以達到減少摩擦性失業的目的。

（二）結構性失業的治理

大多數國家在經濟增長的過程中都會出現經濟結構的變化，而經濟結構的變化必然會引起結構性失業。政府要接受伴隨經濟增長的經濟結構的變化，制定與其相適應的政策以解決失業問題。主要措施包括：加強基礎教育和職業教育，促進高等教育；對青年及成年勞動力進行工作經驗訓練；對失業者給予訓練和再訓練；等等。同時政府應鼓勵勞動密集型產業的發展，支持中小企業發展。其目的是按照經濟發展對勞動力提出的新要求來調節和改善勞動力供給，進而達到減少失業的目的。

（三）週期性失業的治理

週期性失業是指總需求相對不足而減少勞動力派生需求導致的失業，或者說，經濟週期中的衰退或蕭條階段因需求下降而造成的失業。週期性失業是由於「有效需求」不足引

起的，也就是說週期性失業是由勞動力市場以外的原因造成的，因此對週期性失業的治理不能靠勞動力市場來解決。對於週期性失業，國家應該積極干預經濟，如增加政府支出、減少政府稅收、增加貨幣供給等方法，刺激總需求的增長，從而達到增加生產、提高就業水準的目的。

任務三十一　熟悉通貨膨脹理論

【學習目標】

1. 瞭解短期和長期的菲利普斯曲線。
2. 掌握通貨膨脹的概念及原因。

任務描述

2016 年 1 月，全國居民消費價格總水準同比上漲 1.8%。其中，城市上漲 1.8%，農村上漲 1.5%；食品價格上漲 4.1%，非食品價格上漲 1.2%；消費品價格上漲 1.5%，服務價格上漲 2.2%。1 月份，全國居民消費價格總水準環比上漲 0.5%。其中，城市上漲 0.5%，農村上漲 0.5%；食品價格上漲 2.0%，非食品價格上漲 0.2%；消費品價格上漲 0.6%，服務價格上漲 0.4%。近年來持續上漲的房地產售價正逐漸向租賃價格傳遞。2016 年第一季度，中國普通住宅租賃價格較 2015 年同期上漲 10%，達到近年來的最高漲幅，由於房地產銷售價格不直接計入消費價格，但租賃價格計入消費價格，租賃價格的上漲將會對消費價格產生一定的推動作用。價格預期的因素也將促使居民消費價格維持上漲態勢。根據中國人民銀行調查顯示，44.3% 的受訪者認為中國物價會繼續上行，較上一年同期提高 15.6 個百分點。國內外理論和實踐經驗表明，在居民和企業對價格上漲預期心理未消除的情況下，價格上漲勢頭極可能再持續一段時間。

思考：

從物價上漲的因素來看，資料所指的通貨膨脹是何種類型的？為什麼？

筆記：

任務精講

一、通貨膨脹的概述

（一）通貨膨脹的含義

通貨膨脹通常被人們認為是由於紙幣的發行量超過商品流通中所需要的貨幣量而引起的貨幣貶值、物價上漲的現象。這裡所指的物價上漲是指總體物價水準的上漲，是全方位的，而不是某一種或某幾種商品的物價上漲，並且這種上漲是持續的。通貨膨脹的實質是社會總需求大於社會總供給。

（二）通貨膨脹的成因

通貨膨脹的成因錯綜複雜，這些成因又會隨著經濟的變化發展而不斷變化，多種成因又會錯綜複雜地交織在一起。

第一，紙幣供應量超過流通中實際所需貨幣量是造成通貨膨脹的直接原因。紙幣是一種純粹的貨幣符號，沒有價值，只是代替金屬貨幣執行流通手段的職能。紙幣的發行量應以流通中需要的金屬貨幣量為限度，如果紙幣的發行量超過了流通中需要的金屬貨幣量，紙幣就會貶值，物價就要上漲。2008年經濟危機，中國經濟仍在穩定的增長，但是要保證這種增長，應對流通領域的需要，國家要增加紙幣的發行量，以至於一定程度上紙幣的發行量超過了經濟所需量，從而導致了貨幣的貶值。

第二，目前的通貨膨脹預期強烈，通貨膨脹預期又推動物價水準的上漲，消費者價格指數（CPI）漲幅與居民實際感受存在一定偏差。居民對市場信息掌握不全面，對商品價格進一步上漲存在恐慌，住房、農副產品、水電、汽油等與人們息息相關的產品價格增幅較大，但這些商品並不能代表價格的總水準。實際上，中國居民消費者價格指數（CPI）和工業生產者價格指數（PPI）都持續升高。近年來，農產品屢次引發整體價格上漲，粳米、玉米等糧食品種，大蒜、蔬菜、綠豆等農副產品價格上漲較快。搶購風潮的出現進一步造成市場需求增大，從而帶動了物價的上漲，引致通貨膨脹。

第三，多年來，中國一直保持著極大的貿易順差，外國資本大量流入，造成本國需求過旺，從而造成通貨膨脹。最主要的表現是進口大宗商品價格的上漲。目前，中國大宗商品進口，特別是在一些基礎性原材料、能源以及一小部分農產品上對外依存度很高，石油、銅、鐵礦石、大豆等都超過了50%，巨大的需求量造成了進口產品價格上漲。同時，由於中國的勞動力資源豐富且價格低廉，造成中國初級產品價格低於國際市場價格，自從對外開放後，國際上對中國初級產品需求很大，從而拉動國內初級產品的價格上漲。這些產品的價格上漲又引發了其他商品價格的上漲。

第四，中國的物價上漲首先是由一部分商品價格上漲帶動起來了如，豬肉、大蒜、房地產等。這些產品或產業帶動其他產品價格上漲。這種發展是不全面的，是結構性的。產

業結構失衡同時會影響國家通貨膨脹調控政策的實施。產業結構缺陷致使中國更容易受到輸入型通貨膨脹的影響，使中國的通貨膨脹現象更加複雜。

二、通貨膨脹的衡量

度量通貨膨脹的程度，從世界各國的實際做法看，主要採取三個衡量指標：零售物價指數（RPI）、消費者價格指數（CPI）、生產者價格指數（PPI）。

(一) 零售物價指數

零售物價指數（RPI）是表明商品價格從一個時期到下一個時期變動程度的指數。零售物價指數一般採用加權平均的方式，即根據某種商品在總支出中所占的比重來確定其價格的加權數的大小。零售物價指數的計算公式如下：

$$\text{零售物價指數} = \frac{\sum P_t Q_t}{\sum P_0 Q_t} \times 100\%$$

式中，P_0 和 P_t 是基期和本期的價格水準，Q_t 是本期的商品量（上式中採用的是報告期加權平均法，計算物價指數還有一種方式，是採用基期加權法，是用基期的商品量作為權數來計算物價指數的）。

(二) 消費者價格指數

消費者價格指數（CPI）也稱零售物價指數或生活費用指數，是一個反應居民家庭一般購買的消費價格水準變動情況的宏觀經濟指標。消費者價格指數是度量一組代表性消費商品及服務項目的價格水準隨時間而變動的相對數，是用來反應居民家庭購買消費商品及服務的價格水準的變動情況。因為消費物價指數與人們生活直接相關，並且消費物價的變動最容易引起人們的注意，所以在度量通貨膨脹程度的時候，這個指數在檢驗通貨膨脹效應方面有其他指標難以比擬的優越性。

(三) 生產者價格指數

生產者價格指數（PPI）又稱批發價格指數，是衡量工業企業產品出廠價格變動趨勢和變動程度的指數，是反應某一時期生產領域價格變動情況的重要經濟指標，也是制定有關經濟政策和國民經濟核算的重要依據。這種指數局限性在於統計範圍狹窄，能夠反應商品流通的物價變化情況，但不能反應勞務價格情況。由於批發價格的變動幅度常常小於零售商品的價格波動幅度，因此在用批發價格指數來判斷總供給與總需求的對比關係時，可能會出現信號失真的現象。

(四) 通貨膨脹率

通貨膨脹率是貨幣超發部分與實際需要的貨幣量之比，用以反應通貨膨脹、貨幣貶值的程度。其計算公式為：

$$\text{通貨膨脹率} = \frac{P_t - P_{t-1}}{P_{t-1}} \times 100\%$$

式中，P_t 和 P_{t-1} 分別為 t 時期和（$t-1$）時期的價格水準。假定某國去年的物價水準為 102，今年的物價水準上升到 108，那麼這一時期的通貨膨脹率就為（108－102）÷102 ＝5.88％。

【小知識】

衡量通貨膨脹的三種指數，以消費者價格指數和國民生產總值平減指數較為適當，因此也最普遍地被採用為度量通貨膨脹的尺度。但這兩個指數也並非是最正確的尺度，因為兩者都不同程度地遺漏了一些資產的價格。兩種指數都只計算當年生產的商品和勞務的價格變動，並未計算以前生產的實質性資產及金融資產，如房地產、古董、名畫字畫、金銀寶石、股票債券等價格的變動，因此不能全面反應通貨膨脹的程度。特別是在現代經濟條件下，這些資產已深入人們生活。實際上，在通貨膨脹期間，人們出於保值需要，往往將貨幣轉化為其他資產，從而導致上述實質性資產及金融資產的價格大幅度上漲。

三、通貨膨脹的類型

（一）按價格上升的速度分類

（1）溫和型通貨膨脹。溫和型通貨膨脹是指一般物價水準按照不太大的幅度持續上升的通貨膨脹。通貨膨脹率在 10％以下即可認為是溫和型通貨膨脹。

（2）嚴重型通貨膨脹。嚴重型通貨膨脹是指一般物價水準按照相當大的幅度持續上升的通貨膨脹。一般物價上漲在 10％以上，100％以下即可認為是嚴重型通貨膨脹。

（3）惡性型通貨膨脹。在經濟學上，惡性通貨膨脹是一種不能控制的通貨膨脹，價格飛速上漲，物價無法控制，貨幣貶值嚴重，經濟活動紊亂，最後導致整個貨幣制度、價格體系甚至整個國民經濟完全崩潰。惡性通貨膨脹一般指通貨膨脹率在 100％以上的通貨膨脹。

【小知識】惡性通貨膨脹產生的原因

西方學者認為，所有惡性通貨膨脹具有共同特徵。惡性通貨膨脹的原因之一是貨幣供給的大量增加，這是由於政府需要為其巨額預算赤字融資。隨著貨幣供給的大量增加，通貨膨脹就會迅速發展。高通貨膨脹引起稅收實際價值的迅速下跌，這反過來又增加了赤字。通貨膨脹導致預算赤字的增加主要通過兩條渠道。其一是稅收體制，主要體現在稅收的計算和繳付上的滯後。其二是名義利率的效應。預算赤字包括對國債的付息。由於當通貨膨脹率上升時名義利率也趨於上升，因此一般而言，更高的通貨膨脹增加了政府的名義利息，從而增加了赤字。

西方學者認為，預算赤字與通貨膨脹之間具有一種雙向的互動關係。通過迫使政府為赤字融資而發行鈔票，巨額預算赤字可以導致快速的通貨膨脹。高通貨膨脹反過來又增加了赤字。如果必須以貨幣手段融資的赤字非常之大，則因此而發生的通貨膨脹會發展為惡性通貨膨脹。根據歷史上一些事例提供的證據，持續的以貨幣融資的赤字為 GDP 的 10％～

12%，就足以引發惡性通貨膨脹。

（二）按對不同商品的價格影響的大小分類

（1）平衡的通貨膨脹。平衡的通貨膨脹下每種商品的價格都按照相同的比例上升。

（2）非平衡的通貨膨脹。非平衡的通貨膨脹下每種商品的上升比例並不完全相同。

（三）按通貨膨脹預期區分類

（1）預期型通貨膨脹。預期型通貨膨脹指通貨膨脹過程被經濟主體預期到了以及由於這種預期而採取各種補償性行動引發的物價上升運動。在市場上，人們已經認識到通貨膨脹的存在，因此在各種交易、合同、投資中都要將未來的通貨膨脹率計算在內，從而無形中加重了市場的通貨膨脹壓力，引起物價的進一步上漲。

（2）未預期的通貨膨脹。未預期的通貨膨脹，即人們沒有預見價格的上漲或價格上漲速度超出人們的預料。

四、通貨膨脹的成因

在現代經濟學中，通貨膨脹是如此常見而且影響巨大的，因此探討通貨膨脹的成因便成為經濟學家們責無旁貸的任務。在眾多的解釋通貨膨脹的成因理論中，較為流行的有以下幾種：

（一）需求拉動型通貨膨脹

需求拉動型通貨膨脹又稱超額需求型通貨膨脹，是指總需求超過總供給引的一般物價水準普遍而持續的上漲。通俗地說，這種通貨膨脹是「過多的貨幣追逐過少的商品」，從而使物價上漲。

下面用圖 31-1 來說明總需求是如何拉動物價上漲的。在圖 31-1 中，橫軸 Y 表示國民收入，縱軸 P 表示一般物價水準，AD 為總需求曲線，AS 為總供給曲線，總供給曲線 AS 起初為水準狀態，這表示在國民收入水準較低時，總需求的增加不會引起價格水準的上漲。圖 31-1 中總需求從 AD_0 增加到 AD_1，國民收入也從 Y_0 的水準上升到 Y_1，但價格水準仍保持在 P_1 水準；當國民收入增加到 Y_1 時，總需求繼續增加，此時將導致國民收入和一般價格水準同時上升。圖 31-1 中總需求從 AD_1 增加到 AD_2 時，國民收入從 Y_1 的水準增加到 Y_2，價格也從 P_1 上升到 P_2 的水準。也就是說，在這個階段，總需求的增加，在提高國民收入的同時也拉升了一般價格水準；當國民收入增加到潛在的國民收入水準，即 Y_f 時，此時國民經濟已經處於充分就業的狀態。在這種情況下，總需求的增加只會拉動價格上升，而不會使國民收入增加。圖 31-1 中總需求從 AD_3 上升到 AD_4，國民收入仍然保持在 Y_f，但物價水準從 P_3 上升到 P_4 水準。

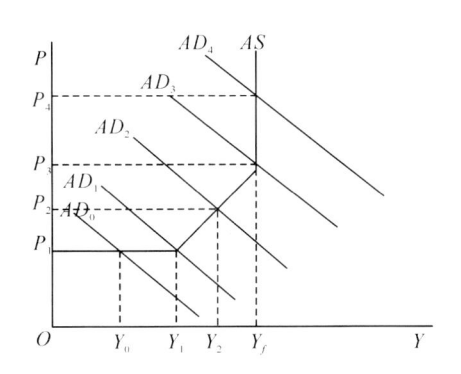

圖 31-1 需求拉動的通貨膨脹

也就是說，當經濟體系中有大量資源閒置時，總需求的增加不會引起物價上漲，只會導致國民收入增加；當經濟體系中的資源接近充分利用時，總需求的增加會同時拉升國民收入和一般價格水準；當經濟體系中的資源利用達到充分就業狀態時，總需求的增加不會使國民收入增加，而只會導致一般價格水準上升。

(二) 成本推動型通貨膨脹

成本推動型通貨膨脹又稱成本通貨膨脹或供給通貨膨脹，是指在沒有超額需求的情況下由於供給方面成本的提高引起的通貨膨脹。成本的增加意味著只有在高於以前的價格水準時，才能達到與以前同樣的產量水準，即總供給曲線向左上方移動。在總需求不變的情況下，總供給曲線向左上方移動使國民收入減少，價格水準上升，這種價格上升就是成本推動的通貨膨脹，可以用圖 31-2 來說這種情況。

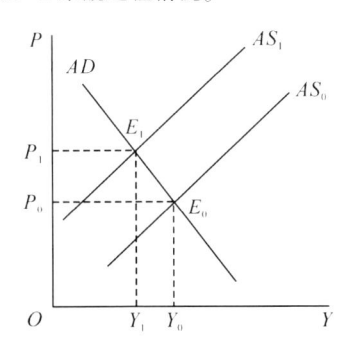

圖 31-2 成本推動的通貨膨脹

在圖 31-2 中，原來的總供給曲線 AS_0 與總需求曲線 AD 決定了國民收入水準為 Y_0，價格水準為 P_0。成本增加後，總供給曲線向左上方移動到 AS_1，總需求保持不變，從而決定了新的國民收入為 Y_1，價格水準為 P_1。價格水準由 P_0 上升到 P_1 是由於成本的增加引起

的，這便是通常所說的成本推動的通貨膨脹。

引起成本增加的原因並不完全相同，因此成本推動的通貨膨脹又可以根據其原因的不同而分為以下幾種：

1. 工資成本推動的通貨膨脹

工資是廠商成本中的主要組成部分之一，工資水準的上升會導致廠商成本增加，廠商因此而提高產品和勞務的價格，從而導致通貨膨脹。總需求不變的條件下，如果工資的提高引起產品單位成本增加，便會導致物價上漲。在物價上漲後，如果工人又要求提高工資，而再度使成本增加，便會導致物價再次上漲。這種循環被稱為工資-物價「螺旋」。

2. 利潤推動的通貨膨脹

利潤推動的通貨膨脹也稱價格推動的通貨膨脹，是指市場上具有壟斷地位的廠商為了增加利潤而提高價格所引起的通貨膨脹。寡頭企業和壟斷企業為保持利潤水準不變，依靠其壟斷市場的力量，運用價格上漲的手段來抵消成本的增加；或者為追求更大利潤，以成本增加作為借口提高商品價格，從而導致價格總水準上升。

3. 原材料成本上漲推動通貨膨脹

原材料成本上漲推動通貨膨脹是指市場上原材料價格上漲導致的最終產品的價格提高而引起的通貨膨脹。

（三）結構性通貨膨脹

結構性通貨膨脹是指物價上漲是在總需求並不過多的情況下，而對某些部門的產品需求過多造成部分產品的價格上漲現象，如鋼鐵、豬肉、食用油等。如果結構性通貨膨脹沒能有效抑制就會變成成本推動型通貨膨脹，進而造成全面通貨膨脹。

結構性通貨膨脹是由鮑莫爾在1967年提出的。鮑莫爾把經濟活動分為兩個部分：一是勞動生產率不斷提高的先進部門（工業部門）；二是勞動生產率保持不變的保守部門（服務部門）。當前者由於勞動生產率的提高而增加貨幣工資時，由於攀比，後者的貨幣工資也以同樣的比例提高。在成本加成定價的通常做法下，整個經濟必然產生一種由工資成本推進的通貨膨脹。因此，在經濟結構的變化中，某一部門的工資上升，將引起其他部門向其看齊，從而以同一比例上升。

（四）混合型通貨膨脹

由於當工資得到增加時，人們的需求也會增加，於是成本推動型通貨膨脹也會啟動需求拉動型通貨膨脹，現實中的通貨膨脹很難分清是由於需求拉動的還是成本推動的。經濟學家薩繆爾森和索洛就提出了混合型通貨膨脹（Hybrid Inflation），即由需求拉上和成本推動共同起作用而引起的通貨膨脹，是需求與成本因素混合的通貨膨脹。

五、通貨膨脹的影響

通貨膨脹既會對個人的經濟生活產生影響，也會對整個社會的經濟生活產生重大影

響，一般可以將通貨膨脹對經濟的影響分成兩種，即通貨膨脹的收入再分配效應和通貨膨脹的產出效應。

（一）通貨膨脹的收入再分配效應

通貨膨脹意味著人們手中持有貨幣的購買力下降，從某種程度上講，是人們過去勞動成果的縮水。也就是說，通貨膨脹會導致人們的實際收入水準發生變化，這就是通貨膨脹的再分配效應，但是通貨膨脹對不同經濟主體的再分配效應是不同的。

第一，通貨膨脹不利於靠固定貨幣收入維持生活的人。對於固定收入階層來說，其收入是固定的貨幣數額，落後於上升的物價水準，也就是說他們獲得貨幣收入的實際購買力下降，其實際收入因通貨膨脹而減少。如果他們的收入不能隨通貨膨脹率變動的話，他們的生活水準必然降低。

在現實生活中，靠政府救濟金維持生活的人比較容易受到通貨膨脹的衝擊，因為政府的救濟金發放水準的調整相對較慢。此外，工薪階層、公務員以及其他靠福利和轉移支付維持生活的人，都比較容易受到這種衝擊。而那些收入能隨通貨膨脹變動的人，則會從通貨膨脹中得益。例如，在擴張中的行業工作並有強大的工會支持的工人就是這樣，他們的工資合同中訂有工資隨生活費用的上漲而提高的條款，或者有強有力的工會代表他們進行談判，他們在每個新合同中都有可能得到大幅度的工資增長。

第二，通貨膨脹對儲蓄者不利。隨著價格上漲，存款的購買力就會降低，那些持有閒置貨幣和有存款在銀行的人會受到嚴重打擊。同樣，像保險金、養老金以及其他固定價值的證券財產等，它們本來作為防患未然和養老的，在通貨膨脹中，其實際價值也會下降。

第三，通貨膨脹還會在債務人和債權人之間產生收入再分配的作用。具體來說，通貨膨脹犧牲了債權人的利益而使債務人得益。例如，A 向 B 借款 1 萬元，約定一年以後歸還，假定這一年中發生了通貨膨脹，物價上升了一倍，那麼一年後 A 歸還給 B 的 1 萬元只能購買到原來一半的產品和勞務，也就是說通貨膨脹使得 B 損失了一半的實際收入。

為了反應通貨膨脹對於借款人和貸款人實際收入的影響，一般用實際利率來代替名義利率，實際利率等於名義利率減去通貨膨脹率。假設銀行存款利率為 5%，而通貨膨脹率為 10%，則此時存款的實際收益率為負 5%（即 5%-10%=-5%）。

（二）通貨膨脹的產出效應

在短期，需求拉上的通貨膨脹可以促進產出水準的提高，成本推進的通貨膨脹卻會導致產出水準的下降。需求拉上的通貨膨脹對就業的影響是清楚的，它會刺激就業、減少失業；成本推進的通貨膨脹在通常情況下會減少就業。在長期，上述影響產量和就業的因素都會消失。

通貨膨脹的產出效應是建立在各個產業對通貨膨脹的預期不同的基礎之上的，是以犧牲某些行業和部門的利益為代價的，從總體來說對社會是沒有好處的，因此適當的通貨膨脹只能是刺激經濟增長的藥引子，而不能長期實行。否則其帶來的將是通貨膨脹的財富再分配效應，從而整體上導致經濟的下滑。當貨幣當局宣稱將採用某個通貨膨脹目標時，該

通貨膨脹目標是事前最優的，它使得政府的損失函數達到最小。如果公眾相信政府承諾，並按照這個承諾形成通貨膨脹預期，隨之設定名義工資，那麼在給定的名義工資下，先前宣稱的通貨膨脹目標對貨幣當局而言就不再是最優的了，因為非預期的通貨膨脹可以提高產出，相機抉擇的貨幣當局可以違反自己的承諾，採用更為擴張性的貨幣政策來增加就業，即貨幣政策存在時間不一致性問題。但是公眾在形成通貨膨脹預期時也會考慮到政府違約的可能性，從而提高通貨膨脹預期，使得政府宣稱的通貨膨脹目標從一開始就無法操作，最終導致通貨膨脹偏差的出現：均衡時相機抉擇下的通貨膨脹率要高於固定法則下的通貨膨脹率，但兩者的產出水準相同。

技能訓練

一、單項選擇題

1. 失業率是指（　　）。
   A. 失業人口與全部人口之比
   B. 失業人口與全部就業人口之比
   C. 失業人口與全部勞動人口之比
   D. 失業人口占就業人口與失業人口之和的百分比

2. 某人正在等待著某項工作，這種情況可歸類於（　　）。
   A. 就業　　　　　　　　　　B. 失業
   C. 非勞動力　　　　　　　　D. 就業不足

3. 週期性失業是指（　　）。
   A. 經濟中由於正常的勞動力流動而引起的失業
   B. 由於總需求不足而引起的短期失業
   C. 由於經濟中一些難以克服的原因而引起的失業
   D. 由於經濟中一些制度上的原因而引起的失業

4. 由於經濟衰退而形成的失業屬於（　　）。
   A. 摩擦性失業　　　　　　　B. 結構性失業
   C. 週期性失業　　　　　　　D. 自然失業

5. 下列人員中，不屬於失業人員的是（　　）。
   A. 調動工作的時間在家休養者
   B. 半日工
   C. 季節工

D. 對薪水不滿意而待業在家的大學畢業生
6. 通貨膨脹是（　　）。
   A. 一般物價水準普遍、持續的上漲
   B. 貨幣發行量超過流通中的黃金量
   C. 貨幣發行量超過流通中的商品的價值量
   D. 以上都不是
7. 可以稱為溫和的通貨膨脹的情況是指（　　）。
   A. 通貨膨脹率在10%以上，並且有加劇的趨勢
   B. 通貨膨脹率以每年5%的速度增長
   C. 通貨膨脹率一直保持在2%~3%的水準
   D. 通貨膨脹率每年在50%以上

二、簡答題

簡述通貨膨脹對經濟的影響。

三、單項實訓

單項實訓項目（一）：市場調查——近年來大學生就業狀況。
實訓要求如下：
（1）此實訓項目以團隊形式完成。
（2）大學生就業狀況調查表如表1所示，完成表1，並記錄資料的來源。

表1　　　　　　　　　　　大學生就業狀況調查表

年份	全國大學生就業狀況		所在專業大學生就業狀況		
	畢業人數（萬）	就業人數（萬）	本專業畢業人數（萬）	就業率（%）	對口就業率（%）
2015					
2016					
2017					
2018					

單項實訓項目（二）：近年來中國消費物價指數、生產者物價指數的走勢及成因分析。
實訓要求如下：
（1）此實訓項目以團隊形式完成。
（2）收集中國近年來的CPI、PPI數據，分析其具有的意義，探討工資與CPI之間是否具有聯動關係。

項目十一　逆向行事的宏觀調控

【學習目標】

知識目標：

1. 瞭解宏觀經濟政策的目標、類型。
2. 掌握財政政策的內容構成、工具、運用。
3. 掌握貨幣政策的內容構成、工具、運用。

能力目標：

能對社會上出現的經濟蕭條和經濟高漲現象給出相應的宏觀經濟措施。

【案例導入】誰要為經濟蕭條負責

確定一次蕭條開始的時間是一件非常講究技巧的事情，可能引致重要的政治後果。回顧1980—1982年和1990—1991年的兩次經濟下滑，我們可以看到這一點。

蕭條的典型定義是GDP連續兩個季度沒有增長。套用這個定義，20世紀80年代早期發生了兩次蕭條。一次始於1980年1月，於同年7月結束；另一次則開始於1981年7月，於次年11月結束。許多經濟學家將這兩次蕭條合併成一次下滑趨勢，中間出現停滯現象，相當多的政治爭論圍繞這一事實展開。如果將兩次蕭條看成一次，這次超級蕭條應該開始於卡特總統的任職期內，而如果認定為二次的話，很多人就可以將蕭條歸結為里根總統上任後實施的新預算政策。

事實上，兩位總統很可能都不是導致20世紀80年代初期經濟蕭條的主要原因。主要原因包括1979年伊朗政府垮臺以後油價上升以及聯邦儲備委員會打擊通貨膨脹的決定，哪怕這可能同時打擊經濟。

10年以後，又一次蕭條導致了新的政治爭論，這次的問題不在於是一次或是兩次蕭條，而是蕭條究竟是什麼時候開始的。1991年4月，美國國家經濟研究局的一個委員會選擇1990年7月作為蕭條的開端，政府解釋這次蕭條是由薩達姆·侯賽因在1990年8月入侵科威特，油價因此飆升幾個月而引起的。這種解釋暗示布什總統沒有能防止蕭條。但是薩達姆·侯賽因直到8月份才入侵了科威特，當美國國家經濟研究局將7月作為蕭條的開

端後，這說明經濟在入侵以前已經在退步。因此，布什政府的政策應該成為被譴責的目標。

任務三十二　瞭解宏觀經濟政策目標

【學習目標】

1. 瞭解宏觀經濟政策的四大主要目標並能理解目標之間的關係。
2. 熟悉宏觀經濟政策工具。

任務描述

2008年3月，貝爾斯登被摩根大通以2.4億美元的低價收購，次貸危機持續加劇首次震動華爾街。2008年9月，美國政府宣布接管「兩房」，雷曼兄弟銀行宣布申請破產保護……由此，國際金融危機達到白熱化階段，並席捲全球。許多企業紛紛宣布破產，中國也不例外。2008年全球金融危機爆發後，中國政府採取的宏觀經濟政策為「積極的財政政策」和「適度寬鬆的貨幣政策」。

思考：

中國的宏觀經濟政策為什麼會連續實行？這樣對中國金融、經濟帶來怎樣的效應？

筆記：

任務精講

一、宏觀經濟政策目標的內容

(一) 宏觀經濟政策目標

經濟學家認為，宏觀經濟政策應該同時達到四個目標：充分就業、物價穩定、經濟增長、國際收支平衡。

1. 充分就業

充分就業是指包含勞動在內的一切生產要素都以願意接受的價格參與生產活動的狀

態。充分就業包含兩種含義：一是指除了摩擦性失業和自願性失業之外，所有願意接受各種現行工資的人都能找到工作的一種經濟狀態，即消除了非自願失業就是充分就業。二是指包括勞動在內的各種生產要素都按其願意接受的價格，全部用於生產的一種經濟狀態，即所有資源都得到充分利用。失業意味著稀缺資源的浪費或閒置，從而使經濟總產出下降，社會總福利受損。因此，失業的成本是巨大的，降低失業率，實現充分就業就常常成為西方宏觀經濟政策的首要目標。

2. 物價穩定

物價穩定是指物價總水準的穩定。一般用價格指數來衡量一般價格水準的變化。物價穩定不是指每種商品價格的固定不變，也不是指價格總水準的固定不變，而是指價格指數的相對穩定。價格指數又分為消費物價指數（CPI）、批發物價指數（PPI）和國民生產總值折算指數（GNP Deflator）三種。物價穩定並不是通貨膨脹率為零，而是允許保持一個低而穩定的通貨膨脹率。所謂低，就是通貨膨脹率在1%～3%；所謂穩定，就是在相當時期內能使通貨膨脹率維持在大致相等的水準上。這種通貨膨脹率能為社會所接受，對經濟也不會產生不利的影響。

3. 經濟增長

經濟增長是指在一個特定時期內經濟社會生產的人均產量和人均收入的持續增長。經濟增長包括：一是維持一個高經濟增長率；二是培育一個經濟持續增長的能力。一般認為，經濟增長與就業目標是一致的。經濟增長通常用一定時期內實際國民生產總值年均增長率來衡量。經濟增長會增加社會福利，但並不是增長率越高越好。這是因為：一方面，經濟增長要受到各種資源條件的限制，不可能無限地增長，尤其是對於經濟已相當發達的國家來說更是如此；另一方面，經濟增長也要付出代價，如造成環境污染、引起各種社會問題等。因此，經濟增長就是實現與本國具體情況相符的適度增長率。

4. 國際收支平衡

國際收支平衡具體分為靜態平衡與動態平衡、自主平衡與被動平衡。靜態平衡是指一國在一年的年末，國際收支不存在順差也不存在逆差；動態平衡不強調一年的國際收支平衡，而是以經濟實際運行可能實現的計劃期為平衡週期，保持計劃期內的國際收支均衡。自主平衡是指由自主性交易，即基於商業動機，為追求利潤或其他利益而獨立發生的交易實現的收支平衡。被動平衡是指通過補償性交易，即一國貨幣當局為彌補自主性交易的不平衡而採取調節性交易達到的收支平衡。國際收支平衡的目標要求做到匯率穩定，外匯儲備有所增加，進出口平衡。國際收支平衡不是消極地使一國在國際收支帳戶上經常收支和資本收支相抵，也不是消極地防止匯率變動、外匯儲備變動，而是使一國外匯儲備有所增加。適度增加外匯儲備被看成改善國際收支的基本標志。一國國際收支狀況不僅反應了這個國家的對外經濟交往情況，還反應出該國經濟的穩定程度。

【小知識】
　　國際收支平衡是指一國國際收支淨額，即淨出口與淨資本流出的差額為零。國際收支淨額＝淨出口－淨資本流出（或 $BP=NX-F$）。在特定的時間段內，國際收支衡量一國對所有其他國家的交易支付。如果一國貨幣的流入大於流出，國際收支是正值。此類交易產生於經常項目、金融帳戶或資本項目。國際收支平衡被視為一國相關價值的一個經濟指標，包括貿易餘額、境外投資和外方投資。

（二）宏觀經濟目標之間的關係

　　以上四大目標相互之間既存在互補關係，也有交替關係。互補關係是指一個目標的實現對另一個目標的實現有促進作用。例如，為了實現充分就業水準，就要維護必要的經濟增長。交替關係是指一個目標的實現對另一個有排斥作用。例如，物價穩定與充分就業之間就存在兩難選擇。為了實現充分就業，必須刺激總需求，擴大就業量，這一般要實施擴張性的財政政策和貨幣政策，由此就會引起物價水準的上升；而為了抑制通貨膨脹，就必須採取緊縮的財政政策和貨幣政策，由此又會引起失業率的上升。又如，經濟增長與物價穩定之間也存在著相互排斥的關係。因為在經濟增長的過程中，通貨膨脹難以避免的。再如，國內均衡與國際均衡之間存在著交替關係。這裡的國內均衡是指充分就業和物價穩定，而國際均衡是指國際收支平衡。為了實現國內均衡，就可能降低本國產品在國際市場上的競爭力，從而不利於國際收支平衡；為了實現國際收支平衡，又可能不利於實現充分就業和穩定物價的目標。

　　因此，政府在制定經濟政策時，必須對經濟政策目標進行價值判斷，權衡輕重緩急和利弊得失，確定目標的實現順序和目標指數高低，同時使各個目標能有最佳的匹配組合，使所選擇和確定的目標體系成為一個和諧的有機的整體。

二、宏觀經濟政策工具

　　宏觀經濟政策工具是用來達到政策目標的手段。在宏觀經濟政策工具中，常用的有需求管理、供給管理、國際經濟政策。

（一）需求管理

　　需求管理是指通過調節總需求來達到一定政策目標的宏觀經濟政策工具。需求管理包括財政政策和貨幣政策。需求管理政策是以凱恩斯的總需求分析理論為基礎制定的，是凱恩斯主義重視的政策工具。

　　需求管理是要通過對總需求的調節，實現總需求等於總供給，達到既無失業又無通貨膨脹的目標。需求管理的基本政策有實現充分就業政策和保證物價穩定政策兩個方面。在有效需求不足的情況下，也就是總需求小於總供給時，政府應採取擴張性的政策措施，刺激總需求增長，克服經濟蕭條，實現充分就業；在有效需求過度增長的情況下，也就是總需求大於總供給時，政府應採取緊縮性的政策措施，抑制總需求，以克服因需求過度擴張

而造成的通貨膨脹。

【小案例】

2008年的全球性金融危機給世界經濟造成重創，中國政府迅速、及時做出反應，於2008年11月推出4萬億元投資計劃及一系列擴大內需的刺激措施，為中國經濟率先復甦和世界經濟增長做出了重要貢獻。4萬億元投資計劃按照「調結構、轉方式、促民生」的基本方針安排投資，對擴大內需和加強經濟社會薄弱環節發揮了重要作用。從2008年第四季度到2010年年底，中國新增了中央政府投資11,800億元，帶動地方政府投資8,300億元、銀行貸款14,100億元、企業自有資金等其他投資5,800億元，共同完成4萬億元的投資工作量。4萬億元投資計劃著力加強了七大重點領域投入，包括保障性安居工程，農村民生工程和農村基礎設施，鐵路、公路和機場等重大基礎設施，醫療衛生、教育、文化等社會事業，節能減排和生態建設，自主創新和產業結構調整，汶川地震災後恢復重建。

(二) 供給管理

供給學派理論的核心是把注意力從需求轉向供給。供給管理是通過對總供給的調節，來達到一定的政策目標。在短期內影響供給的主要因素是生產成本，特別是生產成本中的工資成本。在長期內影響供給的主要因素是生產能力，即經濟增長的潛力。供給管理政策具體包括控制工資與物價的收入政策、指數化政策、人力政策和經濟增長政策。

1. 收入政策

收入政策是指通過限制工資收入增長率從而限制物價上漲率的政策，因此也叫工資和物價管理政策。之所以對收入進行管理，是因為通貨膨脹有時是由成本（工資）推進造成的（參見成本推進型通貨膨脹）。收入政策的目的就是制止通貨膨脹。收入政策有以下三種形式：一是工資與物價指導線。政府可以根據勞動生產率和其他因素的變動，規定工資和物價上漲的限度，其中主要是規定工資增長率。企業和工會都要根據這一指導線來確定工資增長率，企業必須據此確定產品的價格變動幅度，如果違反，則以稅收形式以示懲戒。二是工資物價的凍結。政府可以採用法律和行政手段禁止在一定時期內提高工資與物價，這些措施一般是在特殊時期採用，在嚴重通貨膨脹時也被採用。三是稅收刺激政策，即以稅收來控制增長。

2. 指數化政策

指數化政策是指定期地根據通貨膨脹率來調整各種收入的名義價值，以使其實際價值保持不變。指數化政策主要有：一是工資指數化。二是稅收指數化，即根據物價指數自動調整個人收入調節稅等。

3. 人力政策

人力政策又稱就業政策，是一種旨在改善勞動市場結構，以減少失業的政策。人力政策主要有：一是人力資本投資。由政府或有關機構向勞動者投資，以提高勞動者的文化技

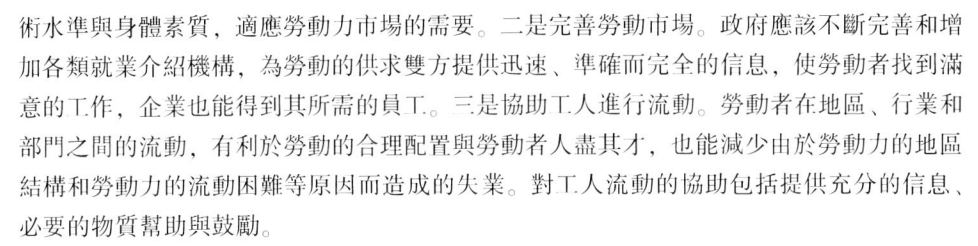

術水準與身體素質，適應勞動力市場的需要。二是完善勞動市場。政府應該不斷完善和增加各類就業介紹機構，為勞動的供求雙方提供迅速、準確而完全的信息，使勞動者找到滿意的工作，企業也能得到其所需的員工。三是協助工人進行流動。勞動者在地區、行業和部門之間的流動，有利於勞動的合理配置與勞動者人盡其才，也能減少由於勞動力的地區結構和勞動力的流動困難等原因而造成的失業。對工人流動的協助包括提供充分的信息、必要的物質幫助與鼓勵。

4. 經濟增長政策

經濟增長政策主要有：一是增加勞動力的數量和質量。增加勞動力的數量的方法包括提高人口出生率、鼓勵移民入境等；提高勞動力的質量的方法有增加人力資本投資。二是資本累積。資本累積主要來源於儲蓄，政府可以通過減少稅收、提高利率等途徑來鼓勵人們儲蓄。三是技術進步。技術進步在現代經濟增長中起著越來越重要的作用。因此，促進技術進步成為各國經濟政策的重點。四是計劃化和平衡增長。現代經濟中各部門之間協調增長是經濟本身要求的，國家的計劃與協調要通過間接的方式來實現。

（三）國際經濟政策

國際經濟政策是對國際經濟關係的調節。現實中，每一個國家的經濟都是開放的，各國經濟之間存在著日益密切的往來與相互影響。一國的宏觀經濟政策目標中有國際經濟關係的內容（即國際收支平衡），其他目標的實現不僅有賴於國內經濟政策，而且也有賴於國際經濟政策。因此，在宏觀經濟政策中也應該包括國際經濟政策。

任務三十三　熟悉財政政策

【學習目標】

1. 瞭解財政政策的定義。
2. 熟悉財政政策的支出工具、收入工具、財政政策的運用。
3. 理解內在穩定器與斟酌使用、功能財政與預算盈餘、赤字財政政策與公債等財政政策工具的運用。
4. 瞭解財政政策局限性。

任務描述

在美國，流行著這樣的說法：「每個人有兩件事情不可避免，一件是死亡，另一件就是納稅。」政府的錢是從這裡來的，稅收是財政收入的主要來源；除此之外還有債務收入、企業收入和其他收入。現在中國和國外大都對個人收入實行的是累進稅，但利息稅在中國

實行的是 20%的比例稅，富人和窮人都按利息收入的 20%納稅，富人和窮人按同比例納稅，前者負擔輕後者負擔重，因此比例稅不利於調節收入分配。但這是一個無奈的選擇，當初開徵利息稅時，還沒有實行存款實名制，現在實行了，但銀行還沒有聯網，因而難以匯總個人存款的利息所得。在美國，利息稅不是一個獨立的稅種，而是納入個人的總收入，一併徵收個人收入所得稅，實行超額累進稅率。無論是發達國家還是不發達國家，政府財政收入主要是從稅收中來。稅收的特點是強制性，而且是無償的。中國現在稅收管理體制分為國家稅和地方稅兩部分，國家稅歸中央政府所有，地方稅歸地方政府所有。稅收是一個政府賴以生存的經濟基礎，沒有稅收收入，政府難以維持運轉。因此，納稅是每一個公民的義務，如果大家都不納稅的話，政府就無法運轉了。有了收入就要進行支出。例如，公立學校的教師的收入是從政府的稅收而來的，是大家交的稅款養活了教師。大家繳稅給政府，政府把這筆錢從財政部撥出一部分給教育部，教育部撥給全國的學校，學校再給教師發一部分工資。國家的行政機構及龐大的公務員隊伍，這些都需要財政去養活，都是政府發給工資。這些支出叫財政的經常性支出，就是每個月都要支出，不能停發，否則政府機構就無法運轉了。

思考：
政府的錢從哪裡來？到哪裡去？
筆記：

任務精講

一、財政政策的內容與運用

（一）財政政策的內容

宏觀財政政策是國家調控經濟，實現政策目標最主要的政策工具之一。所謂財政政策（Fiscal Policy），是指政府為提高就業水準，減輕經濟波動，防止通貨膨脹，實現穩定增長而採取的稅收和政府支出的政策，即政府為了實現其宏觀經濟政策目標而對其收入和支出水準所作出的決策。

財政政策的主要內容包括政府支出與稅收。政府支出包括政府公共工程支出、政府購買以及轉移支付。政府稅收主要是個人所得稅、公司所得稅和其他稅收。

1. 政府支出體系

第一，政府支出的內容。其主要包括：社會福利支出；退伍軍人的福利支出；國家防務和安全支出；債務利息支出；教育和職業訓練支出；公共衛生和保健支出；科學技術研

究費用；交通、公路、機場、港口和住宅的支出；自然資源的環境保護的支出；國際交往與國際事務的支出。

第二，政府支出方式。其主要有政府購買和政府轉移支付。政府購買是指政府對商品和勞務的購買。其特點是以取得商品和勞務作有償支出。政府購買是一種實質性的支出。政府購買可以使經濟資源的利用從私人部門轉到公共部門。由於政府購買有著商品和勞務的實際交易，因此直接形成社會需求和社會購買力，是國民收入的一個組成部分，作為計入 GNP 的四大需求項目（消費、投資、政府購買和出口餘額）之一。

政府轉移支付是指政府單方面的、無償的資金支付。其包括社會保障支出、社會福利支出、政府對農業的補貼以及債務利息支出、捐贈支出等。其特點是不以取得商品和勞務作補償的支付。政府轉移支付是貨幣性支出，是通過政府把一部分人的收入轉給另一部分人，整個社會的收入總量並沒有變化，變化的僅是收入總量在社會成員之間的分配比例。正是由於政府轉移支付只是資金使用權的轉移，並沒有相應的商品和勞務的交換發生的這個特點，因此其不能計入 GNP，不能算作國民收入的組成部分。

【小案例】政府增加政治支出 大選因素刺激亞洲經濟增長

2004 年是亞洲的大選年，印度、印尼、日本、馬來西亞、菲律賓、斯里蘭卡、韓國舉行國家領導人選舉，香港和臺灣舉行領導人大選，數量創下歷史紀錄。9 個國家和地區的總人口達到 16 億人，占全球總人口的 25%。經濟學家認為，這些國家和地區的執政黨為保住政權，在選舉年將會增加政府支出和避免提高利率，這將有助於刺激企業獲利與經濟增長。

於 2004 年 5 月 10 日舉行總統大選的菲律賓，全國最大的電視廣播網 ABS-CBN 可望因候選人購買政治廣告而大大增加利潤。在印尼，候選人以贈送速食麵、茶包、果汁和香菸等手段來拉攏選民，使菸草、食品等商品的銷路非常看好。

據渣打銀行雅加達分行的經濟學家艾奇森估計，全球第四人口大國印尼花在 4 月 5 日舉行國會大選和 7 月 5 日首度直選總統上的「政治支出」可能高達 10 億美元。

據報導，印度國會下議院和 4 個省議會的 9,500 名議員候選人，競選支出估計也會高達 10 億美元，這是 1999 年競選時的 3 倍。幅員廣闊的印度選舉將持續 4 天，部分候選人不惜租用飛機來進行宣傳拉票活動。印度首家低成本飛機業公司——狄堪公司總經理戈平納斯稱：「我們的訂單排滿整個選舉季節，如果我們再多 20 架直升機就好了。」

韓國選民在 4 月 15 日投票選舉國會議員。韓國最大的造紙業生產商韓松紙業公司總經理金振曼表示：「每逢選舉，用於競選傳單和海報的紙張便會需求大增。」

為了刺激經濟成長，中央銀行在選舉期間都將避免提高利率，政府也會擴大公共支出。例如，韓國央行 3 月 10 日宣布將利率維持在 3.75% 的歷史最低水準；印度政府 2004 年 1 月宣布移動電話、航空、電腦、藥品等行業減稅，金額達 23 億美元；馬來西亞政府在 3 月 21 日全國大選前，向政府公務員發放 1.05 億美元的獎金。

印尼最大零售商 Matahari Putra Prima 公司的投資者關係部主任高鐘健表示：「部分流入經濟體系的選舉資金將直接轉換成消費者支出增長。」不過，經濟學家認為，在這種增長效應過後，菲律賓與亞洲一些國家和地區可能因赤字擴大推動利率上揚，進而使經濟增長速度放緩。新加坡摩根大通銀行資深經濟學家馬力克稱：「選舉對市場而言是短期利多，政府方面必須當心對財政造成壓力。」

2. 政府收入體系

政府的收入主要來源於稅收和公債兩個部分。

(1) 稅收。稅收是政府收入中最主要的部分，是國家為了實現其職能按照法律預先規定的標準，強制地、無償地取得財政收入的一種手段。各國的稅收通常由許多具體的稅種組成，並且依據不同的標準可以對稅收進行不同的分類。

第一，按照課稅對象的性質，可將稅收分為財產稅、所得稅和流轉稅三大類。財產稅是對不動產或房地產，即土地和土地上的建築物等所徵收的稅。財產稅主要包括財產稅、遺產稅、贈與稅等。所得稅是指對個人或公司的收入徵收的稅，如個人的工薪收入，股票、債券、存款等資產的收入，公司的利潤。所得稅是大多數西方國家的主體稅種，因此所得稅稅率或稅收的變動對經濟活動會產生重大影響。流轉稅是對流通中的商品和勞務買賣的總額徵稅，包括增值稅、消費稅、關稅等，流轉稅是目前中國最大的稅類。

第二，按照稅負能否轉嫁，可將稅收分為直接稅和間接稅兩種。直接稅是直接徵收的，不能再轉嫁給別人的稅，如財產稅、所得稅和人頭稅。間接稅是間接地向最終消費者徵收的作為生產商和銷售商的原來納稅人能最終轉嫁給最終消費者的稅，如消費稅、進口稅。

第三，按照收入中被扣除的比例，可將稅收分為累退稅、累進稅和比例稅三種。累退稅是指稅率隨徵稅對象數量增加而遞減的一種稅，即收入越大，稅率越低。累進稅是稅率隨徵稅對象數量的增加而遞增的一種稅，即課稅對象數額越大，稅率也越高，上述的財產稅和所得稅一般是累進稅。比例稅是稅率不隨徵稅對象數量的變動而變動的一種稅，即按固定比率從收入中徵稅。比例稅多適用於流轉稅，如財產稅、大部分關稅。

政府支出的主要來源是稅收。政府當年的稅收和支出之間的差額稱為預算餘額（Budget Balance）。預算餘額為零稱為預算平衡（Balanced Budget），預算餘額為正數稱為預算盈餘，預算餘額為負數稱為預算赤字。如果政府增加支出而沒有相應增加稅收，或者減少稅收而沒有相應減少支出，這種做法稱為赤字財政（Deficit Financed）。

【小知識】拉弗曲線：稅收不是越高越好

1974 年的一天，經濟學家阿瑟·拉弗和一些著名的記者與政治家坐在華盛頓的一家餐館裡。拉弗拿來一塊餐巾並在上面畫上了一個圖來說明稅率如何影響稅收收入。拉弗提出，美國已處於這條曲線向下的一邊。他認為，稅率如此之高，以至於降低稅率實際上會增加稅收收入。很少有經濟學家認真地考慮拉弗的建議。就經濟理論而言，降低稅率可以

增加稅收收入的思想可能是正確的，但值得懷疑的是實際上並非這樣。沒有證據可以證明拉弗的觀點。當里根於1980年當選美國總統時，他進行了減稅。里根總是說：「第二次世界大戰期間我拍過電影賺過大錢。」在那時，戰時的附加所得稅稅率達90%。「你只能拍四部電影就達到最高稅率那一檔了。」里根繼續說，「因此，我們拍完四部電影就停止工作，並到鄉下度假。」高稅率引起少工作，低稅率引起多工作。里根的經歷證明了拉弗曲線是正確的。里根認為，稅收如此之高，以至於不鼓勵人們努力工作。里根認為，減稅將給人們適當的工作激勵，這種激勵又會提高經濟福利，甚至可以增加稅收。由於降低稅率是要鼓勵人們增加其供給的勞動數量，因此拉弗和里根的觀點就以供給學派經濟學而聞名。

（2）公債。當政府發生預算赤字時，就可以通過發行公債向公眾借錢或增發貨幣來彌補。

公債是政府依據認用原則獲取財政收入的一種特定方式，是一種特殊的財政活動。當國家財政一時支出大於收入、遇有臨時急需時，發行公債比較簡捷，可解燃眉之急。從長遠看，公債還是籌集建設資金的較好形式。一些投資大、建設週期長、見效慢的項目，如能源、交通等重點建設，往往需要政府積極介入。

（二）財政政策的運用

財政政策就是要運用政府開支與稅收來調節經濟。具體來說：第一，在經濟蕭條時期，總需求小於總供給，經濟中存在失業，政府就要通過擴張性的財政政策包括增加政府支出與減稅。減稅可以增加企業和居民的可支配收入，從而增加消費和投資；政府支出的增加則直接刺激總需求，從而可能使經濟走出蕭條。第二，在經濟繁榮時期，總需求大於總供給，經濟中存在通貨膨脹，政府要通過緊縮性的財政政策來抑制總需求，以實現物價穩定。緊縮性的財政政策包括減少政府支出與增稅。減少政府支出直接使總需求下降，徵稅可以減少居民和企業的消費與投資。擴張性財政政策和緊縮性財政政策的政策目標與特點可以通過表33-1來反應。

表33-1　　　　　　　　　　財政政策的目標和特點

政策目標	政策特點	財政收入政策	財政支出政策
實現充分就業	擴張性財政政策	減少政府稅收	增加政府支出
抑制通貨膨脹	緊縮性財政政策	增加政府收入	減少政府支出

【小知識】穩健財政政策的基本涵義

穩健財政政策要配合宏觀調控，不給經濟帶來擴張性的影響。針對2003年以來中國部分行業出現的投資過熱問題，中國人民銀行採取了提高法定存款準備金率、提高利率等一系列手段控制銀行信貸的過快增長，迄今為止宏觀調控已經取得明顯效果，但是宏觀調

控的微觀基礎並不穩固。為鞏固宏觀調控的基礎，穩健財政政策要適當控制和減少長期建設國債與財政赤字的規模，避免給經濟帶來擴張性的效應。

穩健財政政策要突出其結構調整功能。與通常西方發達國家的宏觀調控政策是總量控制不一樣，在中國經濟轉型的背景下，宏觀調控政策要為中國的經濟體制改革和經濟的長期持續穩定發展創造良好的宏觀經濟環境。因此，中國的宏觀調控政策既包括總量控制又包括結構調整。

穩健財政政策意味著要抓住財政收入增長加快的有利時機進一步推進稅制改革，加大農業稅減免力度。中國政府已經積極醞釀和推行稅制改革、完善操作方案以及積極推進出口退稅機制改革。

穩健財政政策要加強財政支出結構的調整力度，從支持經濟增長轉變為促進經濟結構優化和經濟社會協調發展。過去中國的財政支出過多注重支持經濟增長，而在經濟社會協調發展方面欠債很多。在穩健的財政政策框架下要調整國債資金使用方向，更多注重財政資金在社會保障制度建設方面的投入，加大對社會性基礎設施建設的支持，重點轉向農村、醫療衛生、教育、環保等方面。中國要按照公共財政理論及政策框架確立公共財政制度，使財政功能由經濟建設型轉為公共服務型，從而實現社會經濟和諧穩定發展。

【小知識】

酌情使用的財政政策是政府根據經濟形勢的分析，主動採用的增減政府收支的決策。例如，當政府認為總需求非常低，即出現經濟衰退時，政府應通過削減稅收、降低稅率、增加支出或雙管齊下以刺激總需求。反之，當政府認為總需求非常高，即出現通貨膨脹時，政府應增加稅收或減少支出以抑制總需求

二、內在穩定器與斟酌使用

（一）內在穩定器（自動穩定器）的概念

內在穩定器是指財政制度本身具有的能夠調節經濟波動，維持經濟穩定發展的作用。也就是說，經濟系統本身存在的一種會減少各種干擾對國民收入衝擊的機制，能夠在經濟繁榮時期自動抑制過熱，在經濟衰退時期自動減輕蕭條，無須政府採取任何行動。

內在穩定器的作用特點表現在當國民收入下降時，它會自動地引起政府支出的增加和稅收的減少，從而阻止國民收入進一步下降；當國民收入增加時，它又會自動地引起政府支出的減少和稅收的增加，從而避免經濟的過度膨脹。

（二）內在穩定器的因素

1. 累進稅制度

當經濟繁榮時，隨著生產擴大、就業增加，人們的收入隨之增加，而通過累進的所得稅徵收的稅額也自動地以更快的速度增加。稅收以更快的速度增加意味著人們的可支配收入的增幅相對較小，從而使消費和總需求增幅也相對較小，最終起到抑制總需求擴張和經

濟過熱的作用。當經濟衰退時，國民產出水準下降，個人收入和公司利潤普遍下降，在稅率不變的條件下，政府稅收會自動減少，留給人們的可支配收入也會自動減少一些，從而使消費和總需求也自動下降一些，起到緩解經濟衰退的作用。

因此，在稅率既定不變的條件下，稅收隨經濟週期自動地同方向變化，稅收的這種自動變化與政府在經濟繁榮時期應當增稅、在經濟衰退時期應當減稅的意圖正相吻合，因此其是經濟體系內有助於穩定經濟的自動穩定因素。

2. 政府轉移支付制度

同稅收的作用一樣，政府轉移支付有助於穩定可支配收入，從而有助於穩定在總支出中占很大比重的消費支出。大家知道，政府轉移支付包括政府的失業救濟和其他社會福利支出，按照失業救濟制度，人們被解雇後，在沒有找到工作以前可以領取一定期限的救濟金，另外政府也對窮人進行救濟。這些福利支出對經濟具有穩定作用。當經濟出現衰退與蕭條時，由於失業人數增加，窮人增多，符合救濟條件的人數增多，失業救濟和其他社會福利支出就會相應增加，從而間接地抑制人們的可支配收入的下降，進而抑制消費需求的下降。當經濟繁榮時，由於失業人數減少和窮人減少，福利支出額也自行減少，從而抑制可支配收入和消費的增長。

3. 農產品價格維持制度

經濟蕭條時，國民收入下降，農產品價格下降，政府按照支持價格收購農產品，可以使農民的收入和消費維持在一定水準。經濟繁榮時，國民收入上升，農產品價格上升，政府減少對農產品的支持，並拋售農產品，限制農產品價格的上升，抑制了農民收入的增長，減少了總需求。農產品價格維持制度有助於減輕經濟波動，被認為是穩定器之一。

總之，政府稅收和轉移支付的自動變化，農產品價格維持制度都是財政制度的內在穩定器，是政府穩定經濟的第一道防線，其在輕微的經濟蕭條和通貨膨脹中往往起著良好的穩定作用。但是，當經濟發生嚴重的蕭條和通貨膨脹時，內在穩定器不但不能使經濟回覆到沒有通貨膨脹充分就業狀態，而且還會起到阻礙作用。例如，當經濟陷入嚴重蕭條時，政府採取措施促使經濟回升，但是當國民收入增加時，稅收趨於增加，轉移支付卻減少，使經濟回升的速度減緩，這時內在穩定器的變化都與政府的需要背道而馳。因此，在關鍵時期還是要靠財政政策和貨幣政策的干預，內在穩定器只能起到配套作用。

（三）酌情使用的財政政策

酌情使用的財政政策是政府根據經濟形勢的分析，主動採用的增減政府收支的決策。例如，當政府認為總需求非常低，即出現經濟衰退時，政府應通過削減稅收、降低稅率、增加支出以刺激總需求。反之，當政府認為總需求非常高，即出現通貨膨脹時，政府應增加稅收或減少支出以抑制總需求。前者稱為擴張性（膨脹性）財政政策，後者稱為緊縮性財政政策。究竟什麼時候採取擴張性財政政策，什麼時候採取緊縮性財政政策，應由政府對經濟發展的形勢加以分析權衡，斟酌使用。這是凱恩斯主義的需求管理的內容。凱恩斯

分析的是需求不足型的蕭條經濟，因此他認為調節經濟的重點應放在總需求的管理方面，使總需求適應總供給。當總需求小於總供給出現衰退和失業時，政府應採取擴張性財政措施以刺激經濟；當總需求大於總供給出現通貨膨脹時，政府應採取緊縮性財政措施以抑制總需求。

但是，在採用以上財政政策過程中會遇到許多制約因素影響其作用的發揮。制約因素主要有：一是時滯。認識經濟形勢、做出決策、實施財政政策都需要一定的時間，因此財政政策往往不能起到很好的作用。二是不確定性。實行財政政策時，政府主要面臨乘數大小難以準確確定及從採取財政政策到實現預定目標之間的時間難以準確預測。三是外在的不可預測的隨機因素的干擾也可能導致財政政策達不到預期效果。四是「擠出效應」的存在。政府增加支出，會擠占私人投資的空間，使私人投資支出的減少，從而使財政政策的效果也減弱。

三、功能財政與預算盈餘

(一) 功能財政

功能財政是指政府在財政方面的積極財政政策主要是為實現無通貨膨脹的充分就業水準，為實現這一目標，預算可以盈餘，也可以為赤字，而不能以預算平衡為目的。

功能財政思想是凱恩斯主義者的財政思想，他們認為，不能機械地用財政預算收支平衡的觀點來對待財政赤字和財政盈餘，而應從反經濟週期的需要來利用預算赤字和預算平衡。

當國民收入低於充分就業的收入水準（即存在通貨膨脹緊縮缺口）時，政府有義務實行擴張性的財政政策，增加政府支出和減少稅收，以實現充分就業。如果起初存在財政盈餘，政府有責任減少盈餘甚至不惜出現更大赤字，堅定地實行擴張政策。反之，當存在通貨膨脹缺口時，政府有責任減少政府支出，增加稅收。如果起初存在財政預算赤字，政府就應該通過緊縮減少赤字，甚至出現盈餘。

功能財政思想認為，在一個功能存在缺口的經濟中，政府不能以平衡預算為目標來對待預算盈餘和赤字，而應從反經濟週期的需要來利用預算赤字和盈餘，否則就不能在總支出不足時避免衰退，也不能消除過度支出帶來的物價水準上漲。

(二) 預算盈餘

充分就業預算盈餘的概念是美國經濟學家C.布朗（Brown）在1956年提出的，是指既定的政府預算在充分就業的國民收入水準，即潛在的國民收入水準上產生的政府盈餘。

充分就業預算盈餘概念的提出，具有以下兩個十分重要的作用：

第一，把收入水準固定在充分就業的水準上，消除經濟中收入水準週期性波動對預算狀況的影響，從而能更準確地反應財政政策預算狀況的影響。

第二，使政策制定者注重充分就業問題，以充分就業為目標確定預算規模，從而確定

財政政策。

但是，這一概念同樣存在一定的缺陷，因為充分就業的國民收入或潛在國民收入本身就是難以準確估算的。

四、赤字財政政策與公債政策

（一）凱恩斯主義經濟學家主張運用赤字財政政策的理由

第一，在經濟蕭條時期，財政政策是增加政府支出，減少政府稅收，這樣就必然出現財政赤字。凱恩斯認為，財政政策應該為實現充分就業服務，因此必須放棄財政收支平衡的舊信條，實行赤字財政政策。

第二，凱恩斯主義經濟學家認為，赤字財政政策不僅是必要的，而且是可能的。其一，債務人是國家，債權人是公眾，國家與公眾的根本利益是一致的。其二，政府的政權是穩定的，這就保證了債務的償還是有保證的，不會引起信用危機。其三，債務用於發展經濟，使政府有能力償還債務，彌補赤字。

第三，政府實行赤字財政政策是通過發行公債來進行的。公債直接賣給中央銀行，而不是直接賣給公眾。

（二）公債政策

公債（National Debt）是指政府的舉債行為。公債一般與財政赤字相聯繫，當年的公債與同期財政赤字相等，而累積的公債則等於歷年的財政赤字再減去財政結餘。公債的持有包括：銀行部門持有、私人持有、公司持有和國外持有。

政府公債政策的益處如下：

第一，有利於政治上的穩定。特別是財政支出大幅度增加時，如果用大幅度的提高稅率來彌補赤字，往往會引起納稅人的普遍不滿，以致影響整個社會的穩定。如果以借債的形式籌措資金，人們是比較容易接受的。

第二，有助於將項目受益者和納稅人聯繫在一起。政府用大量財政支出舉辦的公共工程，如公路、水利工程、學校等，受益者可能要分佈或延續到幾代人中去，如果用大量徵稅的辦法來支付這些建設項目的費用，結果是把整個費用的重擔都壓到了項目建設時期那些納稅人身上，真正的或大多數的受益者反而沒有負擔任何費用。如果採用舉債的辦法，可以在短期內籌措大量資金，使這些公共項目盡快上馬，然後再從稅收中將這些資金收回來，使這些項目所需資金更多地負擔到其受益人身上。

第三，有助於刺激經濟。增加稅收，公眾的收入降低，會對經濟產生緊縮的作用。公債與稅收不同，公債是政府暫時將公眾手中的部分錢借走，對經濟是有刺激作用的。

五、財政政策的局限性

財政政策實施中遇到的困難及局限性主要體現在以下幾個方面：

（一）有些財政政策的實施會遇到阻力

例如，增稅一般會遭到公眾的普遍反對，減少政府購買可能會引起大壟斷資本的反對，削減政府轉移支付則會遭到普通民眾的反對。

（二）財政政策會存在「時滯」

第一，財政政策的形成過程需要較長的時間。因為財政政策的變動一般是一個完整的法律過程，這個過程包括議會與許多專門委員會的討論、政府部門的研究、各利益集團的院外活動等。這樣在財政政策最終形成並付諸實踐時，經濟形勢可能已經發生了意想不到的變化，因此會影響其所要達到的目標。

第二，財政政策發揮作用也有時滯。有些財政政策對總需求有即時的作用，如政府購買的變動對增加總需求有直接而迅速的作用，減稅對增加個人可支配收入有即時的作用，但對消費支出的影響則要一定時間後才會產生。

（三）公眾的行為可能會偏離財政政策的目標（動態不一致）

例如，政府採取增支減稅政策擴大總需求時，人們並不一定會把增加的收入用於增加支出，也可能轉化為儲蓄。

（四）非經濟因素

除此之外，財政政策的實施還要受到政治因素的影響（如選舉）。

任務三十四　熟悉貨幣政策

【學習目標】

1. 瞭解貨幣政策的定義、中央銀行的性質與職能、活期存款的創造。
2. 熟悉完整的貨幣乘數、影響貨幣供給量的因素。
3. 掌握貨幣政策工具的具體運用。
4. 瞭解貨幣政策的局限性。

任務描述

在現代社會，貨幣的供給是由銀行創造的。這一點大家很難理解，我們一般人認為，我們手中的貨幣是由印鈔廠印刷出來的。人們不理解為什麼銀行能創造貨幣。我們經濟生活中的貨幣供應，其實中國人民銀行並沒有多印鈔票，都是銀行通過信用活動創造出來的，是在銀行循環往復的存貸過程中創造出來的。為什麼現在的銀行比米店多？是因為每個銀行都在創造貨幣。現代社會經濟是一環一環扣在銀行身上而加速運行的。當有一天大家都不到銀行存錢，或者把錢從銀行取出來放到自己床下藏起來，整個經濟的鏈條就斷

掉了。

思考：

1. 為什麼銀行能創造貨幣？
2. 為什麼把錢放在家中保存對經濟的危害性很大？

筆記：

_____

_____

任務精講

一、中央銀行的性質與職能

（一）中央銀行的性質

中央銀行的性質是由其業務活動的特點和發揮的作用決定的。中央銀行具有國家機關的性質，但與一般的行政機關又有很大的不同。

中央銀行履行其職責主要是通過特定金融業務進行的，對金融和經濟的管理調控基本上是採用經濟手段，如調整利率和準備金率、在公開市場上買賣有價證券等。這些手段的運用更多地具有銀行業務操作的特徵，這與主要依靠行政手段進行管理的國家機關有明顯不同。

中央銀行對宏觀經濟的調控是分層次實現的，即通過貨幣政策工具操作調節金融機構的行為和金融市場運作，然後再通過金融機構和金融市場影響到各經濟部門。其作用比較平緩，市場的回旋空間較大。這與一般國家機關的行政決定直接作用於各微觀主體而又缺乏彈性有較大不同。

中央銀行在政策制定上有一定的獨立性，這在後面將專門論及。

總之，從中央銀行業務活動的特點和發揮的作用看，中央銀行既是為商業銀行等普通金融機構和政府提供金融服務的特殊金融機構，又是制定和實施貨幣政策、監督管理金融業、規範與維護金融秩序、調控金融和經濟運行的宏觀管理部門。這可以看成對中央銀行性質的基本概括。

（二）中央銀行的職能

1. 中央銀行是「發行的銀行」

中央銀行是「發行的銀行」是指國家賦予中央銀行集中與壟斷貨幣發行的特權，中央銀行是國家唯一的貨幣發行機構（在有些國家，硬輔幣的鑄造與發行由財政部門負責）。中央銀行集中與壟斷貨幣發行權是其自身之所以成為中央銀行最基本、最重要的標誌，也是中央銀行發揮其全部職能的基礎。幾乎在所有國家，壟斷貨幣發行權都是與中央銀行的

產生和發展直接相連的。從商業銀行逐步演變而成為中央銀行的發展進程看，貨幣發行權的獨占或壟斷是中央銀行性質發生質變的基本標誌；從國家直接設立的中央銀行看，壟斷貨幣發行權是國家賦予中央銀行的最重要的特權之一，是所有授權中首要的也是最基本的特權。一部中央銀行史，首先是一部貨幣發行權逐漸走向集中、壟斷和獨占的歷史。

2. 中央銀行是「銀行的銀行」

中央銀行是銀行的銀行，是指中央銀行的業務對象不是一般企業和個人，而是商業銀行和其他金融機構及特定的政府部門；中央銀行與其業務對象之間的業務往來仍具有銀行固有的辦理「存、貸、匯」業務的特徵；中央銀行為商業銀行和其他金融機構提供支持、服務，同時也是商業銀行和其他金融機構的管理者。「銀行的銀行」這一職能最能體現中央銀行是特殊金融機構的性質，也是中央銀行作為金融體系核心的基本條件。中央銀行對商業銀行和其他金融機構的活動能夠施以有效影響也主要是通過這一職能實現的。

3. 中央銀行組織、參與和管理全國的清算

在存款準備金制度建立後，各商業銀行都在中央銀行設立了存款帳戶，這給中央銀行負責全國的資金清算帶來了極大的便利。各金融機構之間的清算通過其在中央銀行的存款帳戶進行轉帳、軋差，直接增減其存款金額便可完成。中央銀行辦理金融機構同城票據交換和同城、異地的資金清算，具有安全、快捷、可靠的特點。這一方面加速了資金週轉，減少了資金在結算中的占用時間和清算費用，提高了清算效率，解決了非集中清算帶來的困難；另一方面，中央銀行通過組織、參與和管理清算，對金融機構體系的業務經營能夠進行全面、及時地瞭解和把握，為中央銀行加強金融監管和分析金融流量提供了條件。目前，大多數國家的中央銀行都已成為全國的資金清算中心。

4. 中央銀行是「政府的銀行」

中央銀行是「政府的銀行」是指：第一，中央銀行根據法律授權制定和實施貨幣政策，對金融業實施監督管理，負有保持貨幣幣值穩定和保障金融業穩健運行的責任；第二，中央銀行代表國家參加國際金融組織，簽訂國際金融協定，參與國際金融事務與活動；第三，中央銀行為政府代理金庫，辦理政府所需要的銀行業務，提供各種金融服務。此外，許多國家中央銀行的主要負責人是由政府任命的；絕大多數國家中央銀行的資本金由國家政府所有或由政府控制股份；有些國家的中央銀行直接是政府的組成部門。

二、活期存款的創造

（一）存款準備金與法定準備金率

存款準備金就是中央銀行（中國人民銀行）根據法律的規定，要求各商業銀行按一定的比例將吸收的存款存入在中國人民銀行開設的準備金帳戶，對商業銀行利用存款發放貸款的行為進行控制。商業銀行繳存準備金的比例，就是準備金率。

在現代金融制度下，金融機構的準備金分為兩部分，一部分以現金的形式保存在自己

的業務庫，另一部分則以存款的形式存儲於中央銀行，後者即為存款準備金。

存款準備金分為「存款準備金」和「超額準備金」兩部分。中央銀行在國家法律授權中規定金融機構必須將自己吸收的存款按照一定比率交存中央銀行，這個比率就是存款準備金率，按這個比率交存中央銀行的存款為存款準備金存款。金融機構在中央銀行存款超過存款準備金的部分為超額準備金存款，超額準備金存款與金融機構自身保有的庫存現金，構成超額準備金（習慣上稱為備付金）。超額準備金與存款總額的比例是超額準備金率（即備付率）。金融機構繳存的存款準備金，一般情況下是不準動用的。而超額準備金，金融機構可以自主動用，其保有金額也由金融機構自主決定。

(二) 活期存款的創造

商業銀行以經營工商業存款、放款為主要業務，並為顧客提供多種服務。商業銀行的資金來自活期存款、儲蓄存款、定期存款以及自己發行股票、債券等，商業銀行的資金運用在貸放短期放款、中期放款和長期放款，而且還可以辦理信託放款、租賃業務、有價證券投資等。

中央銀行發行的現金，只占貨幣（M1）的一部分。除現金之外的貨幣是怎樣產生的？從銀行體系的總體來看，它能夠創造存款——派生存款，存款是貨幣，所以說商業銀行也可以創造貨幣。

要理解商業銀行體系如何創造存款，我們通過一個虛擬的例子來說明。

假定商業銀行的準備金率為20%。

首先，假設某儲戶 A 把 100 萬元現金存入某商業銀行（簡稱為銀行1），銀行1將20萬元作為準備金存入自己在中央銀行的帳戶上，將剩餘80萬元全部貸出。假定將這80萬元放貸給客戶 B，客戶 B 把 80 萬元用於購買機器設備，結果這 80 萬元到了機器設備銷售者 C 的手中，我們假設 C 把錢全部存入銀行2。這樣銀行2增加 80 萬元存款，然後銀行2留下 20% 的準備金存入自己在中央銀行的帳戶上，即 16 萬元，把其餘的 64 萬元放貸給客戶 D，客戶 D 用之購買鋼材，結果這 64 萬元流到了鋼材銷售商 E 的手中，E 將其存入銀行3。這樣銀行3增加了 64 萬元的存款，然後銀行3把 12.8 萬元用作準備金存入自己在中央銀行的帳戶上，然後再貸出 51.2 萬元……由此不斷存貸下去，各銀行的存款總和計算如下：

存款總和 = 100+80+64+51.2+…

= $100 \times (1+0.8+0.8^2+0.8^3+\cdots+0.8^{n-1})$

= $100/(1-0.8)$

= 500（萬元）

貸款總和計算如下：

貸款總和 = 80+64+51.2+…

= $100 \times (0.8+0.8^2+0.8^3+\cdots+0.8^n)$

= 400（萬元）

由此可見，存款總和（用 D 表示）同這筆原始存款（用 R 表示）及法定準備金率（用 R_d 表示）之間的關係為：

$D = R/R_d$

商業銀行可以創造貨幣——派生存款，但其能力受制於中央銀行，原因是準備金率中的很大一部分屬於法定準備金率，中央銀行改變法定準備金率，就可以對商業銀行的創造派生存款的能力施加重要影響。

三、完整的貨幣乘數與影響貨幣供給量的因素

（一）基礎貨幣

在現代經濟中，每個國家的基礎貨幣都來源於貨幣當局的投放。貨幣當局投放基礎貨幣的渠道主要有三條：一是直接發行通貨；二是變動黃金、外匯儲備；三是實行貨幣政策。基礎貨幣具體又有以下 11 項決定因素，其中前 6 項為增加基礎貨幣的因素，後 5 項為減少基礎貨幣的因素。

（1）中央銀行在公開市場上買進有價證券；
（2）中央銀行收購黃金、外匯；
（3）中央銀行對商業銀行的再貸款或再貼現；
（4）財政部發行通貨；
（5）中央銀行的應收未收款項；
（6）中央銀行的其他資產；
（7）政府持有的通貨；
（8）政府存款；
（9）外國存款；
（10）中央銀行在公開市場上賣出有價證券；
（11）中央銀行的其他負債。

基礎貨幣是中央銀行的負債，是商業銀行及整個銀行體系賴以擴張信用的基礎。基礎貨幣通過貨幣乘數的作用改變貨幣供給量。在貨幣乘數一定的情況下，基礎貨幣增多，貨幣供給量增加；基礎貨幣減少，貨幣供給量減少。

（二）貨幣乘數

貨幣乘數也稱貨幣擴張系數，是用以說明貨幣供給總量與基礎貨幣的倍數關係的一種系數。

在基礎貨幣一定的條件下，貨幣乘數決定了貨幣供給的總量。貨幣乘數越大，則貨幣供給量越多；貨幣乘數越小，則貨幣供給量越少。因此，貨幣乘數是決定貨幣供給量的又一個重要的甚至是關鍵的因素。但是，與基礎貨幣不同，貨幣乘數並不是一個外生變量，

因為決定貨幣乘數的大部分因素都不是決定於貨幣當局的行為,而是決定於商業銀行及社會大眾的行為。

貨幣乘數的決定因素主要有5個,分別是活期存款的法定準備金率、定期存款的法定準備金率、定期存款比率、超額準備金率以及通貨比率。其中,法定準備金率完全由中央銀行決定,成為中央銀行的重要政策工具;超額準備金率的變動主要決定於商業銀行的經營決策行為,商業銀行的經營決策又受市場利率、商業銀行借入資金的難易程度、資金成本的高低、社會大眾的資產偏好等因素的影響;定期存款的法定準備金率和通貨比率決定於社會公眾的資產選擇行為,又具體受收入的變動、其他金融資產的收益率、社會公眾的流動性偏好程度等因素的影響。

貨幣乘數是指貨幣供給量對基礎貨幣的倍數關係,簡單地說,貨幣乘數是一單位準備金產生的貨幣量。在貨幣供給過程中,中央銀行的初始貨幣提供量與社會貨幣最終形成量之間存在著數倍擴張(或收縮)的效果或反應,即所謂的乘數效應。貨幣乘數主要由通貨-存款比率和準備金-存款比率決定。通貨-存款比率是流通中的現金與商業銀行活期存款的比率。它的變化反向作用於貨幣供給量的變動,通貨-存款比率越高,貨幣乘數越小;通貨-存款比率越低,貨幣乘數越大。準備金-存款比率是商業銀行持有的總準備金與存款之比,準備金-存款比率也與貨幣乘數有反方向變動的關係。

基礎貨幣是具有使貨幣供給總量倍數擴張或收縮能力的貨幣。基礎貨幣表現為中央銀行的負債,即中央銀行投放並直接控制的貨幣,包括商業銀行的準備金和公眾持有的通貨。

完整的貨幣(政策)乘數的計算公式是:

$$k = (R_c + 1)/(R_d + R_e + R_c)$$

其中,R_d、R_e、R_c分別代表法定準備金率、超額準備金率和現金在存款中的比率。貨幣(政策)乘數的基本計算公式是貨幣供給/基礎貨幣。貨幣供給等於通貨(即流通中的現金)和活期存款的總和;基礎貨幣等於通貨和準備金的總和。

(三)影響貨幣供給量的因素

貨幣供給量是指一國在某一時期內為社會經濟運轉服務的貨幣存量,它由包括中央銀行在內的金融機構供應的存款貨幣和現金貨幣兩部分構成。世界各國中央銀行貨幣估計口徑不完全一致,但劃分的基礎依據是一致的,即流動性的大小。所謂流動性,是指一種資產隨時可以變為現金或商品,而對持款人不帶來任何損失。貨幣的流動性程度不同,在流通中的週轉次數就不同,形成的貨幣購買力及其對整個社會經濟活動的影響也不一樣。

一般說來,中央銀行發行的鈔票具有極強的流動性或貨幣性,隨時都可以直接作為流通手段和支付手段進入流通過程,從而影響市場供求關係的變化。商業銀行的活期存款,由於可以隨時支取、隨時簽發支票而進入流通,因此其流動性也很強,也是影響市場供求變化的重要因素。有些資產,如定期存款、儲蓄存款等,雖然也是購買力的組成部分,但

必須轉換為現金，或者活期存款，或者提前支取才能進入市場購買商品，因此其流動性相對較差，它們對市場的影響不如現金和活期存款來得迅速。

貨幣供給量決定於基礎貨幣與貨幣乘數這兩個因素，並且是這兩個因素的乘積。這兩者又受多種複雜的因素影響。

綜上所述，貨幣供給量是由中央銀行、商業銀行以及社會公眾這三個經濟主體的行為共同決定的。

四、貨幣政策的具體運用

(一) 貨幣政策概述

貨幣政策（Monetary Policy）是指中央銀行通過對貨幣供給量的調整來調節利息率，再通過利息率的變動來影響總需求的政策手段。凱恩斯主義貨幣政策的直接目標是利息率，最終目標是總需求變動。凱恩斯主義之所以認為貨幣量可以調節利息率，是以人們的財富只有貨幣與債券這兩種形式的假設為前提的。

貨幣政策與財政政策的不同之處在於：財政政策直接影響社會總需求的規模，中間不需要任何變量；而貨幣政策則是通過貨幣當局貨幣供給量的變化來調節利率進而間接地調節總需求，因而貨幣政策是間接發揮作用的。

(二) 貨幣政策的工具

在凱恩斯主義的貨幣政策中，中央銀行一般通過公開市場業務、調整再貼現率和調整法定存款準備金率這三種主要的貨幣政策工具來改變貨幣供給量，以達到宏觀經濟調控的目標。

1. 公開市場業務

由於公開市場業務在調節基礎貨幣時具有主動性、微調性和前瞻性等特點，因此它是目前各國中央銀行控制貨幣供給量最重要也是最常用的工具。所謂公開市場業務（Open Market Operation）是指中央銀行在金融市場上公開買賣政府債券，以控制貨幣供給和利率的政策行為。中央銀行在金融市場上公開買進或賣出政府債券，通過擴大或縮減商業銀行存款準備金，從而導致貨幣供給量的增減和利率的變化，最終決定物價和就業水準。

公開市場業務過程大致如下：當經濟過熱時，即中央銀行認為市場上貨幣供給量過多，出現通貨膨脹，便在公開市場上出售政府債券，承購政府債券的既可能是各商業銀行，也可能是個人或公司。當商業銀行購買政府債券後，準備金會減少，可以貸款的數量也減少。通過貨幣乘數的作用，整個社會的貨幣供給量將會成倍數減少。反之，如果經濟蕭條時，市場上出現銀根緊縮，這時中央銀行可在公開市場上買進政府債券，商業銀行通過政府的購買增加了準備金，個人或公司出售債券所得現金也會存入銀行。這樣各商業銀行的準備金便可以增加，銀行的貸款能力也可以擴大，再通過貨幣乘數的作用，整個市場的貨幣供給量成倍數增加。中央銀行買賣政府債券的行為，也會引起債券市場上需求和供

給的變化，進而會影響到債券價格和市場利率。有價證券市場是一個競爭性市場，其證券價格由供求雙方決定。當中央銀行購買證券時，證券的需求就增加，證券的價格也隨之上升，從而使利率下降，利率的下降又會使投資和消費需求上升，從而刺激經濟，增加國民收入；反之亦然。因此，中央銀行可以通過公開市場業務增加或減少貨幣供給量，以實現宏觀經濟調控的目的。

【小知識】

中國人民銀行從1998年開始建立公開市場業務一級交易商制度，選擇了一批能夠承擔大額債券交易的商業銀行作為公開市場業務的交易對象，2012年公布的公開市場業務一級交易商共包括49家。這些交易商可以運用國債、政策性金融債券等作為交易工具與中國人民銀行開展公開市場業務。從交易品種看，中國人民銀行公開市場業務債券交易主要包括回購交易、現券交易和發行中央銀行票據。其中，回購交易分為正回購和逆回購兩種。正回購為中國人民銀行向一級交易商賣出有價證券，並約定在未來特定日期買回有價證券的交易行為，正回購為央行從市場收回流動性的操作，正回購到期則為央行向市場投放流動性的操作。逆回購為中國人民銀行向一級交易商購買有價證券，並約定在未來特定日期將有價證券賣給一級交易商的交易行為，逆回購為央行向市場上投放流動性的操作，逆回購到期則為央行從市場收回流動性的操作。現券交易分為現券買斷和現券賣斷兩種，前者為央行直接從二級市場買入債券，一次性地投放基礎貨幣；後者為央行直接賣出持有債券，一次性地回籠基礎貨幣。中央銀行票據，即中國人民銀行發行的短期債券，央行通過發行央行票據可以回籠基礎貨幣，央行票據到期則體現為投放基礎貨幣。

2. 調整再貼現率

貼現和再貼現是商業銀行和中央銀行的業務活動之一，一般商業銀行的貼現是指客戶因急需使用資金，將所持有的未到期票據，出售給商業銀行，兌現現款以獲得短期融資的行為。商業銀行在用現金購進未到期票據時，可以按該票據到期值的一定百分比作為利息預先扣除，這個百分比就叫做貼現率。商業銀行在將貼現後的票據保持到票據規定的時間向票據原發行單位自然兌現。商業銀行若因儲備金臨時不足等原因急需現金時，則可以將這些已貼現的但仍未到期的票據出售給中央銀行，請求再貼現。中央銀行作為銀行的銀行，有義務幫助解決銀行的流動性的職責。這樣中央銀行從商業銀行手中買進已貼現了的但仍未到期的銀行票據的活動就稱為再貼現。再貼現時同樣要預先扣除一定百分比的利息作為代價，這種利息就叫做中央銀行對商業銀行的貼現率，即再貼現率。這就是再貼現率的本意。但在當前的美國，商業銀行主要不再用商業票據而是用政府債券作為擔保向中央銀行借款。因此，現在都把中央銀行給商業銀行及其他金融機構的借款稱為「貼現」，相應的放款利率都稱為「貼現率」。

中央銀行通過變動再貼現率可以調節貨幣供給量。若中央銀行感到市場上銀根緊縮，貨幣供給量不足時，便可以降低再貼現率，商業銀行向中央銀行的「貼現」就會增加，從

而使商業銀行的準備金增加，可貸出去的現金增加，通過貨幣乘數的作用下使整個社會貨幣供給量成倍數增加。反之，若市場上銀根鬆弛，貨幣供給量過多，中央銀行可以提高再貼現率，商業銀行就會減少向中央銀行的「貼現」，於是商業銀行的準備金減少，可貸出去的現金也減少，通過貨幣乘數的作用，社會上的貨幣供給量將成倍數減少。

中央銀行調整貼現率對貨幣供給量的影響不是很大，實際上中央銀行調整貼現率更多的是表達自己的意圖，而不是發揮調整貼現率對貨幣供給量的直接影響。

【小案例】 雪中送炭最給力——再貼現政策

2001年9月11日，在恐怖分子撞毀了紐約世界貿易中心的幾個小時之後，儘管遠在瑞士開會的格林斯潘因為禁飛令無法回到美國，但是聯邦儲備委員會還是立即宣布向美國各地的銀行運送現金，以保證銀行的支付。

為了保證整個美國銀行系統和金融機構的正常運行，恐怖襲擊發生後的第二天，美聯儲已經向美國銀行系統補充了382.5億美元的特別臨時儲備金。9月14日，美國聯邦儲備委員會再次通過公開市場操作向商業銀行放款812.5億美元，相當於恐怖事件發生前3天向商業銀行放款總額的16倍。

於是，一場本來可能造成嚴重後果的支付危機，甚至還沒有來得及冒頭，就被成功地化解了。在危機爆發後的30天裡，在美國，沒有一個城市發生擠提存款事件，沒有一家銀行因為支付危機而倒閉，甚至沒有一家銀行出現過支付困難。

3. 調整法定存款準備金率

中央銀行有權在一定範圍內調整法定準備金比率，從而影響貨幣供給量。在經濟蕭條時，為刺激經濟的復甦，中央銀行可以降低法定準備金率。在商業銀行不保留超額儲備的條件下，法定準備金率的下降將給商業銀行帶來多餘的儲備，使它們得以增加貸款。這樣商業銀行的存款和貸款將發生一輪一輪的增加，使得貨幣供給量增加。貨幣供給量的增加又會降低利率，從而刺激投資的增加，最終引起國民收入水準的成倍數增加。反之，在經濟過熱時，中央銀行可用提高法定準備金率的方法減少貨幣供給，以抑制投資的增長，減輕通貨膨脹的壓力。

在以上三大主要貨幣政策工具中，從理論上說，調整法定準備金率是中央銀行調整貨幣供給最簡單的辦法。但由於法定準備金率的變動在短期內會導致較大幅度的貨幣擴張或收縮，引起宏觀經濟活動的震動，其作用十分猛烈，因此這一政策手段在實踐中很少使用。調整再貼現率政策除了上述所講的期限短等限制外，還有其在實行過程中比較被動的缺點。這是因為中央銀行可以通過降低貼現率使商業銀行來借款，但不能強迫商業銀行來借款。若商業銀行不向中央銀行借款，或者借款數量很小，則貼現率政策執行效果就不明顯。儘管再貼現率政策對銀行的影響較小，但實施再貼現率政策的意義卻很重大，這是因為實施再貼現率政策是利率變化和信貸鬆緊的信號。一般來說，在貼現率變化以後，銀行的利率也隨之改變。

公開市場業務與上述兩項政策工具相比有下述優點：第一，公開市場業務可以按任何規模進行，中央銀行既可以大量也可以小量買賣政府債券，使貨幣供給量發生較大的或迅速的變化。第二，公開市場業務比較主動和靈活，並且可以連續進行。在公開市場業務中，中央銀行可以根據經濟情況的需要自由決定有價證券的數量、時間和方向，即使中央銀行有時會出現某些政策失誤，也可以及時糾正。第三，公開市場業務還可以比較準確地預測出其對貨幣供給的影響。一旦買進或賣出一定數量金額的證券，就可以根據貨幣乘數估計出貨幣供給量增加或減少了多少。基於上述原因，公開市場業務就成為中央銀行控制貨幣供給量最重要、最常用的工具。

除了上述三種調節貨幣供給量的主要工具外，中央銀行還有其他一些次要的貨幣政策工具。例如，道義上的勸告、控制利息率的上限以及「墊頭規定」的局部控制等。

（三）貨幣政策的運用

在經濟蕭條時，AD<AS，為了刺激 AD，就要採用擴張性的貨幣政策，即在公開市場買進有價證券，降低貼現率並放鬆貼現條件，降低準備金率等。擴張性貨幣政策可以提高貨幣供給量，降低利息率，刺激總需求增長。

在經濟繁榮時，AD>AS，為了抑制 AD，就要採用緊縮性的貨幣政策，即在公開市場賣出有價證券，提高貼現率並嚴格貼現條件，提高準備金率等。緊縮性的貨幣政策可以減少貨幣供給量，提高利息率，抑制總需求增長。

【小案例】尼克松的「新經濟政策」

面對「滯脹」併發症，1970 年，尼克松在貨幣政策上來了個 180 度的大轉變，他從一個貨幣主義者突然變成一個凱恩斯主義者，大力推行刺激經濟的擴張信用政策。顯然，他把重點押在遏止經濟衰退和失業上面，而把通貨膨脹暫時擱置下來。聯邦銀行的貼現率逐步下降，從 1970 年年初的 8.78% 降到 1971 年年底的 4.5%；銀行對大企業放款的優惠利率也從 1969 年 6 月的 8.5% 降到 1971 年年底的 5.25%。貨幣供應量也逐步增加，從 1969 年年均增長率 3.5% 提高到 1970 年年均增長率 6%。這些政策為更劇烈的通貨膨脹創造了條件，同時會導致過頭的經濟景氣，從而也為新的經濟危機創造了條件。

【小知識】

貨幣主義是 20 世紀 50~60 年代在美國出現的一個經濟學流派，又稱貨幣學派。其創始人為美國芝加哥大學教授弗里德曼。貨幣學派在理論上和政策主張方面強調貨幣供應量的變動是引起經濟活動和物價水準發生變動的根本的和起支配作用的原因。人們的財富具有多種形式：貨幣、債券、股票、住宅、珠寶、耐用消費品等。貨幣主義學派理論主要由現代貨幣數量論和自然率假說構成。

（1）現代貨幣數量論。貨幣主義學派把貨幣作為影響經濟的最重要因素，認為物價水準或名義收入水準是貨幣需求與貨幣供應均衡的結果。貨幣供應由法律和貨幣當局的政策決定的，是外生的。因此，貨幣數量論主要研究貨幣需求的決定。弗里德曼說：「貨幣數

量論首先是貨幣需求理論，而不是關於產量、貨幣收入或價格水準的理論。」

（2）自然率假說。貨幣主義學派認為私人經濟具有內在的有效性和穩定性，國家干預會破壞其穩定性。這種內在的有效性和穩定性被稱作「自然率假說」。貨幣主義學派認為自由市場經濟具有內在的動態平衡機制，外生力量只能產生短期影響，而不能影響其長期均衡。

貨幣主義學派的其他主要論點包括：一是貨幣數量變動導致了貨幣收入的短期波動。二是貨幣數量在長期只影響價格和貨幣收入，不影響實際收入和就業量，因此通貨膨脹歸根到底是一種貨幣現象。三是貨幣供給量在短期影響實際國民收入和就業量。弗里德曼強烈反對國家干預經濟，主張實行一種「單一規則」的貨幣政策。這就是把貨幣存量作為唯一的政策工具，由政府公開宣布一個在長期內固定不變的貨幣增長率，這個增長率（如每年增加3%～5%）應該是在保證物價水準穩定不變的條件下與預計的實際國民收入在長期內會有的平均增長率相一致。

五、貨幣政策評價

（一）從貨幣市場均衡的情況看，增加或減少貨幣供給要影響利率的話，必須以貨幣流通速度不變為前提

如果這一前提並不存在，貨幣供給變動對經濟的影響就要打折扣。在經濟繁榮時期，中央銀行為抑制通貨膨脹需要緊縮貨幣供給，或者說放慢貨幣供給的增長率。然而，那時公眾一般來說支出會增加，而且物價上升快時，公眾不願把貨幣持在手上，而希望盡快花費出去，從而貨幣流通速度會加快，這無異在流通領域增加了貨幣供給量。這時候，即使中央銀行減少貨幣供給，也無法使通貨膨脹率降下來。反之，當經濟衰退時期，貨幣流通速度下降，這時中央銀行增加貨幣供給對經濟的影響也就可能被貨幣流通速度下降所抵消。貨幣流通速度加快，意味著貨幣需求增加；流通速度放慢，意味著貨幣需求減少。如果貨幣供給增加量和貨幣需求增加量相等，LM曲線就不會移動，因此利率和收入也不會變動。

（二）在不同時期政策效果不同

在通貨膨脹時期實行緊縮的貨幣政策可能效果比較顯著，但在經濟衰退時期，實行擴張的貨幣政策效果就不明顯。那時候，廠商對經濟前景普遍悲觀，即使中央銀行鬆動銀根，降低利率，投資者也不肯增加貸款從事投資活動，銀行為安全起見，也不肯輕易貸款。特別是由於存在著流動性陷阱，不論銀根如何鬆動，利息率都不會降低。這樣貨幣政策作為反衰退的政策，其效果就相當微弱了。即使從反通貨膨脹看，貨幣政策的作用也主要表現於反對需求拉上的通貨膨脹，而對成本推進的通貨膨脹，貨幣政策效果就很小。因為物價的上升若是由工資上漲超過勞動生產率上升幅度引起或由壟斷廠商為獲取高額利潤引起，則中央銀行想通過控制貨幣供給來抑制通貨膨脹就比較困難了。

(三) 貨幣政策作用的外部時滯也影響政策效果

中央銀行變動貨幣供給量，要通過影響利率，再影響投資，然後再影響就業和國民收入，因此貨幣政策作用要經過相當長一段時間才會充分得到發揮，尤其是市場利率變動以後，投資規模並不會很快發生相應變動。利率下降以後，廠商擴大生產規模，需要一個過程；利率上升以後，廠商縮小生產規模，更不是一件容易的事。總之，貨幣政策即使在開始採用時不要花很長時間，但執行後到產生效果卻要有一個相當長的過程，在此過程中，經濟情況有可能發生和人們原先預料的相反變化。比方說，經濟衰退時中央銀行擴大貨幣供給，但未到這一政策效果完全發揮出來經濟就已轉入繁榮，物價已開始較快地上升，則原來擴張性貨幣政策不是反衰退，卻為加劇通貨膨脹起了火上澆油的作用。

技能訓練

一、單項選擇題

1. 宏觀經濟政策的目標是（　　）。
    A. 充分就業和物價穩定
    B. 物價穩定和經濟增長
    C. 同時實現充分就業、物價穩定、經濟增長和國際收支平衡
2. 在以下三種政策工具中，屬於需求管理的是（　　）。
    A. 收入政策
    B. 人力政策
    C. 貨幣政策
3. 當經濟中存在失業時，應該採取的財政政策工具是（　　）。
    A. 增加政府支出
    B. 提高個人所得稅
    C. 提高公司所得稅
4. 屬於緊縮性財政政策工具的是（　　）。
    A. 減少政府支出和增加稅收
    B. 減少政府支出和減少稅收
    C. 增加政府支出和減少稅收

二、簡答題

1. 如何理解宏觀經濟政策的目標和衝突？

2. 分析財政政策的內容及運用。
3. 分析貨幣政策的工具及運用。

三、單項實訓

單項實訓項目：交流討論——收集並分析中國 1998 年以來的宏觀經濟政策變化的背景及效果。

實訓要求如下：
（1）此次實訓以個人形式完成。
（2）記錄資料的來源。

國家圖書館出版品預行編目（CIP）資料

經濟學基礎 / 駱俊, 汪飆 主編. -- 第一版.
-- 臺北市：崧博出版：崧燁文化發行, 2019.05
　　面；　公分
POD版

ISBN 978-957-735-809-7(平裝)

1.經濟學

550　　　　　　　　　　108005758

書　　名：經濟學基礎
作　　者：駱俊、汪飆 主編
發 行 人：黃振庭
出 版 者：崧博出版事業有限公司
發 行 者：崧燁文化事業有限公司
E - m a i l：sonbookservice@gmail.com
粉絲頁：　　　　網址：
地　　址：台北市中正區重慶南路一段六十一號八樓815室
8F.-815, No.61, Sec. 1, Chongqing S. Rd., Zhongzheng Dist., Taipei City 100, Taiwan (R.O.C.)
電　　話：(02)2370-3310 傳　真：(02) 2370-3210
總 經 銷：紅螞蟻圖書有限公司
地　　址：台北市內湖區舊宗路二段 121 巷 19 號
電　　話：02-2795-3656 傳真:02-2795-4100　　網址：
印　　刷：京峯彩色印刷有限公司（京峰數位）

本書版權為西南財經大學所有授權崧博出版事業股份有限公司獨家發行電子書及繁體書繁體字版。若有其他相關權利及授權需求請與本公司聯繫。

定　　價：380 元
發行日期：2019 年 05 月第一版
◎ 本書以 POD 印製發行